就如同時間在不知不覺中改變我們的容顏，

習慣逐漸改變生活的樣貌，也是如此。

烏托邦的日常

BETTER THAN BEFORE

GRETCHEN RUBIN

What I Learned About Making and Breaking Habits—to Sleep More, Quit Sugar, Procrastinate Less, and Generally Build a Happier Life

習慣改變了，生活就輕鬆了

葛瑞琴・魯賓——著
洪慧芳——譯

最強大的帝國，是掌管自我的國度。

——西流士（Publilius Syrus）

目次

Part 4 今天的欲望，永遠的藉口

｜致讀者｜

此刻，就是改變的起點

這本書要探討一個問題：**我們都說要改變自己，但要怎麼做？**答案是：從改變習慣開始。

習慣，是日常生活的無形架構，我們幾乎每天都會重複約四〇％的行為，所以習慣影響了我們的生活方式與未來。只要改變習慣，生活也會改變。

但我們馬上又會面臨另一個問題：**那麼，要怎麼改變習慣呢？**

這，就是我在這本書要解答的問題。

雖然這本書要帶著大家改變習慣，但我不會告訴你該養成哪些特定習慣。我不會告訴你，一早起床先運動、一週吃兩次甜點，或是把辦公桌清乾淨才是好習慣。（嗯，其實在書裡的某處，我確實提到我覺得什麼習慣最好，但僅此一次。）

事實上，什麼是好習慣，沒有放諸四海皆準的標準。找個很傑出、很有創意的人當榜樣，模仿他的習慣，就以為自己也能獲得類似的成就，根本是痴人說夢。但我們每個人的確都需要培養適合**自己**的習慣，有些人從小處著手比較順利，有些人則適合大張旗鼓。有些人在乎責任歸屬，有些人討厭計較責任細節。有些人偶爾從好習慣出軌一下，會更有朝氣；有些人則適合永遠堅守習慣，貫徹到底。這也難怪習慣的養成，會如此困難。

最重要的關鍵是：**了解你自己**，並選擇適合你的對策。

首先，你可以先找出幾個你想養成的習慣，或想改掉的壞毛病。接著，在閱讀本書的過程中，思考你想要怎麼做。你甚至可以在這本書的扉頁上標註日期，幫你記住自己是從何時開始改變的。

為了幫你養成習慣，我常在部落格貼出一些建議，也整理了很多資源幫你把生活變得更好。但我希望最有說服力的靈感啟發，是來自你手裡握住的這本書。

你可能會覺得：「既然每個人的習慣養成都不一樣，我何必花心思讀一本書，看別人怎麼培養習慣呢？」

因為，當我在研究習慣和快樂時，注意到一件令人驚訝的事實：我從別人的實際經驗中學到的東西，比我從科學研究或學術論述裡學到的還要多。因此，我在書裡收錄了許多人改變習慣的真實例子。你也許不喜歡吃巧克力醬，你也許得常常出差而無法持之以恆地寫感恩日誌，但我們都可以從彼此的經驗中學習。

改變習慣說起來可以很簡單，但做起來不容易。我希望閱讀本書可以鼓勵你，善用習慣的力量來改變你的生活。無論你何時讀到這本書，或身在何處，現在都是改變的最佳起點。

新習慣宣言

- 天天都做，勝過偶一為之。
- 讓事情可以輕易做對，以及不易出錯。
- 行動至上，而不是以結果為重。
- 有捨才有得。
- 在事情變容易前，必先披荊斬棘。
- 給自己更多的空間，更有能耐應付苛求。
- 我們跟別人的差異雖不大，但那些差異都**非常重要**。
- 改變身處的環境比改變自己容易。
- 我們無法改變別人，但是當我們改變自己時，別人可能也會有所改變。
- 別為了感覺**更好**，而做出讓自己覺得**更糟**的事。
- 有追蹤，就有管理。
- 一旦準備就緒，當下就開始。

| 前言 |

明明知道改變很棒，為什麼不開始？

我們應該養成習慣去思考自己的行為——這句話錯得離譜。
其實，我們應該反其道而行。
文明的進步，往往仰賴的是我們不加思索下的行動。
懷德海《數學導論》（Alfred North Whitehead, *An Introduction to Mathematics*）

打從有記憶以來，我最喜歡的書籍、雜誌、戲劇或電視節目，始終和「改變前／改變後」有關。每次看到這些字眼，我就不由自主被吸引。「大變身」的概念令我深深著迷，看得心花怒放。無論是戒菸這種重大的改變，還是整理書桌這種微不足道的改變，我都很愛看別人是怎麼做到的，並了解他想改變的背後動機。

「改變前後」不僅吸引我的注意力，也激起了我的好奇心。有時候我們會看到有些人徹底變身，但更多時候，我們看到的是改變不易落實的結果。為什麼會這樣呢？

身為作家，我最大的興趣是研究人性，特別是「快樂」這個主題。幾年前，我發現了一個模式：每次有人告訴我，他們做了某個改變而使生活更快樂時，通常會提到某種關鍵**習慣**的養成。每次當他們因為無法改變而感到沮喪時，往往也和習慣有關。

某天我和老友一起上館子，她提起一件事，讓本來只是對「習慣」有些興趣的我，突然間興致大發，卯起來研究。

我們看了一下菜單，她說：「我很想養成運動的習慣，卻做不到，我實在不知道如何是好。」接著，她又補充一段話，這些話讓我想了許久。她說：「怪的是，高中時，我還參加過田徑校隊，從來沒錯過一次練習，但現在我就是提不起勁跑步，為什麼會這樣？」

「為什麼？」我附和，同時腦中不斷搜尋我做過的快樂研究，想找一些相關的見解或實用的解釋，但是都找不到。

接著我們的話題就換了，但是後續幾天，她的話一直在我腦中盤旋不去。同一人，同樣的活動，不同的習慣，**為什麼**？為什麼她以前能夠持之以恆的運動，現在卻做不到？如何讓她再度開始呢？她的問題讓我百思不解，我在無意間撞上了這個重要的議題。

最後，我把那次對話以及他人對「改變前後」的描述結合起來，突然想通了一點：**想知道人們如何能改變，我必須先了解習慣**。當下，我感受到一股喜悅油然而生，充滿了開心的期待，同時也鬆了一口氣。每次我找到下一本書的靈感時，都會產生那種感覺。真是眾裡尋它千百度，驀然回首，主題就在燈火闌珊處：**習慣**！

為什麼越減越胖？為什麼老是不肯聽醫生的話乖乖吃藥？

每次我對一個主題大感興趣時，就會卯起來讀遍一切的相關資訊。於是，我開始橫掃認知科學、行為經濟學、欲望管理、哲學、心理學、產品設計、成癮、消費研究、生產力、動物訓練、決策學、公共政策，以及幼稚園教室與常規的設計等方面的書籍。我一頭栽進這些「習慣」的相關資訊中，期間還因為涉獵太廣，不得不把天文學從占星術中抽離出來。

我花了很多時間鑽研論文、歷史、傳記，尤其是最新的科學研究。在此同時，我也善用日常觀察，因為實驗室的實驗雖然是研究人性的方法，卻不是唯一的方法。我比較務實，會花較多的時間去了解明顯的事實——我不探索沒人見過的東西，而是探索眼前顯而易見的事物。有時書裡的某句話，或別人隨口表達的意見（例如朋友對跑步的覺察），反而讓我覺得非常重要。當我深入探索時，這些零散的想法會逐漸拼湊成形，呈現出清晰的樣貌。

我對習慣的了解越多，興趣越濃，但也更常覺得洩氣。讓我意外的是，即便瀏覽了那麼多資訊，但許多我覺得重要的疑問卻很少人解答，例如：

- **不**愛做的事情很難養成習慣，這可以理解，但為何就算是喜愛的事情也很難養成習慣呢？
- 有時人們可以在一夕間養成習慣，或是戒掉多年的習慣，為什麼？

- 為什麼有人完全不在意習慣的養成，有人卻對培養習慣樂此不疲？
- 為什麼很多人減肥後不但復胖，而且更胖？
- 為什麼有些人對習慣所造成的後果無動於衷？例如，有高達三分之一到二分之一的美國慢性病患，沒有依照醫囑服藥。
- 要改變簡單的習慣（例如上車要繫安全帶），和要改變困難的習慣（例如戒酒），可以用相同的對策嗎？
- 為什麼我們明明很想改變習慣，甚至已經到了緊要關頭，卻還是做不到？一位朋友告訴我：「我有健康問題，吃某些東西會有很深的罪惡感，但我還是照吃不誤。」
- 同一個習慣養成策略，對每個人都管用嗎？
- 如果說某些情況下比較容易養成習慣，是哪些情況？為什麼？

我決心要找出這些問題的答案，徹底搞懂習慣的養成與戒除究竟是怎麼一回事。

老是不快樂？我猜想你很可能沒什麼自制力……

習慣是了解我們如何改變自己的關鍵，但**為什麼**習慣能讓人改變呢？我在一本書裡發現了答案，那些文字看似平淡，但我覺得有趣極了。作家羅伊・鮑梅斯特（Roy Baumeister）和約翰・堤爾尼（John Tierney）在《增強你的意志力》（*Willpower*）一書提到：「研究人員發現，比起一般人，自制力強的人很少把時間花在抵擋誘惑上面，他們主要是把自制力用來培養學校或職場上的有效習慣及常規，而不是用在緊急救援。」[1]換句話說，養成**習慣**後，就不需要用到**自制力**了。

自制力是日常生活的一個重要面向，自制力強（自律或意志力強）的人比較快樂、健康、無私，人際關係較好，事業較成功，也比較擅長管理壓力和衝突。他們活得更久，會主動避開惡習[2]。自制力讓我們堅守對自己的承諾，但有項研究顯示，我們運用自制力抵抗誘惑時，成功機率只有一半[3]。事實上，一項大型的國際研究請受訪者列出自己的缺點，大家最常提到的缺點，就是缺乏自制力[4]。

關於自制力，仍有一些爭論。有些人認為每個人的自制力都是有限的，會越用越少；有些人則認為意志力沒有極限，只要懂得轉念，就能源源不絕。至於我，每天一早醒來的自制力還算滿強的，但是會越用越弱。記得有一次我去開會時，整整一個小時忍住沒拿餅乾，但一開完會就連吃了兩塊。

所以習慣才會那麼重要。有了習慣，就可以省著用自制力。我們習慣把用過的咖啡杯直接擺進洗碗機，所以不需要用到自制力，不加思索就做了。當然，好習慣的養成需要用到自制力，但一旦養成習慣，做起事來就不費吹灰之力。

習慣可以幫助我們加強自制力，還有另一個原因。

一般所謂的「習慣」，指的是某種反覆出現的行為，通常是在不加思索、沒特別留意的情況下，不斷重複而漸漸養成的。

不過，後來我發現，習慣養成的關鍵其實不是頻率或重複，或是有某種熟悉的提示來觸發特定的行為。這些因素確實很重要，但說到底，我覺得習慣的真正關鍵是**做決定**，或者更精確的說，是**不必做決定**。習慣養成了就不需要做選擇，因為我早就決定好了。早上起床要不要刷牙？要不要吃藥？之前決定了，之後就不必天天做選擇；之前用了心，之後就可以輕鬆放心。我不需要擔心該做什麼健康的選擇，我只要做一次決定，選定後就不再天人交戰了。這種不必做決定的自由很重要[5]，因為一旦牽涉到做決定（往往會涉及抵抗誘惑或延遲享樂），就會用到自制力。

我曾自問：「為什麼習慣能讓人發生改變？」現在我知道答案了：因為**習慣，讓我不必再做選擇，不必再使用自制力，所以改變能夠成功**。

習慣讓我們安心，也能幫我們節省時間

某天，我先查了一下時差，確定那個時間對洛杉磯不會太早，我打了一通電話給我妹伊麗莎白，跟她聊聊我的研究。她比我小五歲，但我一向稱她「賢妹」，因為她對我當下思索的問題，總

是有過人的真知灼見。

我們先聊了一下外甥傑克最近的滑稽舉動，以及伊麗莎白最近編寫的電視節目。接著我告訴她，最近我卯起來研究「習慣」這個主題。

我告訴她：「我想，我終於知道為什麼習慣那麼重要了。」我說明我的結論時，可以想像她坐在雜亂的書桌前，穿著一成不變的跑步鞋、牛仔褲和連帽衫。「有了習慣以後，我們就不必做決定，不必使用自制力，自然而然去做我們想做的事或不想做的事，你有沒有同感？」

伊麗莎白附和：「聽起來確實如此。」她已經很習慣聽我聊最近沉迷的議題。

「但是我有另一個問題。每個人的狀況都不太一樣，有些人喜歡習慣，有些人討厭習慣。有的人很容易養成習慣，有的人很難，為什麼呢？」

「你應該先從自己開始思考。你對習慣的熱愛，比我認識的任何人還多。」

那天聊完後，我發現伊麗莎白一如既往又為我指點了迷津。她不說，我還沒發現我自己就是個「習慣控」。我熱愛習慣，恨不得把很多事情都變成習慣。我越是研究習慣，越覺得習慣好處多多。

人類的大腦先天就會把某些行為變成習慣，以節省心力，讓我們有餘裕去處理複雜、新奇或緊急的事物。有了習慣，就不必花心思去做決定、權衡選擇，威脅利誘自己開始行動。生活變得更簡單，許多日常的困擾也不見了。我不需要花心思去想戴隱形眼鏡有哪些步驟，因此更有餘裕去處理水箱漏水的問題。

此外，當我們擔心或過於勞累時，習慣也令我們安心。研究顯示，人們做著習慣動作時，會有較強的自我掌控感，比較不會焦慮[6]。我有一件藍色的長外套，連續兩年每次演講時我都會穿上它，現在看起來已經有點舊了，但是遇到特別緊張的公開場合，我還是會穿上這件舊外套。令人意外的一點是，壓力不見得會讓我們陷入惡習[7]。當我們不安或疲累時，我們更容易回歸習慣，無論習慣是好是壞。在一項研究中，習慣吃健康早餐的學生，考試期間更可能吃得健康；反之，習慣吃不健康早餐的學生，考試期間更可能吃得不健康。因此，用心養成習慣變得更加重要，因為這樣一來，壓力一大，我們還有習慣可以依靠，讓我們在不知不覺中從事有益身心的活動。

習慣會讓我們麻木，是日常的無形枷鎖

但習慣有利也有弊，即便是好的習慣也不例外。沒錯，習慣可以幫我們節省時間，因為每天都做一樣的事可以縮短過程，細節也在不知不覺中模糊了。相反的，習慣中斷時，大腦必須處理新的資訊，速度就會慢下來。這也是為什麼剛換工作的第一個月，感覺時間過得特別漫長。此外，習慣讓人加快速度的同時，也使人逐漸麻木[8]。早晨來杯咖啡，最初幾次會覺得格外愉悅，但逐漸變成日常習慣後，我就不再能品味咖啡的美好，但只要沒喝就覺得心神不寧。習慣的危險之處，就是很容易讓我們對日常生活變得麻木無感。

無論好習慣或壞習慣，都會一起形成日常生活的無形架構。研究顯示，我們幾乎每天都會重複約四〇%的行為，而且幾乎都是在相同的情境中執行[9]。我相信我的比率應該更高，我每天都在同一時間起床，同一時間給我老公詹米一個晨吻，每天穿一樣的慢跑鞋、瑜珈褲、白色T恤，每天在固定的地方使用筆電，在紐約市區都是走同樣那幾條路，每天同一時間查電子郵件，每天以同樣的順序送十三歲的大女兒伊萊莎和七歲的小女兒艾麗諾上床睡覺。當我自問「為什麼我的生活是這種模式」時，我覺得有很大的比率是習慣塑造出來的。建築師克里斯托佛・亞歷山大（Christopher Alexander）曾說[10]：

假如我老實思考自己的人生，會發現少數幾個模式主宰了我的生活，讓我一再重複同樣的行動。躺在床上、淋浴、在廚房裡吃早餐、在書房裡寫作、到花園散步、烹飪並和朋友一起在辦公室用餐、看電影、帶家人上館子、去朋友家喝兩杯、在高速公路上開車，然後上床睡覺，可能再加上幾個其他活動。

每個人的生活中，這種固定模式屈指可數，或許不會超過十二種。你檢視自己的生活，也會發現同樣的情況。我剛發現自己的生活是如此一成不變時，也很震驚。

我並不是想要更多的變化，但是當我看到自己的生活如此單調時，我逐漸了解到這些模式對我的生活、我的生存能力有多大的影響。假如這些模式對我有幫助，我就能過得很好；反之，如果這些模式對我有害時，我就無法過得好。

光拿健康這個議題來說，這類不加思索的行為就可能產生深遠的影響。不良的飲食習慣、缺乏運動、抽菸喝酒都是美國人的主要病因及死因[11]。所幸的是，這些都是我們能夠掌控的習慣，所以就很多方面來說，習慣也造就了我們的命運。

改變習慣就能改變命運。我發現一般來說，我們追求的改變主要分成七大類。我們想要培養的習慣大致上包括：

1飲食更健康（戒糖、多吃蔬菜、少喝酒）。
2經常運動。
3精明理財。更聰明地存錢、花錢、賺錢（定期存款、還貸款、捐錢贊助理念、不超支）。
4休息、放鬆、享受人生（戒掉在床上看電視的習慣，關掉手機，多接觸大自然，沉潛內修，睡眠充足，少花點時間在車上）。
5不再拖延，完成更多事（學習樂器，專心工作，學習語言，經營部落格）。
6簡化、清理、淨空、收納（疊被鋪床，定期整理檔案，固定把鑰匙放在同一個地方，做資源回收）。

7人際關係更深厚（打電話給朋友，當志工，享受更多的親密關係，參加宗教活動）。

同一個習慣可以滿足不同的需求。例如早上去公園健走，這是一種運動方式（2），也是放鬆及享受人生的方法（4），如果有朋友相伴，還能促進友誼（7）。每個人重視的習慣各有不同，有人覺得整理檔案是提升創意的重要方法，但有人覺得亂中有序更能激發創意。

上述這七種習慣反映出現代人通常又忙又累。我們既疲憊又興奮，因為有腎上腺素、咖啡因和糖分幫我們提振精神。我們忙得昏頭轉向，卻又覺得自己沒花足夠的時間在真正重要的事物上。我沒能準時上床睡覺，不是為了跟朋友煲電話，而是看我早就會背的重播影集。我沒有整理工作筆記或讀小說，卻在LinkedIn上盲目地瀏覽「你可能認識的人」清單。

養成好習慣，不再徒悲傷

慢慢的，隨著研究的進展，我對習慣的理解開始有了條理，前後有了連貫性。我的結論是，習慣讓我們不再需要做選擇，不必運用自制力，所以改變得以成功。這概念也帶出了另一個關鍵問題：**既然習慣能讓我們成功改變，那麼我們要如何養成習慣？**於是，這個大哉問就成了我的研究主題。

首先，我們先來搞定一些基本的定義和問題。在我的研究中，我使用的是最廣義的「習慣」概念，可以更全面地反映大家平常使用這兩個字的方式，例如「我習慣上健身房」或「我想改善飲食習慣」。「常規」（routine）是一連串的習慣，而「儀式」（ritual）則是別具意義的習慣。我不打算破解上癮、強迫症、失調或緊張的習慣，也沒有要解釋習慣的神經科學（看到肉桂葡萄乾貝果時，為何我的大腦會有反應，我對這方面不是那麼感興趣）。有些人可能認為區分習慣的好壞沒有幫助，但我決定還是以「好習慣」來代表我想養成的習慣，而以「壞習慣或惡習」來代表我想戒除的習慣。

我的焦點是放在改變習慣的**方法**。我會從我收集的龐大資料中，詳細說明我看過的研究、見證過的實例、讀過的建議，並歸納出各種改變習慣的「策略」。關於習慣的改變，一般只主張一種方法，彷彿一種方法就足以滿足每個人的需求，這實在太奇怪了。實證經驗顯示，這種假設並不正確，這世上沒有放諸四海皆準的方法。我知道不同的人需要不同的方法，所以我的目標是找出各種可行之道。

由於了解自己是習慣養成的關鍵，本書的第一部「你有沒有自知之明？」，要探討的就是了解自己的兩種策略：從四種傾向和特質著手。接著，在第二部「好習慣的四根支柱」中，要討論的是已知的幾個重要策略：追蹤、奠基、排程、問責。第三部「改變命運的最佳時機是……」，說明養成習慣的時機有多重要，並探索「第一步策略」、「如何開創新局」，以及「霹靂策略」。第四部「今天的欲望，永遠的藉口」，介紹許多策略讓你能夠克服貪圖輕鬆、享樂的渴望，包括禁絕、方便、不便、防範、找漏洞、分心、獎勵、娛樂及搭配策略等等（其中找漏洞是**最有趣**的策略）。而第五部「其實你跟別人一樣，都是獨一無二的」，則是要從其他人身上來了解及定義我們自己，可以應用的包括「明確」、「身分認同」及「他者」三個策略。

找出這些策略以後，我想要逐一去驗證。「如何改變自己」以及「如何改變習慣」這兩大問題，已經困擾人類多年了，如果我要找出答案，就應該拿自己當白老鼠實驗一番，那才有說服力。唯有親自驗證理論，我才知道哪種方法有效。

不過，當我告訴一位朋友我在研究習慣，而且打算親自試驗能否養成一些新習慣時，他說：「你應該抗拒習慣，而不是鼓勵培養習慣。」

「開什麼玩笑？我**愛死**我那些習慣了。」我說：「完全不用意志力，不用天人交戰，就像刷牙一樣自然。」

「我不是你。」朋友說：「習慣讓我覺得綁手綁腳。」

那次對話以後，我依然是十足的「習慣控」，但朋友的那番話成了重要的提醒：習慣是忠僕，也是惡主。我想要習慣帶給我的效益，但不希望成為習慣的俘虜，身陷在自己打造的僵化體制中而無法自拔。

當我要培養習慣時，應該只選讓我覺得更自由、更強大的習慣。我應該持續問自己：「我養成這習慣的**目的**是什麼？」習慣必須適合**我**才對，唯有以本性為基礎，才能打造快樂的生活。如果我想幫別人養成習慣（我承認我對這點很感興趣），那些習慣也必須適合**他們**才行。

某個晚上，我和我先生詹米準備就寢時，我提到當天研究習慣的重點摘要。那天詹米下班回來特別累，看起來疲憊不堪，若有所思，但是他聽著聽著，突然大笑了起來。

「怎麼了？」我問。

「你先前寫書談快樂，因為你想回答：『如何變得更快樂？』而這本談習慣的書，則是在問：『說真的，到底我該怎麼變得更快樂？』」

「你說對了！」我回答，他講的一點也沒錯。「很多人告訴我：『我知道做什麼可以更快樂，但就是做不到。』習慣是幫他們做到的方法。」

一旦改變了習慣，我們也就改變了生活。我們可以運用「做決定」來選擇我們想要養成的習慣，運用「意志力」來啟動習慣，接著就讓習慣接掌一切。我們放手不再做決定，鬆開意志力的油門，放空讓習慣去自動導航。

這就是習慣的「應許之地」。

為了過快樂的生活，我們需要營造自我成長的氣氛，讓自己覺得隨時都在學習新東西，變得更強大、培養新關係、改善事物，以及幫助他人。習慣可以幫我們營造自我成長的氣氛，因為習慣能幫我們持續、穩定地進步。

完美或許是我們不可能達到的境界，但習慣可以幫我們變得更好。養成好習慣，讓自己變得更好，就不會年底徒傷悲，後悔自己一事無成。

習慣很容易掌控我們的行動，甚至讓我們做出違背個人意志的事。所以我們必須用心挑選習慣，才能善用這股不加思索的力量，去追求寧靜、充滿活力以及不斷成長的人生。

變得比以前更好！那是我們都想達到的目標。

Part 1

你有沒有自知之明？

要養成習慣，必須先了解自己。某種習慣養成的方法對某人有效，但我們不能因此假設那對其他人也有效，因為每個人**截然不同**。在這個單元中，要討論兩種能幫我們找出習慣本質的策略：四種傾向和特質。這兩種觀察策略不需要我們做些什麼改變，只需要我們學習精準的了解自己。

| 第 1 章 |

命中注定的四種傾向

唯有遇到不同文化的人，
你才會開始明白自己的信念究竟是什麼。
喬治·歐威爾《通往維根碼頭之路》
（George Orwell, *The Road to Wigan Pier*）

我非常清楚我對習慣的徹底研究該從哪裡開始。

多年來，我收集了許多「成人的祕密」，那是我日積月累的生活心得。有些挺嚴肅的，例如「別人覺得好玩的事，我未必覺得好玩」；有些挺古怪的，例如「直接用手抓著吃，食物比較美味」。不過，在林林總總的成人祕密中，我覺得有一點最為重要，那就是：「我比自己所想的更像其他人，也更不像其他人。」——我和他人的差異不大，但那些差異都**非常重要**。

因此，同樣的習慣策略不見得對每個人都有用。當我們了解自己時，就能把自己管理得更好。如果我們想和別人合作，了解對方也有幫助。

所以，我從自我了解開始著手，方法就是先找出我的天性如何影響我的習慣養成。不過，要搞清楚這一點並不容易。誠如小說家約翰·厄普代克（John Updike）所言：「很少線索可以告訴我們，我們是什麼樣的人。」[1]

我研究時，原本想找個清楚的架構，以解釋為何每個人因應習慣的方式各不相同。但我意外發現，這種東西竟然不存在。難道只有我覺得很奇怪，有些人對習慣的接納度比較高？難道只有我想知道，為什麼有些人會畏懼習慣？難道只有我很好奇，為什麼有些人在某些情境下可以維持習慣，換個情境卻難以為繼？

我一直看不出模式，直到某天下午，我突然靈光乍現。答案不是在圖書館裡翻到的，而是來自朋友問我的一個問題。我再度思考她那句話：「高中時，我從來沒有錯過一次田徑隊的訓練，但現在，我就是提不起勁跑步，為什麼？」

靈光乍現的當下，我興奮極了，就像阿基米德在浴缸裡頓悟出浮力定律那樣，我突然懂了！關於習慣的首要問題是：「當我們心中有某種期望，我們會怎麼做？」通常，當我們想養成某個新習慣時，我們會對自己設下期望，所以**我們必須先理解的是：自己平常如何看待「期望」這件事**。

我們會面臨兩種期望：一是外在的期望（例如遵守截止日期，或遵守交通規則），二是內在的期望（例如戒掉午睡習慣，或實現新年新希望）。根據我的觀察，幾乎所有人都可以大致分成四類：

自律者（Upholder）：輕而易舉地達成內外期望。

質疑者（Questioner）：質疑所有的期望，只有在覺得合理的情況下，才願意達成期望。

盡責者（Obliger）：可輕而易舉地對外在期望做出回應，但對內在的期望卻難以做出回應（例如我那位高中加入田徑隊的朋友）。

叛逆者（Rebel）：抗拒所有的期望，不分內外。

正當我費心思量這個架構的名稱時，腦中突然浮現佛洛伊德的「三個盒子的主題」，那是我最喜歡的一篇小文章。佛洛伊德說，命運三女神的名字意味著「命運中的偶然」、「必然」，以及「每個人生來注定的傾向」*。**每個人生來注定的傾向**。

所以我決定把這套架構命名為「四種傾

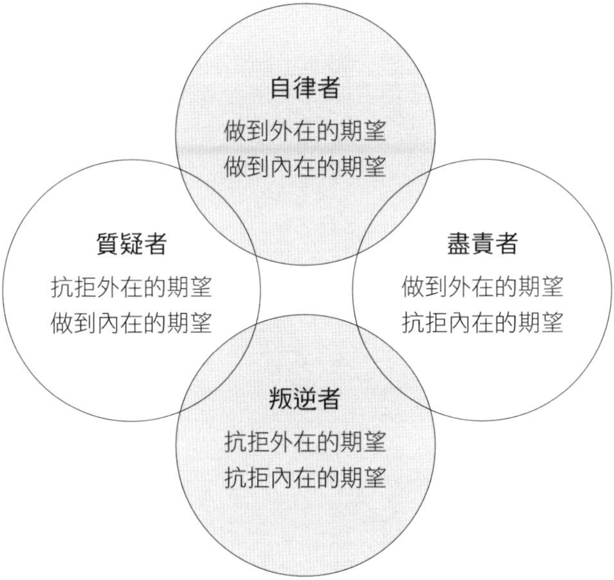

*編按，此指希臘神話中的命運三女神：克羅莎（Clotho）、拉開西絲（Lachesis）及阿特蘿普斯（Atropos）。

向」。這個說法雖然準確，但聽起來有點誇張。

我在規畫這套架構時，真的有種發現元素週期表的感覺，就好像我發現了「個性的元素」。也就是說，這不是我瞎掰的系統，而是一種自然定律，被我發現了！或者你也可以說，我做出了一頂「習慣分類帽」，就像《哈利波特》裡的「學院分類帽」那樣。

我們的傾向左右了我們看待世界的方式，所以對習慣有很大的影響。當然，這些只是「傾向」，但我卻意外發現，多數人是確切落在某一類中。自從我發現這四種傾向後，每次聽到同一傾向的人一再提出同樣的說法，就樂不可支。比如質疑者，通常會說他們很討厭排隊。

自律者：就算食物中毒，也要繼續走完行程

自律者對於內外在的期望都可以胸有成竹地做到，他們一早醒來就在想：「今天有什麼行程？本日的待辦事項是什麼？」他們想知道大家對他們有什麼預期，並符合那些期望。他們會避免犯錯或讓人（**包括自己**）失望。

自律者值得信賴，不僅大家依賴他，他也依賴自己。他們自動自發，對於履行承諾、堅持到底、準時完成任務（甚至還經常提早完成）都沒有問題。他們想了解規矩，往往會主動尋找規矩以外的準則，例如藝術或道德倫理方面。

我朋友的妻子就是自律者，他告訴我：「只要把事情排進行程，我太太就會去完成。我們去泰國時，有個造訪某間寺廟的行程，即便前一晚她食物中毒，隔天我們還是照去不誤。她吐了一整路，但說什麼就是非去不可。」

因為自律者覺得有義務達成他們對自己的期待，他們有強烈的自衛本能，這也幫他們更容易拒絕別人。一位自律型朋友告訴我：「我需要留給自己很多的時間，以便做運動、思考工作的新點子、聽音樂。如果有人要我做的事情干擾到那些事，我會二話不說回絕他們。」

不過，遇到期望不明確或沒有規矩可循的情況時，他們可能會不知所措。他們會覺得有必要符合期望，即使是看來毫無意義的期望也無所謂。當他們知道自己打破規則時，會感到不安，即使是沒必要的規則也如此，除非他們能想出強而有力的理由說服自己。

我就是這一型，我也是個自律者。

這種傾向，有時會讓我過於在意以下的規矩。幾年前，我在咖啡店裡把筆電拿出來工作，店員告訴我：「這裡不能用筆電。」一直到現在，我**每次**去新的咖啡店，都會擔心能不能使用筆電。

自律者也有堅持不懈的傾向。我相信詹米**每天**早上六點聽到我的鬧鐘響起時，一定覺得很煩，有時連我自己都覺得煩。我有一位自律型朋友估計，她一年內大概只有六天沒去健身房。

「家人對你的執著有什麼感覺？」我問道。

「我先生抱怨過，但他現在已經習慣了。」

我自己很喜歡自律者這個類型，但我也很清楚它的缺點——想要獲得肯定，赴湯蹈火在所不惜，有時會麻木地遵循規則。

我發現自己是自律者時，終於明白為什麼我對於研究習慣會那麼感興趣。自律者覺得養成習慣比較容易——不是很容易，而是比其他人來得容易。我們樂於培養習慣，因為我們覺得很有成就感。但是，即便是喜愛習慣的自律者，在培養習慣時也難免掙扎，可見習慣的養成真的不容易。

質疑者：醫生要我吃藥，我偏偏不吃

質疑者會質疑所有的期望，只對他們覺得合理的期望有反應。激勵他們的是理性、邏輯和公平。一早醒來他們會想：「今天需要完成什麼，為什麼？」他們會自行判斷採取某種行動，究竟是不是好主意。要是一件事情缺乏合理的目的，他們就不願去做。基本上，他們把一切期望全都當成內在的期望。有個質疑者在我的部落格留言：「我拒絕遵循武斷的規則（所以只要路上沒有來車，我就直接穿越馬路。半夜開車，兩邊都看不到來車時，我也會闖紅燈）。但我覺得有道德／倫理／道理為基礎的規則**非常**有約束力。」

一位朋友說：「我為什麼不吃維他命？醫生說我應該吃，但我通常沒吃。」

她是個質疑者，所以我問她：「你認為你需要吃維他命嗎？」

「不需要。」她答道，接著停頓了一下說：「事實上，我覺得沒必要。」

「我相信只要你覺得維他命很重要，你就會吃了。」

質疑者討厭為了遵守規則而遵守。一位讀者在我的部落格留言：「我兒子的校長說，孩子應該把上衣紮進褲子裡。對於這種專制的規定，我向校方表示我很訝異。但校長說，學校有很多規定只是為了教孩子守規矩。我覺得這樣要求任何人（包括小孩）去遵守規定，都是很愚蠢的理由。我們發現這種規定時，都應該想辦法廢除，讓世界變得更好。」

質疑者喜歡做考慮周延的決定，並得出自己的結論，所以他們擅長動腦思考，通常很願意做詳盡的研究。如果他們認為「期望」有充分的理由，就會去執行；如果沒有充分的理由，就不會去做。另一位質疑者說：「我太太把我搞得很煩，她要我們兩個隨手記下開銷，但我們又沒有負債，也不會亂花錢，所以我覺得沒必要大費周章去收集那些資訊，也不用記帳。」

質疑者會抗拒看似專橫的規定，例如他們常說：「如果是我覺得重要的事，我就能堅持到底，但我不會訂下新年新希望，因為元旦又沒有特殊意義。」

質疑者堅持一定要有資訊和理由作為行動的基礎，那種堅持有時可能令人抓狂。一位讀者說：「我媽快把我逼瘋了，因為她期望我會跟她一樣需要大量的資訊。她常問一些我不會問、不想問或我覺得根本不需要知道答案的問題。」質疑者有時也希望他們可以對一切的期望照單全收，不要凡事都堅持一定要搞清楚理由。一位質疑者難過地告訴我：「我有分析強迫症，總是想獲得更多的資訊。」

完善的理由（或者至少是**他們認為**完善的理由）可以激勵質疑者行動。事實上，質疑者有時看起來很像瘋子，因為他們可能會否定專家的意見，只在乎自己的結論。即使有人問他們：「為什麼你覺得你比醫生更了解癌症？」或「大家的報告格式都一樣，為什麼你堅持要用你那種奇怪的格式？」他們還是會置之不理。

質疑者還分兩種：一些質疑者有自律傾向，另一種質疑者有叛逆傾向（類似「處女座，上升星座在天蠍」的概念）。我先生詹米會質疑一切，但是要說服他自律並不難。身為自律者，我要是嫁給「非自律者」或「非質疑／自律者」，我很懷疑婚姻能否美滿。我覺得這點值得好好想一想。

質疑者若是覺得某種習慣值得養成，他們會堅持下去，但前提是他們必須對養成這種習慣的好處感到滿意。

盡責者：對別人很盡責，對自己……

盡責者會做到外在的期望，但對於達成內在的期望卻頗費工夫。他們的動力，來自於**外部問責**。一早醒來，他們就想：「我今天**必須**做什麼？」因為他們對於符合外部的要求和期限一向擅長，會想盡辦法履行責任，他們是很棒的同事、家人和朋友。我自己就受惠良多，因為我媽和我妹都是盡責者。

由於盡責者會抗拒內在的期望，他們很難激勵自己去寫博士論文、參加社交活動、送汽車去維修。盡責者需要外在責任的驅動，而且那些責任要是不履行，後果可能包括：超過截止期限、被課罰金，或是令他人失望。有位盡責者在我的部落格留言：「我對自己的時間表沒什麼責任感，我只在乎我對約定的對象有什麼責任。如果我的時間表上有一條是『去跑步』，我可能不會去做。」另一位盡責者一語道破他們的性格：「對自己的承諾，沒有履行也無所謂；但對別人的承諾，非得做到不可。」盡責者連他們自己想做的事情，都需要外部責任的激勵。一位盡責者告訴我：「我一直找不出時間讀點書，所以乾脆加入讀書會，逼自己看書。」

盡責者有時認為是「自我奉獻」的行為，例如：「為什麼我總是挪出時間去處理別人的事，卻犧牲自己的優先要務？」其實，更好的解釋應該是他們對負責任的需求。

盡責者會想出巧妙的方法來建立外部問責。一位盡責者說：「我以前一直想去看籃球賽，但從來沒去成。現在我和我哥一起買季票，我就去看了，因為我要是買票不去，我哥會生氣的。」另一位說：「如果週末我打算清理衣櫃，我會現在就打電話聯繫慈善機構，請他們週一來拿我要捐出去的東西。」還有一位盡責者懊惱地說：「我報名一門攝影課程，因為我知道我需要有人出作業，幫我設定期限，我才會去拍照。但後來我想：『既然我喜歡攝影，就沒必要去上課了。』你猜我後來拍了幾張照片？只有一張。」下個學期，他就去修那門課了。

盡責者常為了以身作則，做好榜樣，而維持好習慣。一位盡責型的朋友只有在孩子看得到他時才吃蔬菜，另一位朋友告訴我：「我知道我永遠不會主動彈鋼琴，所以我等到孩子可以去上鋼琴課的年紀，我們才一起去學。這下子，我就必須練習了，因為我要是不練習，他們也不會練習。」盡責者有時可以為了別人，而去做他們不會為自己做的事。幾位盡責者告訴我（他們的用字遣詞幾乎一模一樣）：「要不是為了孩子，我還在忍受糟糕的婚姻，我必須為了孩子著想而離婚。」

外在期望帶來的壓力可能導致盡責者筋疲力竭，因為他們難以回絕別人。一位盡責者解釋：「我會擱下手邊的事去幫同事校對報告，但我卻找不出時間寫完自己的報告。」

盡責者可能覺得習慣的養成很困難，因為我們養成習慣往往是為了自己，但盡責者比較容易為了別人付出，而不是為自己付出。對他們來說，養成習慣的關鍵在於建立外部問責。

叛逆者：討厭受控制，不把規矩放在眼裡

叛逆者會抗拒所有的期望，不分內外。他們是憑感覺決定要不要行動。叛逆者一早醒來想的是：「我今天想做什麼？」他們不願受到控制，甚至也不想自我控制，根本不把規矩和期望放在眼裡。

叛逆者朝著自訂的目標，以自己的方式前進。雖然他們不願做「該做」的事，但他們能夠完成自己的目標。一位叛逆者告訴我：「我的碩士論文比大家建議的少十頁，我還說服系上在論文審查

會多加一位另類顧問。所以我把碩士論文完成了，而且做得很好，但一切都是依照我想要的方式進行。」

叛逆者很重視真實性和自主性，他們崇尚自由，無拘無束。一位叛逆者表示：「我做我想做的，而不是別人指定的。一旦有人期待我定期做某件事（例如每週做好品管），就會出問題，因為我做不到。」對整個社會來說，叛逆者的反威權心態，有時是非常珍貴的。就如有位質疑者指出的：「叛逆者最難能可貴的，就是他們敢發出不同的聲音。我們不該禁止他們發聲，或是以企業文化去壓抑異議，或是加以羞辱。異議的存在，是為了保護我們全部的人。」

話說回來，叛逆者往往是讓人頭痛的人物，因為你無法要求他們做任何事。他們不在乎「別人指望你」、「你說過你會做」、「你的父母會不高興」、「這樣違反規定」、「這是截止期限」或「這樣很無禮」。事實上，你越是要求叛逆者做某事，他們就偏偏不做。一位叛逆者寫道：「一旦被要求或預期做某事，就讓人想要唱反調。如果你叫我把洗碗機裡的碗盤拿出來，我的大腦會說：『我本來要做的，但你現在命令我做，我就不想做了。』」

叛逆者周遭的人必須小心，以免誤觸反叛的地雷。家裡有叛逆的孩子，家長特別辛苦。一位家長說：「要應付叛逆的孩子，最好的方法是給足孩子做決定所需要的資訊；以問句來呈現議題，並以只有他能回答的方式來提問；讓他自己做決定及行動，不必向你報告。讓他在無人關注下做決定，沒有人關注就沒有期望。如果他覺得你沒在監督他，他就沒必要違逆你的期望。」另一位家長說：「我那個叛逆的兒子雖然很聰明卻被退學，也不想找工作。他十八歲時，我們給他一張環遊世界的機票，對他說：『你自己看著辦吧！』他旅行了三年，目前在念研究所，念得還不錯。」

叛逆者有時連自己都受不了自己，因為他們無法告訴**自己**該做什麼。作家約翰．加德納（John Gardner）指出：「人家叫我往東我偏要往西的這種個性，使我不斷地更換住處或生活方式，那往往讓我非常不快樂，我真的很想安定下來。」但另一方面，叛逆者也懂得善用這股反叛的能量去做有建設性的事。例如，想堅守預算的叛逆者可能會說：「無論銷售人員用什麼花招對我推銷垃圾，我都無動於衷。」而想在學業上突飛猛進的叛逆者可能會說：「沒有人看好我進名校，我就偏偏要證明給你們看。」

叛逆者通常會選擇比較另類的工作領域，例如我有個叛逆型朋友是從事顛覆性科技（他特別強調，那不是任何科技，而是「顛覆性」科技）。叛逆者反階層反規矩，當他們自己擔起責任時，比較能和他人共事。不過，叛逆者也可能出現正好相反的情況，有些叛逆者反而會選擇很多規矩的體系，例如有人說：「讓別人掌控一切也可以獲得自由，軍中的叛逆者可能比你想像的還多。」另一位叛逆者說：「叛逆者需要有人設下界線，讓他們去衝撞、反彈及突破。完全放任我自由發展的話，我反而會焦躁不安，毫無生產力，因為沒有規矩可以打破，也沒有待辦清單可以讓我在一天結束時心想：『萬歲！今天一事無成！』」

每次我談到這四種傾向，都會請聽眾舉手表示他們屬於哪一類。有一次面對一群基督教的牧師，我很訝異他們的叛逆者比例會那麼高。一位叛逆型的神職人員解釋：「神職人員認為自己受到神的召喚，所以與眾不同。他們有同事、會眾以及上帝的賜福，使他們能站在高處看盡人生，包括規矩。」

想當然耳，叛逆者是抗拒習慣的。我見過一位女士，一眼就看出她是個叛逆者，我問她：「每天都要做選擇，難道不覺得累嗎？」

「不會啊。」她回答，「做選擇感覺比較自由。」

我告訴她：「我會限制給自己多少自由。」

她搖頭：「自由就是一無限制，對我來說，被習慣掌控的生活聽起來死氣沉沉的。」

叛逆者反抗習慣，但是只要把行動和個人選擇綁在一起，他們也可以接納類似習慣的行動。一位叛逆者解釋：「如果我『每天』都必須做某件事，我肯定做不到。但是如果我把每一天都獨立出來看，並決定我**今天**要做這件事，這樣我往往可以持續做下去。」

沒關係，我們都在質疑與盡責之間……

絕大多數的人都屬於質疑者或盡責者，這兩型的比例偏高。叛逆者非常少，而我發現自律者也是少數，這點倒是出乎我意料之外。事實上，由於自律者和叛逆者如此小眾，如果你想幫一群人養成習慣（例如你是雇主、設備製造商、保險公司、教師），把焦點放在質疑者（提供完善的理由）和盡責者（建立問責）身上，成效自然會比較好。

我們往往在了解他人的過程中，更了解自己。我開始研究習慣時，原本以為我和一般人很像（我**覺得**自己很一般），應該接近平均水準。所以當我發現我是自律者，而且這種性格類型極端又罕見時，感到很驚訝。

我跟詹米提到我很訝異，他回我說：「你當然是極端型，這個我不需要研究，就可以直接告訴你了。」

「真的嗎？」我說：「你怎麼知道的？」

「我跟你結婚十八年了，我怎麼會不知道？」

小說家珍．瑞絲（Jean Rhys）指出：「人的性格是天生的，不是順著走，就是逆著走。」根據我的觀察，我們的傾向也是天生的，雖然某些程度上可以被外力抵銷，但無法改變。小孩的傾向通常很難辨識（我現在還看不出來我兩個女兒是什麼傾向），但是到了成年，多數人會確切落入某種傾向，那種傾向會從根本影響他們的觀感和行為。

但無論是什麼傾向，隨著經驗和智慧的累積，我們都可以學習抵銷它的缺點。例如，身為自律者，我學會抗拒在不加思索下符合期望，並學會質問：「為什麼我非得做到這個期望不可？」與質疑者結婚多年，也幫我學會多質問自己，或是依賴詹米對我提出質疑。某晚我們去看戲，中場休息時，我告訴他：「目前為止，我真的不喜歡這齣戲。」詹米說：「我也不喜歡，我們回家吧。」我心想：「什麼？我們就這樣一走了之嗎？」沒錯，我們真的走了。我第一個直覺反應是，我應該做符合預期的事，但詹米笑著說：「你沒有必要堅持看完啊。」他這麼一說，我就比較容易做決定了：「沒錯，我沒有必要看完。」

至於詹米，我覺得這幾年來，他在耳濡目染下，也變得比較偏自律者，至少在家裡是如此。雖然他還是動不動就質疑我的要求（「為什麼我非得那樣做不可？」「那有什麼意義？」「我不能晚點再做嗎？」），但他逐漸了解到，我的要求背後都是有理由的，只不過我覺得每次都要把理由講清楚很煩。他逐漸接受了我的期望，不再需要跟我爭辯很久。

想幫別人改變？先看他們是哪種人

了解自己的傾向，可以幫我們採用難以抗拒的方式來塑造習慣。我經常運動，因為運動就放在我的待辦清單裡頭。同樣是做運動，質疑者可以滔滔不絕地說出運動的健康效益；而盡責者則會找夥伴，每週一起出去騎單車。我的友人蕾絲莉．芬瑞屈（Leslie Fandrich）是個叛逆者，她寫過她是怎樣開始跑步的，她強調叛逆者重視自由和渴望：「跑步似乎是讓我恢復身材最有效率、也最獨立自主的方式……我只要有空檔，就可以出去跑步，不必花錢上健身房。我也喜歡到戶外呼吸新鮮空氣，又可以同時聽新出的音樂。」[2]

如果你想幫別人改變，例如老闆想幫員工提高生產力，醫療人員想督促病患按時服藥，或是顧問、教練、訓練師或治療師想幫客戶達成目標，這四種傾向都是寶貴的指引。想說服別人養成某種習慣，如果能先考慮他們的傾向，成功機率會較高。比如說，質疑者想說服盡責者養成習慣時，也許會提出完善的理由，但是對盡責者來說，再怎麼充分的論點都不如外部問責那麼有效。

再比如，自律者可能會告訴質疑者，他有責任或義務必須那樣做，但是這樣的說法只會適得其反，讓質疑者更不想去做到別人的期望，因為質疑者會提出關於責任義務的各種問題。我朋友的父親是個叛逆者，她告訴我要父親遵從醫囑吃藥的對應之道。「醫生一直說吃藥有多重要，但我知道我不能告訴我爸應該怎麼做，所以後來他問我：『你覺得呢？我該吃藥嗎？』我說：『喔，我不擔心你要不要吃藥。』他說：『什麼！你是希望我死嗎？』然後他自己就乖乖吃藥了。」

打破規矩要付出代價，遵守規矩也是

自律者、質疑者、叛逆者大都會欣然接受自己所屬的傾向，即使那個傾向有些缺點，他們也不至於感到遺憾。我樂於當個自律者，雖然我知道這一型有缺點，但是自律性格促使我做事兢兢業業，後來有幸成為最高法院大法官珊卓拉・戴・奧康納（Sandra Day O'Connor）的助理。在我決定改行當作家時，這樣的性格也讓我能夠在職涯上來個大轉彎（當然，自律者的性格也讓我老是擔心東擔心西。例如，在附註裡提到法律期刊時，逗號是否要以斜體表示，我會斟酌老半天。真的，沒蓋你）。至於質疑者，他們對於自己凡事都要質疑的態度，有時會感到很疲累，但他們確實認為每個人都應該當質疑者，因為這種態度是最理性的。然後是叛逆者，雖然他們有時會希望自己也能遵守規矩，但他們還是不願放棄當個叛逆者。

然而，盡責者往往不喜歡自己所屬的傾向。他們對於自己能夠符合他人的期望，卻無法符合自己的期望，往往會很氣惱。至於另外三種傾向的人，他們往往是造成他人的不滿，而不是對自己感到不滿。打死不退的自律者、凡事都要質問的質疑者，以及特立獨行的叛逆者，這三種人都會惹火別人。相反的，凡事都想討好別人的盡責者，則是他們自己承擔了這種傾向的缺點。

事實上，當盡責者走向極端時，可能會出現物極必反的現象，也就是一反常態地不在乎別人的期望。比如說，有位盡責者說：「有時，我實在厭倦了大家都覺得我一定會照著預期完成任務，所以乾脆擺爛，那是一種自我維護的反叛方式。」另一位盡責者也說：「我很努力履行我對他人的承諾，但就是無法履行對自己的承諾。不過，偶爾我會拒絕去討好別人。」他們可能以象徵性的方式表達反叛，例如髮型、穿著或是車款等等。

盡責者的這種反叛特質，可以用來解釋我發現的另一個模式：能跟叛逆者維持長期的戀愛或婚姻關係的那個人，幾乎都是盡責者。自律者和質疑者都受不了叛逆者那種不想符合預期的行為，而盡責者則喜歡叛逆者不屈服於外在期望的態度。一位叛逆者解釋這種組合的動能：「多虧了我先生，我才能在正常的成人世界裡正常運作。他負責繳房租，因為我一定會拖到過期。他每天負責倒垃圾，移動車子除雪，也負責準時繳清討厭的帳單（我真的很討厭嚴守時間）。但是我們討論重大決定時，最後通常都是我說了算。」

不過，無論我們的傾向是哪一種，每個人都有自主的渴望。如果被掌控的感覺太過強烈，可能會引發「阻力」，抗拒那些會威脅我們自由或選擇的人事物。當我們受命去做某事時，我們可能會抗拒，即使我們本來想做，可能也會變得不樂意了。我就看過我大女兒伊莱莎出現這種現象，如果我說：「你為什麼不乾脆把作業寫完，了卻一樁任務呢？」她就回我：「我需要休息一下，我必須停下來。」如果我說：「你寫得太認真了，何不休息一下？」她就回我：「我想寫完再休息。」身為醫護人員、父母、老師或職場的管理者來說，可以輕易看出為什麼這種衝動會產生問題。當我們逼得越緊，對方可能反抗得越厲害。

有一次我講完四種傾向時，一位男士問我：「哪種傾向讓人最快樂？」我一聽，當場就愣住了，因為我從來沒想過這個明顯的問題。他又繼續問了一個同樣明顯的問題：「還有，哪種傾向最可能成功呢？」

我無法回答他的問題，因為我一直努力要了解這四種傾向，從來沒想過拿它們相互比較。不過，經過深思熟慮後，我發現答案一如既往，就是「看情況而定」（有時我也覺得這個答案很煩），也就是要看每個人如何因應自己傾向的優缺點而定。如果一個人有辦法善用所屬傾向的效益，並想辦法抵銷其局限，他就會是最快樂也最成功的人。

叛逆型的小說家約翰．加德納接受《巴黎評論》（*Paris Review*）採訪時，提到一句話令我難忘：「每一次你打破規矩，你付出代價；每一次你遵守規矩，你也付出代價。」每個行動、每個習慣都有它的後果。不論是自律者、質疑者、盡責者或叛逆者，都必須想方設法去解決各傾向帶來的後果。我每天早上六點起床，這是我要付出的代價：早起雖然可以做更多事，但我也必須提早上床睡覺。

我們都必須付出代價，但我們可以**選擇**為了什麼而付出代價。

第 2 章

人生是自己的，當然要量身訂做你的習慣

當然，就像所有過度簡化的分類一樣，硬是做二分法會顯得做作、學究，終究很荒謬。但是所有的特質都體現了某種程度的真相，它提供了一種觀點，讓人去觀察與比較，那是真正調查的起點。

以撒．柏林《刺猬與狐狸》（Isaiah Berlin, *The Hedgehog and the Fox*）

「四種傾向」架構幫我洞悉了人性，但是它仍遺漏了很多事物並未闡明。我亟欲探索具體的行動策略，但這時還無法開始，因為我還沒有窮究「自我了解」的各種可能性。

幾年前當我展開「快樂生活提案」時，曾經列出「十二守則」，那是我希望在生活當中奉行的主要原則。第一守則是「做自己」，但是了解自己並不容易。「我所希望的自己」以及「我自以為的樣子」，這兩個身分讓我幾乎無所適從，以至於我根本搞不清楚真正的自己是什麼樣子。

我很慢才了解到自己的一些基本好惡，比如說，我喜歡清淡的食物，但不喜歡音樂、不愛旅行、不喜歡玩樂、不愛逛街，對動物也沒什麼興趣。為什麼我沒有意識到這些本性呢？部分原因在於我不曾好好想過這些事——不是每個人都愛音樂嗎？另一方面，不知怎的，我總覺得未來我會突破這些局限，學習去喜

歡旅遊，或喜歡上異國風味。

此外，我也以為我跟其他人很像，其他人也跟我很像。這話說來沒錯，只不過我們之間那些大大小小的差異**非常重要**，對習慣的養成有很大的影響。例如，我常讀到一個建議：早上是腦袋最清醒的時候，所以我們應該趁早上做最需要動腦的事。於是，我覺得我「應該」養成這個習慣，但後來我發現還是自己的習慣（每天一開始先花一個小時把電子郵件處理好）比較適合我。對我來說，清除障礙、準備就緒，才能靜下心來好好認真工作。我想我若試著改變這個習慣，應該不會成功。

我應該讓習慣去配合我的本性，因為本性不會改變。即使有人說：「和另一個作家搭檔，比賽誰先寫完一本書，可以刺激自己每天多寫一些。」但那招對我沒用，因為**我不喜歡競爭**。

為了避免浪費寶貴的精力在根本不可能奏效的習慣上，我需要塑造適合我的習慣。為此，我設計了一組問題來凸顯出攸關習慣養成的本性。

有人說這世界上有兩種人：一種人喜歡把世界分成兩種人，而另一種不會這樣做。顯然，我屬於前者。

你是雲雀，還是貓頭鷹？

研究顯示雲雀型（晨型）的人確實和貓頭鷹型（夜貓子）的人不同[1]，多數人是落在兩者之間，但是這兩種極端（按睡眠中點來區分的兩種作息型態）確實存在。對這兩種人來說，最有生產力和活力的時間段截然不同。

我是晨型人，就寢和起床的時間都偏早，夜貓子則正好相反。我曾經以為夜貓子只要早睡就能變成晨型人，但研究顯示這種特質是先天的。基因是主要的決定因素，年齡也是。年紀還小的孩子通常是晨型人，青少年通常是夜貓子（尤其是十九歲半的女孩及二十一歲的男孩），年長的成年人通常是晨型人。

有趣的是，研究顯示晨型人通常比較快樂、健康、對生活比較滿意[2]，部分原因在於這個世界對晨型人比較有利。夜貓子睡得晚，但不論是因為工作、上學或小孩還是都需要早起，所以夜貓子的睡眠時間相對較少，日子過得比較辛苦。

晨型人、夜貓子，以及落在這兩者之間的其他人，在思考習慣的養成時，都應該考慮到這方面的本性。如果你是夜貓子，就不需要大費周章去養成早起讀書的習慣。如果你是晨型人，就不該在晚餐後還硬塞兩個小時的寫作時間。

有時我們可能看不出自己是屬於哪一型人，有個朋友說：「我去參加禪修，每天清晨四點就起床，那次經驗好像頓時扳動了某個開關，我的生活作息突然大為好轉。現在我大約晚上九點或九點半上床，早上四點起床，我很愛這種作息。」

你擅長馬拉松、衝刺，還是拖拖拉拉？

找出自己對工作速度的偏好也很重要，尤其是在職場習慣方面。我是長跑型，適合打持久戰，我喜歡以循序漸進的穩健步調做事，討厭截止期限，其實我經常提早完成工作。攻讀法學研究所時，畢業前要完成兩大篇的論文，我讀完研一時就把兩篇論文寫好了（題外話：或許當時我會那麼渴望寫長篇論文，是想當作家的徵兆，而不是當律師，但那是另一個議題了）。能夠長時間穩定地為一個專案努力，可以激發我的創意。

相反的，衝刺者比較喜歡一鼓作氣，迅速衝到終點。他們會刻意等到期限截止的壓力逼近後，用壓力來激盪他們的文思。一位衝刺者告訴我：「我總是等到觀眾入席後，才走向講台並開始想我要講些什麼。幕僚都快被我逼瘋了，但不到最後關頭，我就是沒有半點想法。」另一位衝刺者說：「我比較喜歡在短時間內把自己完全埋在案子裡頭，這樣一口氣工作下來，更能專心投入。把事情分攤來做，總工作時數反而會暴增。」

衝刺者和長跑者通常都很喜歡自己的工作型態，拖拉者就不然了。拖拉者可能類似衝刺者，因為他們也是在截止日期逼近時才動手，但兩者還是截然不同。首先，衝刺者**選擇**在截止日前動工，因為截止日逼近的壓力有助於釐清思緒；而拖延者討厭期限倒數計時的壓力，希望自己能在期限逼近前就動工。但不同於衝刺者的是，拖拉者往往會把他們拖著沒做的事情掛在心上，因此無法盡興地參與其他好玩或有意義的事。他們可能東摸西摸消磨時間，就是不肯動手去做該做的事。（這是一條成人的祕密：瞎忙是最危險的拖延形式。）

衝刺者說長跑者是「老牛拖車」，長跑者說衝刺者是「沒責任心」，但這其實沒有對錯之分。不過，如果拖拉者能把工作習慣改得更穩定一點，會變得更快樂。

你是多買族，還是少買族？

少買族討厭逛街購物，多買族熱愛逛街購物。我是典型的少買族，我總是拖著不買或是盡量少買。往往拖到要用時沒得用，我才會匆匆去買冬季大衣或泳衣之類的東西。對於只有特定用途的東西，我總是很難下手，例如西服袋、護手霜、潤絲精、雨鞋、面紙等等。我常常在考慮買某樣東西時，最後決定「下回再買」、「也許我根本不需要」。由於少買族不喜歡購物，我們常會抗拒購買那些能幫我們維持好習慣的設備或服務。

相反的，多買族不愁找不到購物的藉口，他們會囤積大量的辦公用品、廚房用具或旅行行頭，心想「哪天應該用得到」。一旦覺得哪些設備或服務能幫他們養成好習慣，多買族也不會吝於下手。

少買族會想：「我不需要買**慢跑**鞋，穿原來的網球鞋就夠了。」多買族會想：「我需要慢跑鞋，而且還要多買一雙備用，同時還要買反光背心和計步器，以及避免運動傷害的書。」知道自己屬於多買族或少買族，可以幫我們辨識哪些時候該買而哪些時候要縮手，幫我們養成健康的習慣。少買族應該謹記，花錢培養好習慣是值得的。反之，多買族應該謹記，買再多也不見得能養成好習慣。

你是簡約族，還是豐盛族？

我是兒童文學的熱愛者，開了三個兒童文學讀書會。沒錯，**三個**！（我剛開第一個時，我真的以為我是紐約市唯一熱愛兒童文學及青少年文學的成年人）。某次讀書會時，一位朋友說：「我總是想要那種『清空自己』的簡約感。」另一位回應：「我總是想要那種『填滿自己』的豐足感。」這是我聽過最有趣的短暫交流了，我不太明白他們的說法究竟是什麼意思，但是他們的對話讓我想到有人偏好簡約，而有人偏好豐足。

簡約族喜歡「越少越好」、空空如也的概念，包括淨空的表面、少少的選擇、寬敞的衣櫃等等，我就是這種人。清東西比買東西帶給我更多的樂趣。周遭只要雜音太多、堆積太多或太多事情一起發生時，我就容易感到難以招架，不知所措。

相反的，豐盛族喜歡「越多越好」、多多益善、琳瑯滿目、多到滿出來的概念。他們喜歡綽綽有餘、熱熱鬧鬧、收集東西，覺得選擇越多越好。

適合簡約族和豐盛族發展的環境各不相同。例如，簡約族在安靜、裝潢簡約的環境裡，工作效率比較好；豐盛族則是喜歡熱鬧、充滿視覺裝飾的辦公室。我曾經造訪過一家科技公司，他們才剛舉辦「裝飾辦公隔間」比賽，**到處都是**裝飾品，甚至還有些東西從天花板垂掛下來。我相信那個比賽應該很有趣，但我心想：「我永遠也無法在裡頭工作。」

在改變習慣時，簡約者可能對清除東西、一切從簡的習慣比較感興趣。例如，為了省錢而不再續訂有線電視服務，或戒掉上網購物的習慣。豐盛族可能對添購東西及多元發展比較感興趣，例如為了賺錢而開始兼差接案子或學習理財技巧。

你喜歡開頭，還是收尾？

有些人喜歡收尾、結束，而有些人喜歡開創新局的新鮮感。完結者喜歡結案的感覺，他們會把洗髮精用到最後一滴才甘心。而開頭者每次啟動新案子就歡天喜地，用新牙膏就滿心歡喜。

我是完結者，而詹米是開頭者。不久前，我打開櫥櫃，發現四包麥片都打開了。我向詹米提起這件事，並要求他吃完那四包以後再開新的，他一笑置之。後續幾週，他老是喜歡在我面前假裝打開麥片，他覺得那樣很好玩。身為完結者，把一盒雞蛋用到最後一顆，或是把物品用到壞掉或磨損，總讓我很有成就感。我本來覺得很奇怪，為什麼我喜歡看到沙發或襪子出現破洞，後來才發現那是我的完結者性格作祟。看到東西終於用完，我心裡也覺得完滿了。

有位法學教授是個開頭者，他告訴我：「我經常開始寫新的文章，或是為新課程寫提案，因此累積了好多草稿，但從來沒想過好好修潤後交稿。家裡的冰箱也有好幾罐已經打開的芥末醬。」

當我們知道自己是開頭者或完結者時，就能根據偏好來塑造習慣。例如，我想養成寫部落格的習慣時，就會去開一個部落格，一週發文六天。每天發文後，我就覺得那天完滿了。我有位朋友是開頭者，他先後買了三百多個網址，架了十二個網站，依然隨時想開新的網站，那樣做滿足了他喜歡新鮮感的性格。我喜歡去健身房做重訓，每次舉重二十分鐘，做完後我就覺得完滿了，不必多做其他的運動。相反的，開頭者可能更喜歡可以輪換多種運動的健身房。

由於完結者在乎的是事情能否完滿結束，他們對於新習慣能否養成可能過於謹慎小心，而猶豫不前。開頭者則是對於自己能否養成新習慣，往往過於樂觀。

你是懷舊者，還是嘗鮮者？

有些人喜歡熟悉感，有些人熱愛新奇感，我絕對是屬於前者。喜歡的書我會一看再看，喜歡的電影也是百看不厭。我幾乎每天都吃差不多的食物，喜歡重返我去過的地方。有些人則是覺得接觸新的事物很開心。

對懷舊者來說，越熟悉一件事物後，就越容易把它變成習慣。我剛進法學院就讀時，本來很怕圖書館，但我逼自己每天都去逛幾圈，後來覺得在裡頭工作相當輕鬆自在。我剛開始寫部落格時，不熟悉部落格的運作機制，用起來還怕怕的。但我逼自己每天發文以後，陌生感逐漸消失，發文變成習慣動作。

嘗鮮者在事情沒那麼「像」習慣時，會比較樂於嘗試。有位男士告訴我：「每天去上班，總是看到同樣的面孔，我覺得好無聊，所以每週我會找一天在不同的地方工作，讓工作多點新鮮感。」

事實上，嘗鮮者連續做幾種短期活動（例如三十天的自我挑戰），而不是養成持久的自動習慣，效果可能更好。一位讀者留言表示：「我很喜歡規畫每天要做哪些事，彷彿只要做好規畫，事情就大功告成了。問題是我很少會落實那些計畫，內心好像很排斥用同樣的方法做同樣的事。相反的，嘗試新事物總是讓我的活力為之一振。」

你是進取型，還是守成型？

研究人員特洛伊・辛吉斯（Tory Higgins）和海蒂・格蘭特・海佛森（Heidi Grant Halvorson）合寫了一本發人深省的好書《焦點》（*Focus*），他們在書中主張：人在追求目標時有兩種特質，一種是進取型，另一種是守成型[3]。

進取型的人專注於成就、升遷、進步，以及獲得更多的愛、讚美和快樂，他們熱切地追求目標。相反的，守成型的人專注於完成職責、避免虧損，以及降低風險、痛苦或責難。他們很注意可能的缺點或問題。

好習慣和壞習慣是一體兩面，有人可能想「戒掉垃圾食物」或「吃得更健康」，有人可能想的是「睡得更飽足」或「別再熬夜」。

進取型的人做資源回收是為了讓環境更乾淨；而守成型的人做資源回收是為了避免受罰。不同的論點可以讓不同的人產生共鳴。以適合自己的方式來詮釋習慣，效果更好。

你喜歡逐步前進，還是大躍進？

有些人覺得從小處慢慢著手，循序漸進，比較容易養成習慣[4]。積少成多、積沙成塔，一步步的小進展會讓人更有信心持續下去。行為研究者法格（B. J. Fogg）稱這為「小習慣」（tiny habits）[5]，我們可以從只做一下仰臥起坐或閱讀一頁文字開始養成習慣。小成就的慢慢累積，會給你鼓勵讓你容易持續下去。慢慢改變比較容易堅持到底，不會因為一下子改變太大而吃不消，迅速耗盡了熱情。

此外，一次一小步的漸進式改變，我們會逐漸把「新的習慣融入日常生活之中」。這種習慣動作比新習慣本身還要寶貴，例如每天記帳的習慣會比你記下的任一筆帳還要重要。逐步養成習慣可以保護及強化習慣。比方說，我每天都會寫點東西，哪怕只寫一句話，都可以幫我維持每日書寫的習慣。高中時，我想養成跑步的習慣，一開始我先在住家附近跑，跑過三間房子就折返。這樣跑了幾次以後，我把距離從三間房子拉長成四間，這樣持續增加，到最後我可以跑好幾英里。我就是利用循序漸進的小步驟，設法持續跑下去，直到養成習慣為止。

不過對有些人來說，一鼓作氣的效果比較好[6]。有時徹底改變比小改變來得容易，乍聽之下，這可能有悖直覺。理由在於，逐漸改變習慣可能會讓人失去興趣，或是在壓力下放棄，或是覺得變化不大就沒勁了。

大轉變會產生動力，有助於習慣的養成。就像賈伯斯說的：「我對逐步改善相當重視，我自己在生活中也有那樣的經驗，但是更徹底的改變總是令我神往，我也不知道為什麼。」[7]同理，我大學室友的座右銘是「打鐵趁熱，一鼓作氣」。

一位讀者引用詹姆斯．柯林斯（James Collins）和傑瑞．薄樂斯（Jerry Porras）的著作《基業長青》（*Built to Last*）：「大膽的目標，一以貫之。我抗拒這種概念多年，認為好高騖遠只會失敗，但我沒有意識到設定遠大的目標更能激勵我奮發圖強。」

如果能用魔法改變一個習慣，你想改變什麼？

有時候光是一個出乎意料的問題，就能讓我發現生活中潛在的面向。比方說這樣的問題：「你通常會怪罪別人，還是責怪自己？」就可讓我以全新的觀點看自己。所以，除了找出明顯的個性特質以外，我也列了一份簡潔的問題清單，幫我更了解自己，以便養成適合本性的習慣。

我喜歡怎樣運用時間？

一天中，我何時最有精神？何時精神不佳？
我喜歡在不同的活動之間迅速切換，還是比較喜歡不慌不忙地轉換？
哪些活動會占用我的時間，但不是特別有用處或令人振奮？
我喜歡多跟朋友在一起，還是喜歡獨處？
我的行事曆上是否有幾件事是我開心期待的？
我可以連續做什麼事情好幾個小時都不覺得無聊？
我十歲時，每天或每週會做什麼有趣的活動？

我重視什麼？

哪個對我來說比較有成就感，是省時、省錢或省（心）力？
行為與眾不同時，我會感到不自在，或是很開心？
我是否會花很多時間做對某人很重要、但對自己不重要的事？

如果我有五百美元可以用於玩樂，我會拿來做什麼？
我喜歡聽專家的意見，或是自己搞清楚？
花錢在某個活動上會讓我更投入，還是更不投入？
我樂見孩子也過我這樣的生活嗎？

我目前的習慣

我在團體中比較可能沉溺於惡習，或是獨自一人時比較可能陷入惡習？
如果我可以用魔法改變一個習慣，我會選擇改變什麼？
如果周遭的人可以改變我的習慣，他們會想改變哪個習慣？
在我現有的習慣中，我希望孩子也養成哪一種同樣的習慣？又我希望孩子不要學我的哪個習慣？

當我問自己：「行事曆上是否有幾件事是我開心期待的？」才意識到我的讀書會在幫我維持快樂習慣上幫了大忙。其中一個讀書會是讀成人小說，另外三個讀書會是讀兒童文學或青少年文學，這幾個團體幫我養成了幾個好習慣：強化我的閱讀習慣（七大改變的4：休息、放鬆及享受人生）；促使我讀新書，而不是一再重讀喜歡的舊書（七大改變的5：完成更多的事）；認識新朋友，常和朋友一起訂定計畫（七大改變的7：人際關係更深厚）。

不一樣的習慣，造就不一樣的創作者

大家通常會問：「什麼是最好的習慣？」彷彿真的有某種生活型態是每個人都應該遵守的。關於哪種習慣最能培養創意和生產力，仍然眾說紛紜。在梅森．柯瑞（Mason Currey）的《創作者的日常生活》（*Daily Rituals*）一書中，巨細靡遺地記錄了一百六十一位作家、作曲家、藝術家、科學家、哲學家的工作習慣，書中清楚顯示出一點：這些名人雖然習慣迥異，但他們都很了解習慣對他們的影響，也都很努力維持那些習慣[8]。

有人習慣早起工作（例如村上春樹），有人工作到深夜（例如湯姆．史達帕）；有人習慣安靜的生活（例如達爾文），有人夜夜笙歌（例如羅特列克）；有人拖延成性（例如威廉．詹姆斯），有人按部就班工作（例如安東尼．特羅洛普）；有人習慣在安靜的環境中工作（例如馬勒），有人要在熱鬧的環境中工作（例如珍．奧斯汀）；有人習慣喝很多酒（例如席勒），有人要灌很多咖啡（例如齊克果）；有人習慣每天工作好幾個小時（例如孟肯），有人每天只工作三十分鐘（例如葛楚．史坦）*。

對任何人來說，培養習慣沒有神奇的妙方。我們無法從模仿別人（即使是天才）的習慣，讓自己變得更有創意及生產力。我們必須了解自己的本性，以及什麼習慣對自己最有益。

＊編按，湯姆．史達帕（Tome Stoppard），英國劇作家。羅特列克（Henri de Toulouse-Lautrec），法國貴族、後印象派畫家。威廉．詹姆斯（William James），美國心理學家和哲學家。安東尼．特羅洛普（Anthony Trollope），英國小說家。馬勒（Gustav Mahler），奧地利作曲家、指揮家。席勒（Friedrich von Schiller），德國哲學家、劇作家、歷史學家和詩人。齊克果（Søren Kierkegaard），丹麥神學家、哲學家及作家。孟肯（Henry Louis Menchen），美國記者及諷刺作家。葛楚．史坦（Gertrude Stein），美國作家。

Part 2

好習慣的四根支柱

很多策略可以協助我們改變習慣，其中又以四種策略最為重要：追蹤、奠基、排程、問責。這些是眾所熟悉的常見方法，大家很容易因為習以為常而忽略，但它們其實非常寶貴。為了善用這四大支柱，我們必須與第一部自我了解後的人格特質搭配使用。例如，排程策略對多數人都有效，但對叛逆者沒有用；問責策略對多數人都有效，對盡責者來說更是不可或缺。這四個策略有相輔相成的效果。

第 3 章

像追蹤網紅那樣，追蹤你自己！

人生雖有一定的形式，但也就是眾多習慣的組成罷了。
實務的、情感的、智慧的那些習慣，
系統化地成就了我們的幸福或痛苦，使我們不得不朝著命運邁進。
威廉・詹姆斯《致師生箴言》
（William James, *Talks to Teachers and Students*）

追蹤策略有非比尋常的力量，它通常不需要改變，卻常導致改變。套句商學院常講的真理：「有追蹤，就有管理。」當我們密切追蹤我們的所作所為，包括飲食、運動、工作、看電視、上網、開支以及其他各方面，都可以做得更好。自我衡量會產生自我意識，自我意識就會強化自制力。例如，路邊的測速器可讓駕駛人知道自己開得有多快，好幫他們減速[1]。

追蹤策略的一個關鍵步驟，是找出精確追蹤的行動。「每天早上讀報」或「每天拜訪一家客戶」之類的目標比較具體，很容易追蹤。但是像「見聞更廣博」或「培養更深厚的客戶關係」之類較模糊的目標，就難以追蹤。這讓我想起卡爾文勳爵（Lord Kelvin）講過一句誇張卻發人深省的話：「當你無法用數字表達時，那只是貧乏不足的知識。」如果希望某件事真的在生活中發揮影響力，你就應該想辦法計數。

實際測量很重要，因為我們猜測自己做得如何時，往往錯得離譜。我們通常會低估自己的食量，高估自己的運動量。一項研究顯示，受訪者估計一天的走動距離（包括運動）約四英里，但實際上多數人走不到兩英里[2]。

精確的追蹤有助於判斷某個習慣是否值得投入那些時間、金錢或精力。我有位朋友追蹤他看電視的時間，因為他想知道一天花多少時間看電視。我讀過一個例子，有位婦人終於戒了酒，因為她計算六年來她和先生花了近三萬美元喝酒，而他們寧可把那些錢花在其他地方。認知行為療法的始祖亞倫．貝克（Aaron Beck）指出，一般人比較容易注意到伴侶犯什麼錯，而不是做對什麼，所以他建議夫妻寫「婚姻日誌」來追蹤彼此的體貼行為。一項研究顯示，七〇%做這類追蹤的夫妻都說，他們的婚姻關係變得更融洽了。

喜歡自我追蹤的人可以加入「量化生活運動」（Quantified Self movement），這個社群運用科技來追蹤日常生活的各個方面和績效，但多數人還沒有準備好持之以恆地投入這樣的流程。追蹤確實很寶貴，但也很費時，又有點無聊，所以我只追蹤真正重要的生活面向。

追蹤，能讓你無法再欺騙自己

我認為我應該先和我妹伊麗莎白好好地談論追蹤策略，我一直很遺憾我們姊妹倆住得很遠，洛杉磯離紐約市有好一段航程，所以我們不常見面，再加上兩地有很大的時差，我們也很難通上電話。但有一天我打定主意要找她談談，因為我知道她對追蹤有一些有趣的看法。

伊麗莎白罹患第一型糖尿病，身上的胰腺無法分泌足夠的胰島素（第二型糖尿病比較常見，這類病人的胰腺仍可分泌胰島素，只是無法正常運作）。沒有胰島素，血糖值可能飆得太高，甚至威脅生命，所以伊麗莎白必須每天注射胰島素多次。為了幫自己注射，她必須知道自己的血糖值。多年來，她是用針刺破手指來檢查血糖濃度。但最近她在皮下安裝某種裝置，可以持續追蹤血糖濃度，我想知道她的追蹤有沒有效，

「追蹤是**關鍵**。」她說：「多年來，我一直覺得隨身配戴裝置很麻煩，但是得了糖尿病以後，精確的追蹤變得十分重要，所以後來我還是裝了。現在我無法想像身上沒有追蹤器會變成怎樣。」

伊麗莎白說她要裝那個裝置時，我本來以為那個東西會直接幫她施打胰島素，或是告訴她需要做什麼。結果不是，那個追蹤器只是持續顯示血糖濃度而已，但是那點資訊就產生了很大的影響。

「沒有追蹤器時，我可能每天要測試血糖濃度十次，而追蹤器可以全天顯示血糖濃度。」她解釋：「我知道自己的血糖濃度高低及變化趨勢，也知道我做任何事情的效果，所以我無法欺騙自己。例如，我吃下號稱低糖的優格冰淇淋，但是根據追蹤器的數據，我知道那不可能是真的低糖。」

「即便追蹤器只能顯示當下的血糖濃度，沒有多**做**什麼，看到數字就能讓你改變行為嗎？」

「沒錯，沒裝追蹤器時，我要是吃了可疑的食物，可能會故意等幾個小時後才測試血糖，以便獲得較好的數字。但是有了追蹤器以後，我就無法欺騙自己了。」

這就是追蹤策略如此有效的原因，你再也騙不了自己了！我決定把這個方法套用在我的習慣上，我要是更清楚知道自己做什麼、成效如何，就可以把養成習慣的精力集中在正確的地方。我懷疑有些好習慣是我太高估自己的績效了。

買台計步器，以及一台……體重計

首先是飲食與運動。

我很注意飲食和運動，部分原因是為了健康，部分原因是出於虛榮。我注意到一個很有趣的現象，很多人只注意外表的某一方面，例如圓形禿、皺紋、啤酒肚或是髮型很糟糕，卻不太在意其他方面。我自己也如此，一直以來我只關心我的體重。

當然，不是只有我在意體重。「飲食更健康」是七大改變之一，雖然追求飲食健康有許多很好的理由，但減重是最重要的理由之一。截至二〇一〇年，有七〇%的美國人超重或肥胖[3]，由此增加了罹患心血管疾病、高血壓、中風、第二型糖尿病、癌症、睡眠呼吸中止症等疾病的風險。然而，這不只攸關身體健康而已。有一次我去參加會議，無意間聽到一位女士說：「有人找我去做TED演講，但我心想：『我沒辦法去演講，我現在的體重不適合上台。』」我聽了很難過。

我大學畢業多年後，仍一直覺得自己超重，雖然不至於胖到影響健康，但影響了我的自我形象，體重確實讓我倍感困擾。後來我終於把體重減到比較自在的程度，這讓我大大鬆了一口氣。不過，這種自在感是最近幾年才出現的，不想復胖的強烈念頭影響了我的許多習慣。我認真挑選健康的食物，運動頻率也很高（但強度還好）。然而，我還是覺得我可以做得更好，我跟多數人一樣，也喜歡輕鬆減重的概念，所以我想到追蹤也許有這個效果。

對想要飲食更健康的人來說，每天記下飲食內容非常有效。例如，一項研究顯示，每週寫六至七天飲食日誌的人，比每週只記一次或根本不記的人減掉的體重多一倍[4]。雖然寫飲食日誌聽起來很簡單，但我決定寫飲食日誌時，是做好打硬戰的準備。沒有人說過每天寫飲食日誌有多難，但我已經試過三次，三次都失敗了。

同樣的，我也用過計步器來計算每天走幾步。二〇〇三年的研究顯示，美國人每天平均走五一一七步，是建議步數的一半[5]。研究顯示，配戴計步器以及想達到目標的渴望，會使人增加活動量[6]。過去我配戴計步器時，確實走的步數較多。我是那種希望一切努力都獲得「肯定」的人，後來我決定不再配戴計步器，是因為它常脫落（有一次還掉進馬桶裡），而且戴在身上很醜。

我在評估追蹤飲食和運動的多種方法時，在《紐約時報》讀到一篇文章談 Jawbone 的 U P 智慧手環[7]，決定買來試試看。我想用它來追蹤步數和睡眠，透過耳機插孔把紀錄同步傳送到手機裡。我可以用手機讀取結果，也記錄我的飲食內容。

但是手環寄到我家時，原本躍躍欲試的熱情已經消退了。我從塑膠盒裡拿出那個黑銀相間的小手環時，才想到我又買了一個需要學會使用、持續更新、不斷充電的器材，而且又附帶了好多線。當我不小心讓塑膠手環落地時，心想：「我最好小心使用這個玩意兒。」

不過，我本來預期每天同步丟訊息到手機兩次很麻煩，但到了第二天，我已經習慣了，因為我喜歡看到數字不斷往上攀升。走一英里是兩千步，我的目標是一天一萬步。研究顯示每天走一萬步確實可以降低肥胖和心臟病的風險，但沒有特別的證據顯示一萬步相對於八千步或一萬兩千步的效果。但一萬步這個數字看起來很有成就感，所以我決定以它為每日目標。

UP手環也比我以前用小記事本追蹤飲食的效果更好。才過沒多久，我要是不記下飲食內容，就感到很不安。一開始我還在想：「現在拿手機出來記錄太麻煩了，等會兒再把優格加進去就好。」但沒過多久，我每次吃完某種東西就會掏出手機，馬上記錄下來。

我在追蹤飲食時，發現有幾點很難監控。首先，「分量」判斷往往出奇困難，我們不太擅長判斷自己吃了多少[8]。研究顯示，我們吃下肚的分量可能比建議攝取量多或少了二〇%卻不自覺。此外，我們還有所謂的「單位偏見」[9]，也就是說，我們往往以為吃了一單位的東西（例如一瓶、一罐或一盤），就代表「一份」，而且不管「一」單位的大小，通常都會吃下一整個單位。在一項研究中，當研究人員擺出一個個大型的椒鹽捲餅時，受試者通常都會拿一整個。但是當研究人員把椒鹽捲餅一切為二時，受試者會只拿走其中的一半。此外，打開包裝袋直接抓著吃，很難追蹤我們吃下多少。無論是什麼產品（糖果、洗髮精或貓食），越是大包裝，使用得就越頻繁[10]。（我覺得同樣的道理似乎也能套用在看書這件事上，我發現我從圖書館借的書越多，看的速度就越快。）

烹飪時順便嘗個幾口、從盤子中直接取食、分享食物，或是享用多盤小菜的組合（例如港式飲茶、西班牙小菜、開胃菜、小茶點等等），也很難精確地追蹤吃下的分量（這可能是這些菜色的誘人之處）。一種追蹤方式是記錄留下的證據，例如吃剩的骨頭、花生殼、糖果包裝紙、一天使用的咖啡杯、汽水罐或啤酒罐等等。

情境因素，也很重要。一項有關包裝設計的研究顯示，一般人會避免選擇最大與最小的飲料包裝[11]，所以，業者才會刻意捨棄最小杯，或加入特大杯的選擇（例如星巴克的無敵超大杯）。如此一來，顧客挑選的分量就會往上調整。

我這樣記錄了幾週以後，除了繼續寫飲食日誌以外，又增添了一項新的追蹤習慣：**不拿第二份**。把各種食物裝盤後，只吃一盤，這樣通常會比先裝一小份，吃完再去裝第二份或第三份的食量少一四%[12]。我經常這樣欺騙自己：先拿一小份，然後再回去盛更多。為了記錄，我必須精準監控自己吃了多少，所以我逼自己別再玩這種小把戲了。

因為要落實追蹤策略，我決定買一個數位型的體重計來量體重。有些專家建議一週量一次體重就好，以免數字的自然起伏令人氣餒，但最近的研究顯示，天天量體重有助於減重及避免復胖[13]（有些人可能會覺得天天量太頻繁了）。以前，我只有去健身房時才量體重，但現在我想認真追蹤數字。（順帶一提：一般人在週日的體重最重，週五早上最輕[14]。）

我想買體重計已經想了一年多，但遲遲沒買，因為我顧慮到伊莱莎的想法。伊莱莎的個性很隨和，平日雖然花很多時間挑選衣服、改變指甲油的顏色，或是想盡辦法把已經很長的棕髮留得更長，但是她對體重或身體的其他部位不太在意。不過，在我們一家人共用的浴室裡擺個體重計，可能會對這個十三歲的女孩傳達錯誤的訊息。

我有一項個人守則是「把問題弄清楚」，所以問題是什麼呢？「我想要一個數位型的體重計，但我不想讓伊莱莎看見。」解決辦法是：去買體重計，然後塞在舊衣櫃裡，她可能永遠也不會發現。

有些人想了其他方法，來監控自己的身體狀況。我朋友有一件牛仔褲從來不穿出門，只用來測量穿起來比以前寬鬆或是比以前緊繃。對我來說，我比較喜歡依賴體重計，而不是以合身的衣服來測量。平常我都是穿瑜珈褲和連帽衫，因為這種衣服彈性好又不緊繃。

老是猶豫不決？你很可能只是睡眠不足

一開始使用UP手環時，我沒有去理會情緒追蹤和睡眠追蹤功能。或許對我這種熱中追求快樂的人來說，沒有興趣去追蹤心情會令人感到意外。至於睡眠，我是個重症的睡眠擁護者，所以也覺得沒必要追蹤。我常告訴大家，睡眠對身心健康很重要，那是身體修復與調節的關鍵時間。睡眠不足會對心理、記憶、免疫功能、疼痛的敏感度產生負面影響，導致我們比較可能跟另一半爭吵，也容易變胖。

睡眠不足也會使人猶豫不決，研究拖延的專家皮爾斯．史迪爾（Piers Steel）指出，「太累」是最常見的拖延理由[15]。有項研究估計，前一晚睡眠中，每被中斷一小時，隔天就會浪費八．四分鐘上網磨蹭，例如查電子郵件、上網亂逛等等[16]。雖然很多人宣稱：「我訓練自己每天只需要五個小時的睡眠就夠了。」還說他們不會覺得特別想睡。但研究顯示，長期睡眠不足對身體有害，但許多成年人的睡眠通常都不到七個小時。

有一次我搭機去舊金山，親眼看到大家睡眠不足的證據。正午時分，很多乘客已經熟睡，不是打瞌睡，而是睡得不省人事。

我跟一位朋友提起這件事，他吹噓說：「喔，我搭機時都會睡著，我隨時隨地都能入睡。」

「你可能是長期睡眠不足。」我強忍住衝動，沒有對他大談睡眠的重要性。

「我才沒有。」他說：「我的身體已經學會適應，只要一點點睡眠就夠了。」

「如果你在安靜的房間裡坐著不動十分鐘，你會睡著嗎？」我問道。

「會。」

「你每天早上都是在沉睡中被鬧鐘吵醒嗎？」

「難道還有別種起床的方式嗎？」

「你依賴咖啡因和糖類來提振精神嗎？」

「那當然。」

「晚上你覺得累到不想做任何事，只想看電視或上網嗎？」

「不然要做什麼？」

「你週末會狂睡到很晚才起床或是大量補眠嗎？」

「那當然。」

嗯——

他不介意睡眠不足，但我非得睡滿七小時不可，而且我會想盡辦法避免睡眠時間遭到侵蝕。我本來是這樣想的，直到我決定使用UP手環的睡眠追蹤功能，才發現情況不是我想的那麼美好（我沒有天天用這個功能，有幾晚忘了按下睡眠追蹤按鈕。後來，與其去「記住」這道程序，我乾脆把它融入我設定鬧鐘的舊習慣裡，一併變成習慣）。

令我詫異的是，UP手環顯示，連我這種重度睡眠熱愛者也常熬得太晚才睡，我陷入了典型的「不追蹤陷阱」：因為我對自己的睡眠習慣頗為得意，所以我只記得晚上九點四十五分上床睡覺的日子，而忘了熬到十一點半或更晚才睡的那些日子。

一旦開始追蹤睡眠以後，我決定把就寢時間固定下來。每天晚上，只要我在家裡，一定要在十點半以前上床睡覺。

現在，到了每晚十點半，我會告訴自己：「這是我的睡眠時間。」如果十一點還沒睡，我會說：「已經超過睡眠時間半小時了。」訂定清楚的原則，而不是以「想睡」為就寢原則，有助於習慣的養成，因為我常陷入焦躁不安的亢奮狀態，讓我誤以為我還不想睡，但其實我已經很累了。

時間用在刀口上，沒必要追蹤的就……算了吧

除了追蹤這些健康習慣以外，我也想把追蹤策略套用在**時間**這個重要領域上。我知道我要是不衡量生活中的某些數值，就會忽略它們。我決定追蹤我閱讀的時間。對我來說，閱讀是工作也是休閒，是我最愛的事。捫心自問的話，閱讀是我唯一真正喜愛的消遣，我不是各方面都均衡發展的人。

不過，過去幾年，感覺我好像沒有讀什麼書。客觀來講，當然不是真的沒讀，我從圖書館借書，讀完後又歸還。我也買書，放在書架上，拿出來翻閱並做閱讀筆記。但我不知道我是在何時讀的，**我究竟是什麼時候看書的呢？**

我的朋友蘿拉．范德康（Laura Vanderkam）是時間管理專家[17]，她強調追蹤時間是一個很強大的時間管理方式，所以我決定試試看。我做了一個每日時間紀錄表，簡單列出一週七天，每天再以三十分鐘為一格，製成簡單的表格。那張紙可以用來追蹤任何活動，但我打算用它來追蹤閱讀時間。

但是用了幾天以後，我就認輸了。很多人覺得時間紀錄表是很實用的工具，但我**就是沒辦法**使用。那張紙總是不在手邊，或者我總是忘了填寫閱讀時間。

我原本不希望自己凡事都要依賴手機，畢竟，我還在使用傳統的活頁記事本。但話說回來，我早就用手機做追蹤及監控了，多一項閱讀也還好。我大略地搜尋時間追蹤 app（成人的祕密：很多事不必經過深入研究，就能做決定），下載了 TimeJot app，但總是提不起勁使用。接著，我改換 HoursTracker，還是沒有用，我就是無法養成記錄閱讀時間的習慣。我越嘗試，就越感到厭煩。既然這個習慣沒什麼用處，我就放棄了。

不過，即使追蹤失敗，這項嘗試還是讓我更了解自己對閱讀的渴望。所以，即使我無法以時間紀錄來證明我的閱讀量變多了，我依然很確定事實就是如此。

我也想追蹤開支，一般人都不是很擅長這個。例如，有項研究請三十個人估計自己的信用卡帳單，每個人都低估了數字，平均低估的幅度近三〇％。[18] 對許多人來說，信用卡本身就是阻礙精確追蹤開支的障礙，因為拿出一疊鈔票付錢很真實，而刷卡消費比較無感。同樣的支出原理也可以用來解釋，為什麼賭場要求賭客使用代幣，而不是真鈔；以及為什麼在國外容易揮霍，因為外幣看起來很像桌遊使用的假鈔。

不過，對有些人來說，信用卡比真鈔更能有效追蹤開支。一位讀者表示：「我用現金消費時，感覺很快就花光了，也不知道錢花到哪裡去。所以，我幾乎所有的消費都固定使用一張信用卡。我經常上網追蹤帳戶，了解自己買了什麼，花了多少。」

但是，我最後決定不追蹤開支了。追蹤是很有效的工具，也許可以幫我了解詹米和我的開支習慣，但說實在的，我的開支一向很節制。事實上，我是少買一族，常常需要督促自己**購買**（例如我家的手套永遠不夠用）。追蹤需要花時間精力，而我認為追蹤開支只會占用我的時間精力，讓我無法去追蹤其他重要的事物。

我和別人聊到他們如何追蹤自己時，常會聊到「適度」這個可能有害的概念。把某種活動或消費調整到「適度」可能會被誤導，因為「適度」意味著理性和節制，而這其實是一個相對的用語。適度是跟什麼做比較？兩百年前，美國人攝取的糖分不到我們今天攝取的五分之一[19]，所以現在「適度」的糖分以古代標準來看就過量了。當我們做追蹤時，需要進行實際的衡量，這樣一來就能打敗「適度」所帶來的那種不確定的安全感。

記住：你的目標是讓自己進步，而不是追求完美！

一如我的預期，追蹤對培養習慣很有幫助。在採用更積極的習慣策略以前，我就已經注意到我有了一些小改變，因為追蹤資料會督促我變得**比以前更好**。

此外，我也很喜歡做追蹤。身為一個自律者，我喜歡看到自己有所進步，因成就而獲得肯定，在有些情況中，我也不在意追蹤工作的單調繁瑣。質疑者也會對追蹤有興趣，因為他們喜歡獲得資訊，並運用資訊來養成習慣。不過，根據我的觀察，追蹤策略對盡責者來說，可能會有點小掙扎，除非有人督促他們。光是戴上UP手環，對某些盡責者來說，可能還無法提供足夠的外在問責，但是啟動「群組」功能，讓別人來監督你的統計數據也許有幫助。那麼叛逆者呢？那就要看叛逆者是否想要採用追蹤策略而定。

我採用追蹤策略時，所面臨的最大挑戰是，我會選擇性地做追蹤，因為我只想記錄表現良好的時刻。另一方面，當我覺得沒什麼進展時，追蹤反而提醒我確實完成了一些東西。我們的目標應該是進步，而不是追求完美。我這個人非常需要外在的肯定，我很喜歡叫出UP手環的數據報告，往回看以前那些超過一萬步的紀錄，但我也知道五千步比一千步好。有一個成人祕密是這樣說的（這是抄伏爾泰的點子）：「做得好就行了，別為了追求完美，而寧可放棄不做。」追蹤讓我記住我完成的一切事物。

有時候我確實發現追蹤反而讓我分心了，至少不像沒有做追蹤時那麼專注。當我過度關心UP手環的睡眠功能時，可能會忽略了在床上躺平的感覺有多棒。不過，追蹤策略確實是好東西，因為它會督促我早點**上床睡覺**。如果我盯著電腦直到半夜，如何能獲得一夜好眠呢？追蹤我想要培養的習慣，就能精確地知道自己做得如何，進而幫我了解我想要做出什麼改變。

對我妹妹伊麗莎白來說，隨時知道血糖值非常重要，所以她會盡可能地密切追蹤。至於我要追蹤的東西，雖然不是那麼攸關生死，但同樣的原理也適用：我應該追蹤我覺得對自己非常重要的東西。如此一來，我才可以過上能反映我價值觀的生活。

| 第 4 章 |

睡眠不好，說什麼都是假的！

就如同時間在不知不覺中，逐漸改變我們的容顏，
習慣逐漸改變生活的樣貌，也是如此。
維吉尼亞・吳爾芙（Virginia Woolf）
一九二九年四月十三日的日記

四種傾向、特質，以及追蹤等觀察策略，是運用自我了解的力量。我這個人比較務實，喜歡具體的東西，所以我很想趕快根據已知的狀況，開始行動。我之所以採用奠基策略，是因為如果我的基礎本來就很穩固，更容易培養好的習慣。

有些專家建議，一次只要專注養成一項習慣就好，以免自制力消耗得太快[1]，但也有人指出，只要認真培養一個正面習慣，往往在改善其他方面也會更容易[2]。例如，有運動習慣的人，健康及工作方面的行為也比較好。也許這是許多宗教設定齋戒期的原因，例如大齋期（Lent）、齋戒月（Ramadan）、贖罪日（Yom Kippur）。自制力越練越強，改變可以促成更多改變。反之亦然，惡習往往會越來越多，相互強化。

想改善習慣，該從哪裡著手呢？我常提醒自己：「要事為先。」也就是說，從最明顯的大問題著手。

令人意外的是，一般人想改善習慣時，往往是從投資報酬率較小的習慣著手（也就是說，花了很多心力，但回報其實不多）。我認識一位男士有睡眠不足的問題，常上班遲到，始終沒有時間去打他熱愛的網球，嘴裡總是嚼著口香糖。他告訴我：「我得做點改變，我要戒掉嚼口香糖的習慣。」他的決定讓我想到一個老笑話，但我沒有告訴他。某天深夜，警察看到一名男子在路燈下徘徊。

「先生，你在幹什麼？」警察問。

「我在找汽車的鑰匙。」那人回答，顯然喝醉了。

「你是在這裡遺失鑰匙的嗎？」

「不是，我在那裡遺失的。」男子指向人行道的暗區，「但是這裡比較亮，看得比較清楚。」

我發現很多人決定改變習慣時，並沒有從找出關鍵做起，而是先從亮處看起，但是這樣永遠也找不到癥結所在。

所以我們**應該**從何處著手呢？從直接強化自制力的習慣開始著手會很有幫助，那些習慣可以為其他習慣奠定基礎。它們能避免我們太疲累或太耗神而無法自我管理。

根據我的觀察，左列四個領域的習慣最能有效提升自制力，那些習慣有助於強化所有習慣的基礎。只要一開始先掌握這四種習慣，未來更容易養成其他習慣：

1 睡眠

2 運動
3 飲食得當
4 清理收納

基礎型的習慣通常有相輔相成、相互強化的效果。例如，運動讓人睡得更好，而睡得好能讓人把任何事情做得更好，所以運動和睡眠是改變任何習慣的起點。而且，妙的是，基礎型的習慣有時可以促成非常徹底的改變。一位朋友告訴我：「我清空整個冰箱以後，現在覺得連轉行都難不倒我了。」我完全可以理解她的想法。

因此，基礎型的習慣應該視為首要之務。我後來發現，為了做追蹤實驗，我選來追蹤的習慣正好屬於前述四大基礎的三項。在我還沒有想到「奠基」這個概念以前，我就已經直覺發現這些領域特別重要了。

我的習慣本來就不錯，但追蹤策略讓我知道我還可以大幅改善我的那些基礎。

睡眠：每天睡不到六小時的人通常比較胖

我平常的就寢時間是十點半，但我總是有股衝動想把睡覺時間往後拖一點。後來我發現，我以為累了就會讓我早點上床，但其實疲憊感往往會讓我想要**熬晚一點**。上床睡覺需要一鼓作氣，身心動力齊發，當我累到不想切換活動時，想到睡前還要洗臉刷牙，我就遲遲不肯去睡。

所以，現在我會提前準備就寢，在十點半以前就先洗好臉刷好牙，摘下隱形眼鏡，換上睡衣。把這些小事都先完成以後，等就寢時間一到，我就更有動力上床睡覺。

我發現把上床時間固定起來，有個出乎意料的好處。就寢時間的前三十分鐘是危險區，那時我的自制力已經耗盡，所以好習慣很難維持，結果之一就是我常去廚房找消夜（長期睡眠不足，容易讓人感到飢餓及受誘惑。或許，這也是每天睡眠不到六小時的人通常比較胖的原因）[3]。我這個人脾氣不太好，有時會因為詹米忘了換燈泡或沒有回我電子郵件而反應過度，跟他吵了起來。幸好準時就寢，幫我縮短了在自制力不佳時醒著的時間。

不過，我和其他人聊到睡眠習慣時，有一點卻令我大惑不解。一再有人告訴我，他們長期處於疲累狀態，累得半死，但是當我建議他們提早上床時，他們又不太高興。為什麼呢？

後來我才明白，這些人留給自己的時間很少，他們到處忙東忙西，停不下來，直到夜裡才有屬於自己的空檔。有些人利用那個空檔趕工作，例如回幾封電子郵件或讀報告。有些人利用那些時間放鬆，那時孩子都睡了，垃圾也倒了，與工作有關的電子郵件不再大量湧入，他們終於可以陪另一半、享受獨處時光，或是偷懶一下。

一位法學院的朋友激動地告訴我：「我在律師事務所從早到晚忙得要命，累得像條狗。要是睡前不能騰出時間看點東西，放鬆一下，我就真的一無所有了。」

「但是去睡覺可能感覺更好。」我指出。

「如果我早點睡，那表示公司已經擁有**全部**的我了。」他搖頭說：「我無法接受。」

很多人不想失去那段寶貴的私密時間，連拿來睡覺都覺得有點奢侈，感覺就像被剝奪了什麼，我們都**討厭**被剝奪的感覺。轉念，讓自己相信「這不是唯一的私密時間」，是養成早睡習慣的一大挑戰。「休息、放鬆及享受人生」是七大改變的第四點，很多人抱怨自己經常很疲累，卻死守著睡前那段自由時間，不肯提早上床。但重點是，我們都需要睡眠。

運動：夜貓子就不要去奢想要早起運動

身體活動幾乎是解決一切問題的萬靈丹。運動可以紓壓、提振活力和心情，還能增強記憶，使大腦的執行功能更加敏銳，也可以維持體重。運動不僅帶給我們活力，也讓我們感到穩定踏實。運動的一大好處是幫我們強化自制力，從而維持其他的好習慣[4]。此外，運動確實讓日常生活感覺更容易應付。有一次我去女兒的學校參加家長晚會，我看到很多家長大排長龍等著搭電梯，而不是爬三層樓梯。

有些人以為運動一定要大費周章跑一趟健身房，最後還要淋浴，這樣才算運動，但是隨便活動一下筋骨也有助益。經常久坐不動的人，只要稍微運動一下，就能看到最明顯的健康效果[5]，尤其運動一開始的二十分鐘可讓死亡率大幅下降（約四〇%的美國人表示他們**完全不**運動）。

不過，開始運動的人中，約有一半撐不滿六個月[6]。我猜可能是因為許多人之所以會選擇某種運動，往往是基於某個誤導因素，例如想要改變外型、想要跟流行（就像服飾和髮型一樣，某些運動在某段期間特別流行），或是別人的建議。這些考量也許可以幫你開始運動，但是說到底，選擇適合自己個性和時間表的運動，比較能幫我們養成運動習慣。例如，夜貓子就不要去奢想要早起運動，那是不可能的。

想要判斷某種運動是否適合某個人，需要考慮許多因素，例如：

你是晨型人，還是夜貓子？
你喜歡戶外活動，還是不想受到天氣影響？
競爭是否讓你更有動力？
你運動時喜歡聽動感音樂，還是比較喜歡安靜的環境？
外在問責（例如教練、跑步社團）比較能督促你，還是內在問責就夠了？
你喜歡用運動自我挑戰（例如學習新技巧或挑戰體能），還是比較喜歡熟悉的活動？
你喜歡體育賽事嗎？

運動完後是不是方便淋浴？

我考量這些問題時（我的答案分別是：晨型人、都喜歡、不喜歡競爭、安靜的環境、內在問責、熟悉的活動、不喜歡體育賽事、有時候不太方便），才發現為什麼我的運動習慣很適合我。我一點都不喜歡硬逼自己，也不喜歡嘗試新的事物，所以我不會那樣做。每週，我會在室內上一堂放鬆的瑜珈課，去健身房一、兩次，做四十分鐘強度不高的運動（使用踏步機及健身腳踏車）。每週我也會去做一次重力訓練，那真的很辛苦，但只有二十分鐘，我還能承受。

當然，其他人的偏好可能跟我完全不同。有人告訴我：「我終於發現競爭可以激勵我運動，我發現這點以後，每週都找朋友比賽。這是我這輩子第一次對運動那麼投入，而且持續那麼久。」

在奠定運動基礎時，我不想固定運動的時間，但我確實想增加運動量。身為作家，我每天坐著工作好幾個小時，休息時間大都也是坐著，所以我特地去找了一些習慣，讓我可以少坐多站。

我的十二守則之一是「表現出自己想要的感覺」。我們很容易以為，我們的**表現**是**感覺**使然，但很多時候其實是反過來，我們的**感覺**是**表現**造成的。只要我表現出更有活力的樣子，就會感覺更有活力。

我決定讓自己養成每週末出去快走的習慣。每次出發時，我都會掙扎一番才踏出家門，但每次走完都覺得我更有活力了。

身體活動雖是四大基礎的關鍵要項，也有很多的身心效益，但大家常以為運動的最大效益是減重。諷刺的是，**運動沒有減重的效果**[7]。運動似乎可以幫人維持體重，經常活動的人比較不會變胖或增加體重，但運動和減重**沒有**關係。運動有很多誘人的理由，但是研究一再顯示，減重不是其中之一。想要減重，只能改變飲食習慣。

飲食得當：想避免過度飲食衝動？吃東西吧

日常生活中很少有比飲食更重要的事，然而很多人卻覺得飲食難以控制。以下是看似矛盾的道理：大腦需要攝取營養才能管理衝動，而要避免過度飲食衝動的最好方式是吃東西。

關於飲食基礎，我決定養成「餓了才吃」的習慣，而且「一感到飽了就停下來」。不過，實際做起來比說的困難，因為有太多的感官刺激凌駕了飢餓感。我們吃東西往往不是因為肚子餓，而是因為例行常規（比如一天要吃三餐）、社交、食物的色香味，以及其他的外在誘因（糟糕的是，「節食」反而讓人對外在的刺激更加敏感）。此外，吃完一餐的時間平均約十二分鐘，但是身體要等二十分鐘才會產生飽足感[8]。實際做起來，我發現「餓了才吃」和「不拿第二份」是我最常破戒的習慣。日常生活的流程和食物的誘惑，讓這兩個習慣難以堅持下去。

雖然有時候我不餓也會吃東西，但是我餓了**一定會**進食。我討厭飢餓感，所以當我聽到朋友說：

「我最喜歡半夜餓醒了。」我嚇了一跳。我餓了，脾氣就不好，會變得很急躁，無法工作或思考。

所以我一定會吃早餐。

關於早餐，有一些爭議尚無定論。很多人以研究佐證，說吃早餐的人通常比較瘦[9]，這只是指出了兩者之間的相關性，並不是因果關係。另一項研究顯示，不吃早餐的習慣對體重沒什麼影響[10]。雖然我不相信早餐有特殊的魔力，但我每天一定會吃早餐，不讓自己過度飢餓是我的生活基礎。

研究顯示，省略任一餐都不好，或許是因為飢餓時比較難以控制暴飲暴食的衝動。一項以節食女性為對象的研究結果顯示，不省略任何一餐的女性比有時省略一餐的女性多減了近三．五公斤[11]。此外，對許多人來說，不吃早餐會使人一整天都做出不當的選擇。朋友和我一起去一場生日派對接女兒回家，她順手拿了一個杯子蛋糕說：「我沒吃早餐，所以吃個杯子蛋糕沒關係。」

飲食裡除了固體食物以外，也包括飲料和酒類。酒類在很多方面都會動搖我們的飲食基礎，酒精會降低自我壓抑的效果（所以喝酒會很嗨），使我們更容易暴飲暴食，也會干擾睡眠，讓人更不可能去運動，也降低自制力。

以我為例，我的飲食基礎完全不受酒精影響。幾年前我就戒酒了，因為我一喝酒就好辯、冒失、昏昏欲睡。戒酒對我來說並不難，因為我本來就不愛喝酒。此外，詹米有C型肝炎，完全不能碰酒，所以我也沒什麼動機喝酒。

不過在「喝」這上頭，酒類不是唯一的議題，有些人擔心的是自己攝取的水分不夠多。有一次我在藥房等候結帳時，無意間聽到一位女士對朋友說：「我很努力要多喝水，每天都買一大瓶水，經常拿起來喝。」

我很想告訴她，不需要那麼麻煩，因為喝水對健康的好處其實不像坊間宣傳的那麼大。我們不太可能把口渴誤解為挨餓，我們也不需要逼自己喝水，因為身體脫水時自然會感到不舒服。我們也不需要一天喝八大杯水，任何人只要不覺得口渴、尿液呈淺黃色，可能都攝取了足夠的水分[12]。

當然，對於愛喝水或是相信喝水很好的人來說，多喝水也沒關係。喝水總比喝含糖飲料來得好，只是我看到有人逼自己喝水，或是看到「多喝水」列在推薦的習慣清單上時，總覺得在喝水上浪費寶貴的精力很可惜。

培養好習慣是要花精力的，而且我們的精力很有限。運用那些精力來養成最有益的習慣，才會讓我們變得更好。切記，要事為先！

清理收納：你的「破窗」是什麼？

外在秩序對多數人內在平靜所造成的影響，程度之深，是很驚人的。外在秩序對生活基礎的影響，遠比大家所想的還要大。擁擠的衣櫃或滿溢的收件箱看似微不足道（**確實**也微不足道），但井然有序的環境讓我覺得能夠自我掌控得更好。即使這只是幻覺，它也確實是有益的幻覺。

外在秩序的作用就像破窗理論的「破窗」。破窗理論是一九八〇年代社會學家提出的犯罪防治理論，在於警戒「勿以惡小而為之」，一旦社會容忍小奸小罪（例如打破窗戶、塗鴉、地鐵逃票或公然酗酒）等亂象，人們就更可能犯下嚴重的罪行。把這種說法當做執法理論是有爭議的，但是不管這個說法套用在群體上是否成立，套用在個人身上確實是成立的。

對許多人來說（包括我），井然有序的乾淨環境有助於培養自制力，也因此更容易維持好習慣。我讀法學院的時候，某天去拜訪兩位朋友住的團體住宅，兩處的廚房截然不同。第一位朋友的住處，廚房相當整潔，他從櫥櫃裡拿出一盒餅乾，從冰箱取出一些起司，兩個包裝都整齊地封好，存放著。我去第二位朋友的住處時，她說：「想吃什麼自己來，別客氣。」廚房的流理台上開了幾包零嘴（椒鹽脆餅、洋芋片、巧克力小餅乾），我們圍坐在餐桌聊天時，有些人經過我們，走到流理台，隨手抓了幾把零嘴。我心想：「我要是住在這裡，一天下來不知不覺就能吃完整包餅乾。」當時我們都還很年輕、單身，沒人想吃垃圾食物，但是那個房子裡的習慣讓人難以抗拒垃圾食物。

當我們把東西歸位放好，解決煩人的任務，把地面或桌面清乾淨，清除壞掉或沒有用的東西時，內在也會煥然一新。這種能量的提升，讓我們更能夠自我要求、運用自制力，以及堅持高難度的習慣。此外，完成小任務也可以提振「自我效能」，我們越相信自己有能力堅持下去，就越有可能養成重要的習慣。

當然，確實有些人在混亂中，反而更能發揮實力。對他們來說，整齊乾淨的環境不但對生產力、創意和心境沒有幫助，甚至會讓他們覺得窒息。

但對我來說，凌亂的環境像個破窗，使我的生產力和創意不彰。辦公室裡堆滿打開的書、潦草的筆記、喝了一半的咖啡杯、沒筆蓋的筆時，我會不知所措。清掃，可以幫我釐清思緒。

每個人的破窗都不一樣，沒鋪好的床是常見的破窗，所以「鋪床」是最熱門的快樂生活提案。事實上，查爾斯·杜希格（Charles Duhigg）在他的有趣著作《為什麼我們這樣生活，那樣工作？》（*The Power of Habit*）裡指出，鋪床的習慣和提升幸福感及生產力有相關性[13]。其他常見的破窗，包括車內亂糟糟、累積大量的待洗衣物、沒倒的垃圾、找不到重要的東西（例如護照或手機充電器）、整天穿睡衣或運動褲、不刮鬍子或不洗澡，以及留下一大堆的舊報紙、雜誌和型錄等。

對詹米來說（他也不忘一再提醒我），隔夜的髒碗盤就是破窗；但對我來說，只要把盤子放進洗碗槽，就覺得生活一切都在掌控中了。至於我的破窗是什麼呢？看電視看到睡著是其一。

我開始研究習慣時，我妹伊麗莎白答應當我的「受試者」，幫我測試一些理論。一開始我想幫她改變習慣，試著說服她改變睡眠習慣，但她不肯。

「有時候，晚上我看電視時，會在沙發上小睡一下。」她告訴我：「那時我睡得最熟、最沉。」

「那不叫**小睡**。」我反駁：「你是在電視前昏睡過去了！對我來說，那就是破窗，是事態不妙的徵兆。」

「對我來說，午夜之前就寢實在太鬱悶了，感覺我好像失去了一天最精華的部分。」

我發現伊麗莎白還認為，一天結束前的時間不留給自己就不開心，即使因此犧牲了優質的睡眠也在所不惜。所以，後來我就不再強求她改變睡眠習慣了。

我決定修補我自己的破窗，一開始我選定要改的壞習慣是：把衣服堆積在臥室好幾天。每次我一趕時間，總是對自己說：「衣服堆著沒關係。」但是井然有序的空間讓我覺得比較平靜，覺得一切都在掌控中，而放任環境凌亂會讓我感覺更糟。我開始清理收納以後發現，每晚把衣服整理一下，也可以讓整理衣物變成小事一樁，而不是心腹大患。成人的祕密：天天處理比積久處理來得容易。

接著，我開始處理討厭的電話留言。我討厭電話發出嗶嗶聲通知我們有留言，偏偏我們家的電話老是嗶嗶叫，因為我討厭聽留言。為此，我設定了一個新習慣，每次我只要一聽到嗶嗶聲，就**必須**馬上聽留言。

但沒過多久，我就認輸了，我就是提不起勁聽留言，於是我改換了另一個新習慣：詹米一下班回到家，我就把紙筆和電話交給他，請他記下留言，他似乎不介意這樣做。

我也考慮到我的工作習慣。每天早上，我坐在辦公桌前，一邊擺著一杯咖啡，另一邊擺著低卡汽水，然後透過電子郵件、社群媒體和外界聯繫。我開始移動滑鼠點來點去時，覺得一切都在掌控中，就好像飛行員在駕駛艙裡進行系統檢查，或像外科醫生伸手去拿手術工具一樣。

我希望每天工作結束時，都像一開始那樣心滿意足，以前我習慣留著凌亂的桌子，但現在我結束工作的前十分鐘，會開始把報告歸檔，迅速處理一些電子郵件、填寫表單、蓋好筆蓋、檢查隔天的行事曆，然後把該拿到其他房間歸位的東西收集起來，一起帶走。

我很快就發現，這個習慣也讓我隔天早上進辦公室時更有活力，以前我都沒注意到一早就在翻找報告及咖啡杯有多煩。

可以在一分鐘內完成的事，馬上做

第四個基礎對我的習慣產生了很大的影響，但是它對每個人的影響都那麼大嗎？為了驗證基礎的重要性，我問朋友馬歇爾是否願意當我的習慣「受試者」，讓我幫他清理雜物。

我是在兒童文學的讀書會上認識馬歇爾的，他是報紙的專欄作家，有無限的創意，但某天他告訴我：「我可以準時完成別人指派的寫作任務，但一直拖著自己的作品沒寫。」

「什麼作品？」我問道。

「我想寫劇本、小說，或是和我弟一起合作。」（他是個盡責者）

我去過他的公寓，知道裡面很亂，我很想測試清理雜物的效果，看清理雜物能否強化他的基礎，幫他養成寫作的習慣。我跟他解釋我的想法：「我的理論是，養成基礎型的習慣會讓其他習慣更容易養成，所以讓環境更井然有序也許對你的寫作有幫助。我一再聽到很多人說，掌控好自己的**東西**，會讓他們覺得自己更能掌控**人生**。此外，普林斯頓大學的研究也發現，堆積雜物會讓人更難專心及處理資訊。」（我喜歡引用研究報告，這會讓人覺得更有說服力。）

「好吧。」他熱情中帶著小心翼翼。

他家位於格林威治村，是紐約市典型的一房一廳公寓，我帶著零食和筆電去他家，打算要是當場發現習慣養成的道理，就馬上做筆記。我等不及要開始了，但是馬歇爾看起來好像有點猶豫。

他住洛杉磯時，見過我妹，我趕緊舉我妹為例：「別忘了，我幫我妹清理過雜物，一般人通常會對自己的雜物覺得不好意思，但**沒有人**比我妹的雜物更亂，雖然她現在已經好多了。」我趕緊補充最後那句，以示公平。「別擔心，任何狀況都嚇不到我的。」

「好吧。」

我們一起清理收納時，我提到一些我最喜歡的雜物清理習慣，看他是否剛好對其中幾點有興趣。「一分鐘原則：如果一件事可以在一分鐘以內完成，就馬上做」、「別留下隔夜的報紙」、「流理台是做事的地方，不是堆積東西的地方」。我也講了幾個我幫別人清理雜物的小故事。「我遇過一個傢伙，他家有每一期的《信徒》（*Believer*）雜誌，因為他覺得收集一整套會很有價值。」我搖頭說：「我們很容易養成收集沒有意義或無用東西的習慣，更何況你還要整理和保存。就拿購物袋來說吧，我也想把它們統統留著，但誰會用到五十個購物袋？」

馬歇爾把一疊發黃的舊報紙交給我，「你可以把這些放進那個櫃子裡的書報堆嗎？」

我往櫃子裡看，問道：「你留這些東西做什麼？」

「那些報紙版面有我的專欄。」他看著那疊東西說：「也許我可以請人把專欄剪貼成冊，或是**掃描**起來，上傳到網路上保存。」

「你有網站嗎？」

「沒有，但也許我應該要有一個。」

馬歇爾的提議讓我愣了一下，心想：「難道他自己提高標準了？」一個人想養成新習慣時，可能會因為一時興起或下意識的「自我破壞」，想要採用更精進的方法，頓時拉高了習慣養成的挑戰難度，這就是我所謂的「提高標準」。例如，有個人決定開始運動，但是目標不是設在每天運動二十分鐘，而是決定啟動一套計畫，輪流做有氧運動、重訓、平衡訓練，每週運動四天，一次一個小時。這個標準一開始就拉得太高，根本不可能達成。

馬歇爾可能也是如此。他本來只想把舊報紙塞進櫃子就好，現在突然變成請人來剪貼、掃描、上傳到還沒架設的網站。不過從另一方面來說，他畢竟是從事新聞業，也許這不是太難。

至少，現在報紙已經整齊地收起來，不礙眼了。

馬歇爾清理出一大箱的舊文件，而且在極短的時間內就清空了整個箱子。

「哇，那麼快！」我說：「你四十分鐘以前才剛開始清理而已。」

「不對。」他搖頭：「其實我花了**七年**才清空那個箱子，裡面有二〇〇六年的信件。」我們兩人相對無語。

幾個小時後，馬歇爾露出驚訝的表情。我常在幫人清理雜物後，看到類似的表情。我自己則是越清理越起勁。這時他的公寓已經堆滿了一包包的垃圾袋，「我知道看起來很嚇人。」我坦言：「有個成人的祕密是這樣說的：先苦後甘，先亂後治，變整齊之前會先變亂。」

「沒關係。」他說。

我笑了起來。

「怎麼了？」他問道。

「我發現，雖然你很慶幸我們這麼做了，但是對你來說還是很痛苦，而我自己卻樂不可支，謝謝你那麼配合。我知道我清理雜物時，可能有點冷酷無情。」

「不會，把那些垃圾都清掉很好。」

我想起幾年前我和伊麗莎白的對話，那時她要搬家，我飛去洛杉磯幫她裝箱。我們連續清理及打包兩天，中間都沒有休息。清掃時常出現一些尷尬的情況，例如我們剛清完廚房，伊麗莎白打開烤箱，卻發現裡面塞滿了早就遺忘的東西。我喜歡這類挑戰，我一直幫她清理到趕去機場的前一刻，那時伊麗莎白已經累癱了，她一手拿著剪刀，另一手拿著膠帶，癱在沙發上。「你不介意自己搭計程車去機場吧？」她問道：「我想我累到無法送你去機場了。」

「沒關係。」我故意扳起面孔說：「承認吧！你其實很高興看我離開，對吧？」

她竟然沒有否認！「不過，以後我會很感謝你來過。」她認真地說。

我知道馬歇爾當時也有同樣的感受。他似乎樂見一些雜物清除了，公寓看起來比以前更好，但我猜想，當下我比他更興奮。我之所以主動提議幫馬歇爾「清理」，是因為我覺得這個「基礎」改變有助於他的寫作。但是話說回來，公寓雜物對他的干擾，不像對我的干擾那麼大。而且他也不覺得那很重要，所以雜物可能對他的生產力沒有太大的影響。即使是四大基礎，我們也必須做出反映個人價值觀的選擇。

越深入探索習慣，我越覺得了解每個人的價值觀和個性非常重要。我們很容易就以為適合自己的方法，也適用在別人身上，但習慣不是那樣運作的。個體差異，比我剛開始研究習慣時所想的還要重要。

要事為先，但我們必須先決定什麼事對自己最重要。

第5章

破除「明天再說」魔咒，現在就排好你的新課表！

我是寫作習慣的虔誠信徒……如果你天生就是才子，可能不需要寫作習慣，但多數人只有寫作天賦，隨時都需要身心習慣的輔助，否則就會消逝或流失……當然你的寫作習慣必須符合你的能力，我每天只在同一時間、同一地點寫作兩小時，因為我就只有那麼多的精力，但那兩個小時是絕對不可侵犯的。

芙蘭納莉．歐康納（Flannery O’Connor），一九五七年九月二十二日的書信

排程策略指的是為某個活動設定固定的時間，這個策略是大家最熟悉、最強大的習慣養成策略之一，也是我個人的最愛。排程讓我們更容易把活動變成習慣（叛逆者除外），因此我連一些有點好笑的習慣也會特定安排時間，例如「每天清晨和夜晚都要親一下詹米」。

當習慣以可預見的方式一再重複時，最能迅速養成。對多數人來說，把活動排進行事曆裡就有約束效果。讀大學和法律研究所時，我從來沒問過自己：「今天我該不該去上課？」或「晚上需要讀這些東西嗎？」只要有排課，我就去上。只要教授把某本書或報告列為指定讀物，我就會讀。

我有個朋友的每日時間表是從清晨四點半開始。起床後，她先冥想二十分鐘。接著，抓起手電筒出門健走四十分鐘，再回家陪兩個兒子吃早餐，之後淋浴、更衣，七點半搭火車上班（她是典型的晨型

人）。對別人來說，這些活動可能是一大挑戰，但對她來說卻是輕而易舉，因為她早就決定好要做什麼了。

排程也讓我們必須去面對每天的自然限制。我們很容易就以為，只要我們善用時間，就無所不能，但排程是需要取捨的。你在某個時間排定一項活動後，就無法做別的事了。這是**好事**，尤其對難以說不的人更是如此。每週我和伊萊莎都會進行「週三午後冒險」（雖然我們母女倆不是特別喜歡冒險，通常最後是選擇去博物館）。尤其伊萊莎正處於比較難搞的青春期，我希望每週我們都能在一起玩樂一段時光。所以我刻意為這個活動騰出時間，如果有人週三下午約我做其他事情，我總是馬上回應：「抱歉，我有約了。」排程讓活動自動進行，從而變成習慣。

排程對許多人都有吸引力，尤其是自律者。他們喜歡行事曆上一切井然有序，也喜歡事後能畫掉待辦事項的成就感。對質疑者來說，排程能讓他們有充分理由把某個活動加入行事曆中。至於盡責者，光是看到某個活動出現在行事曆上，就覺得有責任完成它。不過，對想握有自主**選擇權的**叛逆者來說，把活動硬塞進他們的行事曆，可能會讓他們更不想做。

伍迪・艾倫、刺蝟、托爾斯泰與蟋蟀合奏的冥想曲

我打算運用排程策略來培養一個挑戰性很高的習慣：冥想。冥想是以不分析、不評判的方式，

專注於當下（專注於呼吸、圖像或空無）的練習。雖然冥想和佛教有關，但它以多種形式存在許多傳統中。研究已經證實冥想有益身心，因此有越來越多的人開始學習正念冥想。二〇〇七年的調查顯示，二〇〇六年，每十個美國人就有一人進行冥想[1]。

我抗拒冥想多年了，始終提不起興趣。我的十二守則中，最重要的一條就是「做自己」。我心想，既然要做自己，就不需要勉強自己去冥想了。不過，後來在同一個月分裡，我連續聽到三個人告訴我，冥想對他們的幫助有多大，我越聽越好奇。他們的親身經驗比我在文獻裡讀到的一切更有說服力。

所以我心想，也許我**應該**試試看。難道我要為了忠於自我而迴避新事物嗎？快樂專家丹尼爾・吉伯特（Daniel Gilbert）指出，想要預測某種經驗是否能讓我們快樂，一種有效的方法是問正在做這種事的人感覺如何[2]。他說我們通常高估了自己和他人的差異程度，一般來說，某人覺得滿意的活動，也可能讓其他人感到滿意。對此說法，我認同一半。我常提起一個成人的祕密：我們和他人的差異不像我們所想的那麼大，也不像我們所想的那麼小。後來有人告訴我：「我知道有些人嘗試冥想後，未能堅持下去，但我還沒聽過有人覺得嘗試冥想是浪費時間。」聽他這麼一說，我終於下定決心試試看。

為了學習冥想，我一如既往，先去了一趟圖書館。我讀了一行禪師的《正念的奇蹟》（*The Miracle of Mindfulness*）[3]和雪倫・薩爾茲堡（Sharon Salzberg）的《靜心冥想的練習》（*Real Happi-*

ness）[4]等書後，想好了練習計畫。薩爾茲堡建議從「一週冥想三天，每次二十分鐘」做起[5]，但二十分鐘聽起來**很久**，我決定把冥想變成每日五分鐘的習慣。

在你為新的習慣排定時間時，若能搭配現有的習慣（例如「早餐後」）或外在提醒（例如「鬧鐘響起」），效果更好。因為少了這些帶動，你很容易就會忘記要做的新行動。以現有的習慣或外在提醒來啟動新習慣，比設定某個啟動時間更好，因為我們很容易錯過時間。所以，我不是設定「早上六點十五分冥想」，而是把冥想排在起床換衣服以後。

排定計畫後的第一天，起床時我覺得很累，雖然睡眠追蹤器顯示我已經睡了六小時又五十二分鐘。「也許我應該等比較有精神才開始練習冥想。」腦中某個偷懶的聲音這麼說：「今天好想睡，做起來應該很困難。」啊哈！我才不會上當！想要等「適當」時機才開始做某件事，通常都是拖延的藉口。對任何事情來說，最好的啟動時機幾乎都是**現在就開始**！

所以我換好衣服以後（我本來就穿著瑜珈褲，因為我天天都穿），在手機上設定五分鐘的碼錶計時（時間到的鈴聲是「蟋蟀聲」，似乎很貼切），從沙發上拿了一個抱枕，放在地板上。

我盤腿坐定，掌心向上，左手掌托住右手掌，兩隻大拇指圍成三角形（這個動作非常明確，書上就是這樣教的）。我檢查一下自己的姿勢，想到我的膝蓋應該低於臀部，所以我又起身拿了另一個枕頭。

我調整姿勢，達到平衡後，就把身體坐正，放鬆肩膀和下巴，刻意靜下心來，開始專注於深呼吸，平順地吸氣吐氣。

約莫十秒鐘後，我的思緒開始遊蕩，我試著注意這個轉變，不去做任何評判，接著又把注意力集中到呼吸上。專注於呼吸，讓我想起伍迪．艾倫的電影《賢伉儷》（*Husbands and Wives*）裡的場景。電影中，莎莉那個角色躺在床上，旁邊躺著一個男人，男人親吻她時，她覺得他是「刺猬」，於是她開始把朋友分成刺猬及狐狸兩類。這又讓我聯想到古希臘詩人亞基羅古斯（Archilochus）的說法：「狐狸知道很多事，但刺猬只知道一件大事。」然後，我又聯想到以撒．柏林的文章〈刺猬與狐狸〉[6]，那又讓我想起我對托爾斯泰的複雜感受……**現在又回到我的呼吸**。我想著呼吸幾秒鐘，接著又想到我要記得寫下伍迪．艾倫的電影情節，這又讓我分心了。

我觀察自己的思緒，觀察到我在想自己的思緒，觀察到我思考著我正在想自己的思緒。這一層又一層的認知弄得我暈頭轉向。

注意呼吸。

不知道已經過了多久時間。

注意呼吸。

我確實不想這樣持續二十分鐘，甚至連十分鐘都不想。

注意呼吸。

我試著不帶任何批判或挫折感去觀察這些分心狀態。這些狀態都是一晃即過，終於，我聽到了蟋蟀聲。

後續幾天的冥想，我注意到了一些事情。第一，每次我開始注意呼吸時，就覺得呼吸受到壓迫，很不自然，**我以為我早就很擅長呼吸了**。

其次，在枕頭上打坐時，我始終覺得搖搖晃晃。梭羅曾告誡：「小心提防那些需要穿新衣服的行業。」[7]我想我要小心提防的，是需要新配備的冥想練習。但是另一方面，如果我要天天冥想，買更好的坐墊似乎是值得的投資（即使我是少買族）。我上網搜尋，網路上琳瑯滿目的冥想配備令我嘆為觀止。我從來沒聽過什麼蒲團、蒲墊的，但是一看到照片，很像我需要的東西，所以就按下了「馬上結帳」的按鈕。

習慣的養成需要二十一天？不，是六十六天

為了運用排程策略，我們必須決定這個習慣要在何時發生，以及發生的頻率。一般來說，關於習慣養成的建議都側重在「**固定的習慣**」，也就是說，習慣總是在不加思索下以同樣的方式發生。例如，每天早上起床，我會不加思索地去刷牙；開車前先繫上安全帶；換好衣服就冥想等等。

不過，我注意到我有固定的習慣，也有不固定的習慣。不固定的習慣需要做更多的決定和調整，例如我習慣週一上健身房，也習慣每天寫作，但每週一我必須決定何時去健身房，我也必須決

定每天何時在哪裡寫作。我盡可能讓好習慣固定下來，因為習慣越固定，行動就越自動，越不需要做決定。但是，由於生活本來就很複雜，許多習慣無法完全自動化。

我本來以為只要把某個行動排定在某個時間，如此多進行幾次，就會養成習慣，但我現在知道不是那麼簡單。很多人相信習慣的養成需要二十一天，但倫敦大學學院（University College London）的研究人員，在檢驗大家養成喝水或做仰臥起坐之類的日常習慣需要多久時間時，發現要養成一個習慣平均需要六十六天[8]。不過，平均值其實沒有多大的意義，因為我們從經驗都知道，有些人比較容易養成習慣（例如，比起抗拒習慣的叛逆者，欣然擁抱習慣的自律者更容易養成習慣），而有些習慣的養成也比較簡單迅速。壞習慣很容易養成，但會讓生活變得更辛苦。反之，好習慣難以養成，卻會讓生活變得更輕鬆。

我們可能無法在二十一天內養成一個習慣，但很多情況下，如果能**天天**為習慣排出固定時程，確實能讓我們受惠。我們每天都要做的事有一種美感，而且妙的是，兩位另類天才都曾寫過這種每日重複的威力。安迪．沃荷（Andy Warhol）曾說：「要嘛一生只做一次，要嘛天天都做。一生只做一次令人興奮，天天都做也令人興奮。但是，如果你每天只做兩次或愛做不做，那就沒那麼美好了。」[9]葛楚．史坦（Gertrude Stein）也提過類似的觀點：「每天都做的事情，既重要又令人印象深刻。」[10]

我收集的成人祕密裡，有一點很實用：「**天天都做，勝過偶一為之。**」這樣講也許令人訝異，但我發現，**天天做**其實比**偶一為之**來得容易。對我來說，我越常做一件事，反而越有創意和生產力，也更樂在其中，所以我天天寫作，連週末、假日、度假時也不例外。同樣的，一週六天都在部落格發文，也比一週只寫四天來得簡單，這樣就不必花時間思考今天到底要不要寫了。至於一週是從週日算起，還是從週一算起？我該休息嗎？昨天算不算？等等問題，在我決定一週發文六天以後，都不再是問題了。

除了冥想以外，我也找了另兩個新的習慣天天進行。一個是我想提高我和妹妹通電子郵件的頻率，我和妹妹的相處時間很少，連講電話都很難找到時間，但我至少可以天天寫電子郵件給她，即使只是在主旨欄裡寫幾個字。

另一個新習慣是天天為美麗或有趣的事物拍照，我希望這個習慣可以讓我更仔細地觀察每天值得攝影留念的東西，提升我的敏感度。

去習慣做一件事，比習慣本身還要重要

每天都進行同一件事確實有助於習慣的養成，但**每天什麼時候**進行也會有影響嗎？

對多數人來說，重要的習慣應該盡可能排在上午做。上午的時間通常比較能夠掌握，時間越往後，變數通常會越多，這也是我把冥想排在一早進行的原因。此外，自制力在早上最強，我聽說某

家公司的餐廳為了幫員工養成良好的飲食習慣，要求員工在早上九點半以前就要訂好午餐的菜色，而且不准更換。隨著一天的時間逐漸流逝，自制力也會跟著下滑，這也是為什麼性衝動、賭博、酗酒、犯罪等行為往往在暗夜裡發生[11]。

為了在早上騰出時間排進新的習慣，很多人會設法早點起床，但早起可能很難做到。有一個訣竅是善用秋末的日光節約時間，那時早上會多出一個小時。多數人樂於把「入秋調回時間」（fall back）拿來補眠（日光節約時間後的週一，交通事故較少，因為大家睡得較飽）。其實，這正好是輕鬆改變日常習慣的大好時機，大家可以自然而然地提早一個小時起床，多出來的這個小時可以拿來做很多事情。

當然，把新習慣排在一大早不適合夜貓子，孩子和工作已經逼他們得早起，可能無法再更早起床了，他們把新習慣排晚一點也許效果更好。不過，即便是晨型人有時也會忽略一大早的潛力。我寫了一封電郵給朋友：

寄件者：葛瑞琴．魯賓

我想到你曾說過你是晨型人，你說小時候你自願當過清晨彌撒的祭壇助手，因為你喜歡早起。

但現在你八點半才起床。

身為習慣大使，我想建議你試著早起，善用晨間的時光，例如上健身房、閱讀、寫書、到公園遛狗等等。我想，身為晨型人的你應該會喜歡的。

當然，我知道我的建議有點雞婆！

他回信：

寄件者：邁可

我提早起床已經進入第九天了，早上從事開心的活動，讓我有種脫胎換骨的感覺。除了輕鬆的看看書，我有時也會去散步、煮早餐，或使用光療儀。我從來沒想到以前努力早起，其實都是為了「趕快工作」。

重點是起床的動機，我發現以前我早起後，常會回去睡回籠覺，因為我不想工作。而現在，我有時會自然而然地早起。

我一直堅守著每天冥想的習慣，某次出差，早上四點二十分（因為時差）我在旅館的房間裡摸黑醒來，心想：「我在出差，也許可以省略一次吧。」

但我馬上發現那個藉口很可笑。我獨自一人，而且只需冥想五分鐘，但大腦已經抓住「我在出差」這個藉口，想說服我略過這個習慣。我告訴自己：「我總是起床後馬上進行冥想，沒有藉口，我要堅守冥想修持。」（把「修持」兩字套在任何事情上，頓時覺得高尚多了，例如冥想修持、寫作修持、園藝修持。）

持之以恆，一再重複，**不做決定**，是輕鬆培養習慣的方法。事實上，我知道習慣做一件事比習慣本身還要重要。在任何一個早上，「習慣做冥想」這個動作比實際「冥想」更重要。

在此同時，我也發現有些習慣只要**經常做**就夠好了。我喜歡每天拍照的新習慣，也喜歡與我妹更常聯繫，但是嘗試一段日子以後，我覺得我不需要逼自己天天做到這些習慣。**經常做**就足以維持這些習慣，並達到它們的目的。

每天做一點，勝過偶爾發憤圖強

排定時程可以督促我去做我不願做的事情，也可以促使我去做想做的事情。但怪的是，我常發現逼我去做喜歡的事比逼我去做不喜歡的事更難。我不是特例，一位讀者留言：「我非常喜歡彈琴寫歌，但很多時候我會去忙其他的事，就是不肯坐下來創作曲子。」一位朋友告訴我：「排定性愛時間可能很怪，但是這招對我和我先生滿有效的。」對有些人來說，享受樂趣需要一些自律。

某天，小女兒艾麗諾讓我看她的學校課程表。她很有創意，桌上擺滿了日誌、眼鏡盒、多種東西（從羽毛筆到壞掉的無線電話都有），她很愛課程表。她二年級課程表裡有很多東西，連我都想把它們加入我自己的行事曆裡頭，例如點心時間、體育課、閱讀課，以及我最愛的自由時間。看到「自由時間」讓我想起有些人像我一樣，必須把休閒也排進行事曆，當成一種活動看待。因為我沒有無事可做的時候，我**永遠**都有別的事情等著我去做。

但是，享樂很重要，只有騰出時間讓自己享樂，才能對自己提出更多要求。研究拖延的專家尼爾·費歐（Neil Fiore）指出，刻意安排玩樂時間的人，比工作完成前絕不讓自己在毫無內疚下享樂的人，更有可能完成苦差事。排程策略可以解決這個問題，例如茱莉亞·卡麥隆（Julia Cameron）在談論創意培養的著作《創作，是心靈療癒的旅程》（*The Artist's Way*）裡，就提議安排「藝術日」[12]，也就是說，每週花幾個小時「培養創作意識」，例如參觀藝廊、造訪二手店、探索新社區，或是純粹出去散個步。

我女兒課表上的「自由時間」，給了我為自己安排休閒時間的靈感，所以我決定每天都排一段「休息時間」。這段時間，我不查電郵、不閱讀、不上社群媒體，也不寫作。我關掉電腦、關掉手機，心想「現在是休息時間，可以混一下」，那感覺很棒。不過，每天都有不同的情況，所以我不設特定的休息時間。這是一個不固定的習慣，每天都不一樣。我只決定「何時」開始，但不必決定「要不要開始」。

我希望有些習慣天天發生（例如冥想），但有些習慣一週做一次就夠了。我基於好玩，提議全家訂一個「遊戲時間」，週末下午可以一起玩遊戲，喝熱可可。但是遊戲時間進行幾週以後，我突然想起我有個重要的特質：**我不喜歡遊戲**。

於是我問：「我們每週以『閱讀時間』和『遊戲時間』輪流替換如何？」

「我們仍然可以喝熱可可嗎？」艾麗諾問道，她很愛喝熱可可。

「當然囉！」

「好啊。」她回應，其他人也都同意了。

我提醒自己：別人覺得有趣的事情，**我**不見得有同感。堅持做我真正喜歡的習慣容易多了。

我也想利用每週排程來處理一些煩人的小事，這些事情並不急（所以才遲遲沒做），但是我會一直掛念著，實在很傷神，所以我決定一週花一個小時來處理這些雜事。雖然我們常高估自己短期（一個下午、一週）的辦事能力，但我們往往低估了自己長期持之以恆時，所能完成的事。我有一位朋友堅持每週只寫作四個小時的習慣（每週六他和妻子會給彼此半天的空檔），在幾年內，他完成了一部備受肯定的小說。誠如小說家安東尼．特羅洛普（Anthony Trollope）所言：「每天做一點，只要天天持之以恆，遠勝於偶爾發憤圖強。」[13]

我很愛發明新標籤和新詞彙，所以我決定把這一個小時稱為「待辦清單時間」（To-Do List Time），但我又想起「流暢性捷思」（fluency heuristic）的道理，也就是說，一個概念或點子講起來越順口，會讓人覺得越重要。以押韻來表達概念比較有說服力，所以 Haste makes waste 聽起來比 Haste fosters error 更強而有力（兩句都是「欲速則不達」的意思）。因此，我決定把這個新習慣命名為「萬事通時間」（Power Hour）。

首先，我先列出我想完成的任務清單，這個步驟還算有趣，每次列待辦清單總是給我一種奇怪的快感。我沒有列入有期限的任務，例如規畫演講或買機票等等（不知怎麼回事，我很討厭買機票），因為我知道無論如何我都會完成這些事情。我也不會利用這一個小時來做重複性的任務，例如付帳單或回電子郵件。這一個小時是專門用來處理我遲遲不願動手的一次性任務，那些事情隨時都可以做，但我就是不想做。以下是我的清單：

換新的辦公椅
為全家的假期製作相簿
用完商店的累積點數
捐書給慈善機構
集中及回收電池和設備

第一次「萬事通時間」，我拿來處理忽略已久的碎紙機。我們本來沒有碎紙機，後來我買了一台，但買來不久就壞了，所以我又買了一台，但是已經擱在角落好幾個月了。我實在提不起勁去閱讀使用說明，或搞清楚怎麼把它接上遠端的插座。在此同時，我又累積了一大堆郵件等著絞碎。那台從未用過的碎紙機讓我覺得很煩，那堆等著絞碎的郵件也很煩，碎紙這件微不足道的小事在我的腦中占用了太多的空間。

我心想，好吧，就用這一個小時來搞定碎紙機。我把碎紙機搬了出來，搞清楚如何插電啟動，一下子就好了，感覺還不賴。

「嘿，伊萊莎，你要不要玩碎紙機？」我轉頭問女兒。

「要！」她跑了過來，「我喜歡碎紙！」

想減少焦慮？把「操心」列入待辦事項吧

排程也可以用來**限制**某些活動的時間，例如一位朋友的行事曆總是塞得滿滿的，她運用排程策略來限制工作時數。「我要求助理把拜訪客戶、會議、餐會排在週二到週四。週一我要用來為一週做準備，週五則是拿來處理事情。」我大學的朋友每天晚上只給自己十五分鐘幻想最近的暗戀對象。我知道有人每週限制自己只能吃速食兩次，這表示他不能一週吃五次速食。

有一次我在報上看到歌手強尼．凱許（Johnny Cash）的待辦清單[14]，我發現他也用了排程策略。他在一張印著「今日待辦事項」的紙上寫道：

不抽菸
親吻瓊恩
不要親吻其他人
咳嗽
上廁所
吃東西
別吃太多
操心
去看看媽媽
練琴

凱許把「操心」列在排程中。雖然安排「操心」時間聽起來挺怪的，但這樣做確實可以減少焦慮。你不用再時時刻刻操心，而是在指定的那段時間內操心，時間一結束就停止操心。就拿我來說，我打算在《待在家裡也不錯》出版時，寫一篇雜誌文章，但是時間還沒到，我就開始瞎操心，後來我決定：「等月底再來操心雜誌的事吧。」打定主意後，我就不再把這事掛在心上了。

請賦予我貞潔和堅忍吧——但不是現在

排程策略也是對抗拖延的強大工具，基於「明日邏輯」，我們通常相信明天自己就會奮發向上（拖延的英文 procrastinate 源自拉丁文 cras，意思是「明天」）。一項研究顯示，他們請受試者為一週飲食列出購物清單時，他們大都會挑選健康的零食，而不是垃圾食物。但是問他們現在會選什麼時，他們大都會選垃圾食物，而不是健康零食[15]。聖奧斯定（St. Augustine）禱告時曾說過一句名言：「請賦予我貞潔和堅忍，但不是現在。」[16]**等明天再說吧！**

每年的這個時候，伊麗莎白和我都會設法帶著兩家人回到堪薩斯城的娘家。我一直在想如何利用排程策略來幫助拖延者，突然想到有個人可以當我實驗的對象。我開始做研究時，曾經說服伊麗莎白當我的習慣受試者，現在我也想把她的先生亞當抓來做實驗。亞當和我妹都是傑出的電視編劇，他和許多作家一樣，有時會有拖延的毛病。拖延者就是提不起勁工作，他們遲遲不肯做，往往是因為對工作太過焦慮而逃避。但是拖著工作不做，又無法自在地享受時光，因為他們知道自己**應該**工作。規律的工作時間表可以幫助拖延者，因為進度和投入可以減輕他們的焦慮。

「亞當，我可以建議你一些習慣嗎？」我問道：「就像我給伊麗莎白的建議那樣，你可以選擇做或不做。」

「當然。」亞當聽起來很樂意。我擔心自己是不是在占他個性的便宜，他一向很好說話。伊麗莎白很清楚自己面對的是什麼情況，但亞當可能不知道。他不是在洛杉磯長大的，有加州人的樂天感，也擅長講冷笑話。我記得他和伊麗莎白訂婚不久，某晚來到堪薩斯城，我們準備和一些家族友人共餐。詹米問我媽：「亞當和我今晚該穿什麼？」

「隨意就好了。」她說：「卡其褲配休閒鞋就可以了。」

「我是加州人。」亞當對我說：「穿卡其褲配休閒鞋就像穿禮服一樣正式。」

相反的，我這個人有點**拘謹**，但我發誓我絕對不會把亞當逼到抓狂，我會好好克制自己，不會馬上對他高談闊論，但我確實稍微跟他提到排程策略的效用。

「排程可以減少壓力。」我告訴他：「如果你天天寫，每一天的工作就不會過度繁重。工作時工作，不工作時一身輕。相反的，要是沒有排定時程，你很容易一整天都在擔心工作的事，結果是，你什麼事也沒做，卻也沒辦法放鬆。」

「我了解那種感覺。」他說。

我建議他，每週一到週五，從上午十一點寫到下午一點。那段時間就只能寫作，不然就**什麼都不要做**。不能查電子郵件，不能接電話，不能做研究，不能清桌子，不能陪他可愛的三歲兒子傑克，就只能寫作或是望著窗外發呆。

「切記，」我補充：「瞎忙是最危險的拖延形式。你應該用那個排定的時間來寫作，**其他的事都不能做**，即使是別的工作也不行。」

我是在偶然間領悟到這個原則的。我在家裡的工作室時，會回部落格的留言、貼文到推特或LinkedIn上、瀏覽臉書，或是回電子郵件。但是當我要寫作時（那也是最需要動腦的工作），我會去圖書館或咖啡廳，那些地方無法上網。這個習慣幫我隔絕了電子郵件、網路、家務的誘惑，逼我什麼都不能做，只能寫作。我會打定主意：「我要在圖書館待兩小時。」接著我就只能寫作，打發那段時間。

一位當教授的朋友告訴我：「當初延攬我到這間學校的教授告訴我，只要我接受他們的聘書，他就教我如何成為多產的學者。他會特定挪出幾天來做研究和寫東西，在那些研究日和寫作日裡，他會要求自己下午四點以前不接電話或查電子郵件，等過了下午四點，他才花一兩個小時做那些事。此外，他開始設定這個習慣以後，同事也都知道四點以前不要打擾他，所以那個方法有自我強化的效果。」

隔了一段日子以後，我寫電子郵件問亞當，排程策略是否有效。以下是他的回答：

寄件者：亞當

排程正是我需要的方法。這一週我開了很多會，但是因開會而失去的時間，都在當天稍後補回來了。以前，我常一整天都在培養工作情緒，但不見得完成了什麼。但現在那段時間就像跟人約好了一樣，我總是迫不及待想要工作。我不確定這是因為習慣，還是對排程的堅持，又或者是兩者都有。

我們安排日子的方式，決定了我們如何過生活

我和兩位作家朋友吃飯時，其中一位才剛辭去正職，以便專心寫書一年，所以，我忍不住又開始宣傳排程策略的好處。

她談了一下她大概會怎樣安排時間，另一位朋友問我：「她在排行事曆時，是否該決定不要花太多時間去做某些事？」

「比如什麼？」我問道。

「比如約會，或是不要太常和朋友混在一起。」

「她需要那樣做嗎？」我不想反駁她，但我不認同她的說法。「她排行事曆時，可以為所有的優先事務先設定時間。」

「我很愛社交。」第一位朋友補充：「我擔心我會花太多時間悶著頭寫作。」

「只要你確定你安排了足夠的社交時間，不就好了。」

排程的目的是為了養成習慣，讓我們有時間以持之以恆的方式，去做我們重視的一切事情（例如工作、享樂、運動、交友、處理差事、讀書）。把工作看得比其他一切還要重要，會使工作變得

沒那麼愉快，也影響生活品質，使你永遠無法放鬆。此外，如果一個人為了寫書而犧牲社交生活，書出版後卻賣不好，那怎麼辦？代價太高了。即便書**很暢銷**，這樣的代價依然很高。

排程是養成習慣的寶貴工具，幫我們省卻了做決定的掙扎，也幫我們善用有限的自制力，還可以對抗拖延的毛病。或許，最重要的是，排程策略讓我們能為最重要的事情騰出時間。我們安排日子的方式，決定了我們如何過生活。

｜第6章｜

想像一下，有多少人睜大眼睛盯著你……

告訴我，你與誰相處，我就能告訴你，你是什麼樣的人。
我只要知道你如何運用時間，就知道你會變成什麼樣子。
歌德《箴言和反思》（*Maxims and Reflections*）

排程策略若要有效果，往往必須搭配「問責」策略。光是把習慣排入行事曆還不夠，你必須確實地**執行**習慣。「問責」意指對我們所作所為的結果負起責任，即使那個結果只是面對監督我們的其他人。

在我們的生活中，問責的情況其實很常見，它可說是促進習慣養成的一個強有力的因素。當我們覺得有人在監督時，表現出來的行為就會有所不同。截止日期幫我們維持工作的習慣，滯納金促使我們按時繳款，成績督促我們讀書，出勤紀錄促使孩子準時到校。當我們知道我們必須為行動負責時（即使只是對**自己**負責），就會產生較強的自制力。

這種傾向相當明顯。有一項研究要求員工在公司餐廳拿取飲料時，要主動付款，結果在價目表上畫一雙眼睛比畫一朵花更能讓員工誠實付款[1]。在波士頓，把真人大小的警察立牌放在火車站的單車停放區，單車失竊率就下降了六七%[2]。光是擺出一面鏡子，讓人從鏡子裡看到自己，就足以讓人更有勇氣去抵抗霸凌、主張自己的論點、工作更努力，或是抗拒誘惑[3]。

相反的，當我們覺得自己不用負責時，行為會變糟。旅館住宿或外出旅遊時，因為「匿名」效果，會讓人更容易忽略健康的好習慣或道德規範。採用化名更容易讓人做壞事。即便只是戴上太陽眼鏡，也會讓人比較敢偏離平常的行為標準。

因此，投資於問責系統通常是值得的。健身教練、理財顧問、生活教練、管理教練、個人管理師、營養師的主要效益，除了他們的專業以外，也包括他們提供的問責效果。尤其對盡責者來說，這種外在問責是絕對必要的。

怕自己動力不夠？讓大家一起來碎念你吧

另一種創造問責效果的方式是公告周知。小說家艾文．華萊士（Irving Wallace）在回憶錄《寫小說》（*The Writing of One Novel*）裡寫道：「當你是自由獨立的作家，沒有雇主，毫無截稿期限時，你必須想辦法逼自己寫作。我採用的方法是對大家宣布，我終於決定要寫下一本書了，我準備好寫作了。總之，就是賭上我個人的尊嚴。」[4]

有人在我的部落格留言：「我對大家公告我要做某事，因為我一想到我要是不做，大家會碎念我，就會刺激我去做，這比起我自己的內在動力要強多了。」另一位讀者附和：「我讓別人知道我的目標時，就會特別投入。我對公開的承諾非常在意，因為我覺得一旦說出口、做出承諾，幾乎就沒辦法反悔了。」

我妹伊麗莎白也使用公開問責法，來阻止自己吃垃圾食品。垃圾食物對任何人都不健康，對罹患糖尿病的她來說傷害更大。她每次開始一個新工作，一定會告訴所有的同事，她決心吃得更健康。對他們那一行來說，均衡飲食特別困難，因為電視編劇習慣把整個辦公室的廚房都塞滿零食（鬆餅、餅乾、糖果、麥片、洋芋片，五花八門），而且全部免費，讓人更無法抗拒。（現在的職場，食物的誘惑越來越多。很多雇主會提供免費的餐點，更別提還有生日蛋糕、迎新送舊的聚餐、女童軍義賣的餅乾、比薩大賽、假期剩餘的好料、販賣機等等。）

我問伊麗莎白，跟同事說她不能吃垃圾食物，是否幫她維持更好的飲食習慣。她說：「沒錯，因為對我來說聲明很重要。我必須宣布：『我不吃杯子蛋糕。』才有辦法貫徹到底。」

「是因為你覺得萬一讓別人看到你在吃垃圾食物很丟臉嗎？還是因為公告周知以後，會讓習慣顯得更加真實？」

「部分原因在於我不想破戒，讓我對自己失望。還有，現在我要是在公司吃杯子蛋糕，整個辦公室就會一片譁然，因為大家都知道我不想吃那種東西。」

「所以抗拒變得比較容易？」

「對，而且現在也沒有人會主動拿那種東西給我了。」

「你會因此感到哀怨嗎？怨嘆大家現在連問都不問你要不要吃蛋糕了？」

「沒耶！那正是我想要的。我們辦公室充滿各種你難以想像的美食，還曾經有人從洛杉磯最棒的烘焙坊買來超級美味的杯子蛋糕，那是我第一次因為沒吃到杯子蛋糕，差點哭出來。但現在想想，又覺得那沒什麼大不了的。」

伊麗莎白喜歡公開下定決心，但有些人正好相反，公告周知反而會**阻礙**他們堅持新習慣。有位喜歡暗自下決心的人寫道：「我必須私下設定目標，不然目標會失去效用。」另一位暗自下決心的人補充提到：「我越是跟別人談到我想做什麼，就越不可能去做！反之，我越是偷偷為目標努力，就越有可能完成。」

關鍵一如既往，就是先深入了解自己及考慮自己的本性，判斷自己是公開下決心者，或是暗自下決心者。對我這種自律者來說，是否公告周知沒有多大的差異，有**自我**問責系統比較有幫助。例如，我有一份「決心表」，用來追蹤我為了快樂生活提案所下的幾個決心是否有做到（過了這麼多年，我才意識到，想要達成**決心**的欲望，也可以視為養成好**習慣**的欲望）。UP手環以同樣的方式記錄我的行動，即使那些紀錄只有我看得見，沒有人會知道，但那些資訊督促我對自己負責。

狗狗也是稱職的問責夥伴

另一種運用問責策略的方法，是找一個問責夥伴來當搭檔，盡責者會覺得這種方法特別有效。這種搭檔有很多種形式，例如教外文的家教對蹺課的學生依然收費、一起做運動的夥伴被放鴿子可能會生氣、老師要求學生一定要全勤、教練每天發電子郵件查勤等等。這種夥伴可以幫我們維持好習慣，例如一項研究顯示，與問責夥伴一起報名減重班的人，比獨自報名更能維持減重效果。

我有一位朋友是精神科醫生，她指出問責夥伴和心理治療師之間的有趣差異：「我做的這種治療，不會要求你負責。我是幫你去學會對自己負責，但教練是直接要求你負起責任。」

「聽你這麼一說，有些人可能比較需要教練，而不是治療師。」我說，同時想到盡責者。「對別人負責任，才是他們真正期待的。」

例如，我的朋友亞當．吉伯特（Adam Gilbert）創立的「健身家教」（My Body Tutor），就專門提供這種問責功能。每天與「家教」互動，可以幫人們追蹤及改變飲食和運動習慣。他說：「有些人喜歡自己做，但何必呢？我告訴他們：『來我們這裡找個家教，生活的其他層面也會跟著受惠，何不試試我們的系統？』」

問責夥伴不見得一定要是人類。多年來，我覺得我對家裡養的雪納瑞「派蒂瑋」有責任。高中時，我想養成經常跑步的習慣，總是帶著派蒂瑋一起跑步。我每次穿上跑步鞋時，牠就開心地蹦蹦跳跳，牠對外出跑步的熱切期待，讓我很難偷懶，也強化了我的運動習慣。事實上，一項研究顯示（雖然是寵物保健公司做的研究），狗主人的運動量比上健身房的人還多[5]，而且也更樂在其中；老年人養狗時的步行量，比跟其他人一起走路時還要多[6]。

即使是想像的問責感也有幫助。我是 InForm 健身房及其「超慢」重力訓練法的死忠粉絲，我推薦很多親友加入，甚至因此成了他們的第一推薦大戶。某天教練告訴我：「你有很多朋友都覺得你在監督他們。」

「真的嗎？」我聽了覺得有點驚訝。「為什麼？我又不知道他們在做什麼。」

「他們覺得你知道他們有沒有來上課。」

我使用大腿推蹬訓練機時，仔細思考了教練說的話。「你覺得這可以促使他們經常來嗎？」

「我覺得確實有那種效果。」

原來我在不知不覺中成了別人的問責夥伴。

想聽嚴酷的真相？找專家吧

但是擔任問責夥伴可能是很棘手的角色。我不希望大家因為無法堅持習慣，看到我會內疚，而跟我避不見面。此外，擔任可靠的問責夥伴其實很花工夫。當兩人不是特別親近，或是兩人都對彼此問責，或一人花錢請另一人來問責時，問責夥伴的效果較好。吉伯特稱這為「同儕或專家」議題，他非常推薦找專家來問責。「一般人不會認真看待來自同儕的問責。」他告訴我：「他們比較聽專家的話。」

「因為專家是花錢請來的嗎？」我問道。

「也許需要花錢的東西，會讓人更加重視。但我覺得錢不是關鍵，同儕不會告訴你嚴酷的真相，你需要專家告訴你實話。」

有時我們希望某人擔任問責夥伴，但是那個人可能不願負起那項責任。我有個作家朋友是盡責者，她請編輯擔任她的問責夥伴。

她說：「我簽下寫這本回憶錄的合約時，我告訴編輯：『我要有壓力才寫得出東西，但我不想拖到最後才匆匆完成這本書，所以，拜託，幫我訂幾個偽截稿日吧。』不料他卻回說：『別擔心，這本書一定很棒，你一定可以完成的啦。』他是個善良體貼的人。」

「結果呢？」

「我在截稿前三週，才一口氣寫完整本書。如果能早一點開始，那會好很多。」

那位編輯因為誤解了作家的用意，而不願提供問責機制。他要是知道我朋友是個盡責者，應該會採取截然不同的方法。

你可以找人擔任問責夥伴，也可以直接加入問責團體。戒酒無名會（Alcoholics Anonymous）、慧優體（Weight Watchers）、「快樂生活提案」小組都證明了，找到志同道合的夥伴時，可以提供及獲得問責的效果，還有活力和點子。我有幾個朋友組成論文撰寫小組，在那幾年內，他們經常在酒吧見面，報告進度，促使彼此承擔起責任。一位朋友告訴我：「團體的問責機制促使我把論文完成，而且非常有趣。」

針對習慣的養成，組成「習慣小組」也是對彼此問責的有效方法。這樣的小組可以由親友、同事或陌生人組成，只要成員都有養成習慣的共同欲望就行了。即使成員的目標各不相同也無所謂，只要他們都下定決心要改變習慣就夠了。

面對面互動的效果最好，若是無法做到面對面，問責團體和問責夥伴可以利用科技相互聯繫。虛擬問責的效果雖然不是那麼強烈，卻更加方便。

沒衣服可穿，雨果只好待在書房寫作

另一種運用問責策略的方法是祭出「承諾機制」（commitment devices），亦即以某種機制把自己與決定綁死，藉此強化習慣。祭出「承諾機制」，就無法改變心意了，要是改變心意，就會受到嚴厲的懲罰。小豬存錢筒是小孩逼自己存款的承諾機制，大人也許可以開一個聖誕帳戶，約定如果在聖誕節前提款會遭到罰款。據傳，小說家雨果就採用過一招古怪的承諾機制，他要求僕人把當天的衣服拿走，他只能赤身裸體待在書房裡，除了寫作以外，什麼事也不能做。

很多人願意為「承諾機制」多付點錢。一項研究訪問某種熱門零食的死忠買家，一半的受訪者表示他們願意多付一五％的價格，去買能幫他們控制零食攝取量的包裝[7]。我在住家附近的美食店也看到同樣的例子，那家店巧妙地運用大家想要少吃萬聖節糖果的欲望，當對街的連鎖店以二．九九美元販售大包裝的糖果時，那家店卻反其道而行，以四．九九美元販售小包裝的相同糖果。顧客為了買更少的糖果，反而付出更多的錢。

成本也可以用其他方式，發揮「承諾機制」的效果。一位朋友到健身房一口氣買了五十堂課，而不是一般的二十四堂課，她想藉此強化對運動的投入，因為她知道自己不想浪費那些錢。

有一種誇張的承諾機制是「核爆級」的。某位朋友很喜歡實驗各種提高生產力的策略，他用這種方法戒酒六十天。他給助理一個貼了郵票、寫上住址的信封，裡面放了一張支票，署名給某個他非常痛恨的反慈善團體。他指示助理，要是六十天內他喝了酒，就把那張支票寄出去。

「有效嗎？」我問。

「當然！我把賭注提高了，而且把喝酒和我的核心價值觀綁在一起，我死也不會捐錢給那個可惡的團體，所以效果好極了。」他補充：「我媽也用這一招。她要是在時限以前喝了酒，就必須拿錢給他的孫子買電玩，她覺得電玩非常浪費錢。」

「她堅持下去了嗎？」

「對，她忍住了。好笑的是，我還聽到我姪子求她：『奶奶，拜託啦，喝一杯嘛，這是您應得的！』」

這種承諾機制用來達成有期限的目標可能比較有效果（例如戒酒六十天或完成一份大報告），但若要用來養成永久持續下去的習慣，可能不管用。不過，如果使用得當，也許有助於啟動長期的習慣養成。

別人看待世界的方式，就是和我們不一樣啊

所有四種傾向的人都覺得問責有助於培養習慣，就連叛逆者在某些情況下也覺得問責有用。不過，盡責者為了達到預期，還需要外部問責。因此，試圖養成習慣時，監督、截止日、後果之類的壓力，以及問責夥伴的參與（例如教練、訓練者、健康顧問、理財顧問、個人管理師、朋友，或是他們的孩子）可以讓盡責者受惠良多。許多盡責者深深覺得自己有做好榜樣的責任。

從自己所屬的傾向來看，我們很難了解其他傾向的人眼中的世界跟我們有何差異，以及問責策略有多重要。有一次我參加一場會議，在上台演講前，我和一位資訊系的教授聊了一下。從短短三十秒的對話中，我就可以看出他也是自律者。

「我一直在想，如何幫我的研究生變得更有生產力。」他告訴我：「每週我和他們見面討論論

文時，他們往往毫無進度，感覺是在浪費彼此的時間。所以，我覺得乾脆取消每週見面算了，等他們有進度再來找我報告。」

我連忙說：「萬萬不可！」接著換成比較理性的語氣：「我不確定那樣做真的有效。」我迅速簡介了四種傾向，接著建議他：「取消每週見面只對我們這種自律者有效，因為我們不太需要監督，覺得期限不是壓力。但是自律者其實很少見，你的學生可能有很多是盡責者或質疑者。盡責者需要**較多**的外在問責，而質疑者可能會想：『為什麼我現在要做這件事？為什麼不能下週做？反正交論文還有很長的時間。』至於叛逆者，你就不用操心了，他們會自己找時間、以自己想要的方式寫論文。」

「那我該怎麼做？」

「提供外在問責，告訴學生你希望每週都能看到明顯的新進度。為他們設定時程，要求他們逐一達成。他們越覺得自己有責任，越相信你期望看到持續的進度，就會表現得越好。」

「但是還有期限的問題。」他補充提到：「我有一個學生很優秀，表現很好，但成績直直落，因為他老是遲交。」

「那可能是不同的問題，遲交可能是拖延症使然（把截止日視為參考，而不是期限），也可能是一種自保的手段。他不想看到盡全力做好卻遭到批評，所以拖到最後才做。這樣一來，如果他做得好，他可以說：『我很優秀，即使隨便做，還是做得很好。』如果做得差，他可以說：『不然你預期什麼？只花兩天完成的東西，可能有多好？』」

這時我上台演講的時間到了，但我們道別時，我忍不住又補上一句：「別忘了，像你我這樣的自律者，不需要很多的外在問責，因為我們對自己負責。但其他人看待世界的方式，和我們不一樣。」我提醒他的同時，其實也是在提醒自己，隨時記得這個真理。

Part 3

改變命運的最佳時機是……

所有全新的開始，都是養成習慣的重要機會。隨著新開始而來的新奇感一舉掃除了舊習，騰出空間來容納新的習慣。只要稍微努力一下，就可以善用這個契機，來塑造想要的習慣。這個單元要從以下這三個方向來探索：「第一步策略」、「如何開創新局」，以及「霹靂策略」。這三種策略要運用的是新企圖、新環境及新意識的力量。

｜第 7 章｜

瘦身第一步，是先穿上運動服

踏出一步，就能獲得救贖，接著再踏出另一步。
每一步都一樣，但你必須先跨出。
安東尼．聖修伯里《風沙星辰》
（Antoine de Saint-Exupéry, *Wind, Sand and Stars*）

有些習慣養成的策略是大家耳熟能詳的，例如追蹤或排程，但是，有些策略花了我較多的時間才領悟出它們的精妙。我在研究習慣時，慢慢地發現起頭時機非常重要。

最重要的步驟是**第一步**，很多諺語所言不虛。例如，好的開始是成功的一半；不求完美，先啟動再說；千里之行始於足下等等。尚未啟動的任務，永遠最傷神。怪的是，**啟動**往往比**持續下去**困難許多。

跨出第一步很難，每個行動都有起始成本：跑一趟健身房並換上運動服，可能比實際運動還難。所以好習慣對我們的幫助很大，它們讓起始過程自動化。

我開始寫這本書時，其實還不知道「第一步策略」這個名稱，但已經用過這個方法了。那時我花了好幾個月廣泛閱讀，寫了大量的筆記，累積了龐大的資料。寫書前的研究工作總是令我振奮，但研究再多，我終究需要啟動分析及動筆的苦活兒。

我不禁自問：啟動的良辰吉日是何時呢？是每週的第一天、每月的第一天，還是每年的第一天？或是生日那天？還是學期開始那天？左思右想之後，我發現我又陷入明日邏輯。

所以，**現在就開始！**我已經準備好了，邁出第一步，這不就啟動了！

明天的我不存在，現在的我才真實

「**現在**」這個當下，是大家最不愛踏出第一步的時候。以後再做，會不會比較輕鬆？對於明天的自己，我總是充滿了幻想：明天的我會自動開始新的好習慣，不必規畫，不費吹灰之力，想到明天的自己有多棒，就覺得開心。但是明天的我根本不存在，只有現在的我才是真實的。

一位朋友描述她的明日邏輯：「我有一堆奇怪的拖延藉口。例如，我訂了一些詭異的原則：『我不能在十點十分開始工作，必須整點開始。』或『已經四點了，現在開始工作太晚了。』但我明明應該立刻、馬上**開始的！**」我們常聽到有人說：「假期結束後／新工作穩定下來以後／等孩子再大一點以後，我就開始新的習慣。」有人更糟，還會加上雙重條件：「等我瘦下來以後，我就開始新的習慣。」

明日邏輯只是在浪費時間，也是在自欺欺人。我們一本正經地告訴自己，我一定要為孩子讀故事書，我明天就讀給他們聽，明天就開始。明日復明日，明日何其多，反正不是今天。

同樣的想法可能導致我們為遙遠的未來許下過度的承諾，但未來終究會變成今日，然後我們只會自食惡果。我公公習慣在腦中更正明日邏輯，他告訴我：「如果有人邀我參加演講、出席活動之類的，我總想成那是下週的事。我們很容易就答應六個月後的事，但六個月後，卻懊悔當初答應了邀約。」

前面談到特質時，我曾問過一個關鍵問題：「你喜歡逐步前進，還是大躍進？」這對踏出新習慣的第一步很重要。

很多人會把起步切割成方便管理的小步驟，這樣做比較容易成功，因為他們會養成「執行新習慣」的習慣，然後習慣成自然。他們剛開始學瑜珈時，會從三個簡單動作開始；如果是撰寫一份很長的報告，他們會先寫下第一個句子。

我是個熱愛運動的人，所以聽到我媽說她打算養成天天散步的習慣時，我很開心。

「但我不太有恆心。」她告訴我。

「你走多遠？」

「繞公園兩圈。」她說：「約兩英里。」

我建議：「你先試著只繞**一圈**。」這招奏效了，把一開始的標準降低，她就能慢慢養成習慣。

當我們想做的事情看起來工程浩大時，切割成小步驟特別有效。只要我能逼自己跨出一小步，通常都可以繼續做下去。我督促自己學習 Scrivener 寫作軟體時，就是採用這個方法。Scrivener 可以幫我整理大量的筆記，但我就是遲遲不敢跨出第一步：安裝軟體、同步筆電和桌上型電腦，以及（最難的）學習使用。

每天都讓我有機會把這事拖到明天——明天我就有心情學習了。這樣拖了很久以後，我終於心想：「**現在**開始吧！跨出第一步就好。」我從最小的一步開始：找到購買這套軟體的網站。我心想：「好吧，我做得到。」接著，我就下單了。這下子，有一堆事情等著我處理。這也是成人的祕密：先難後易，在事情變容易之前，你得撐過去。總之，我跨出了第一步。隔天，我抱著更大的信心和耐心看教學影片。接著，我開啟新檔，然後，我就開始寫書了。

不過對有些人來說，逼自己放膽豁出去時，效果更好。大的挑戰可以讓他們維持興趣，幫他們堅持下去。比如說，我有個朋友下定決心要學法文，他的做法是乾脆直接飛到法國住六個月。

同理，**一鼓作氣**（Blast Start）也是展開第一步的好方法。不同於跨出最小步，一鼓作氣需要全心投入，以最密集的力道不斷驅策著習慣。例如，我讀了克里斯·巴蒂（Chris Baty）的《三十天寫小說》（*No Plot? No Problem!*）一書後，照著他的方法，以一個月的時間寫出了一本小說，藉此激發我的創意。這種一鼓作氣的方法不可能一直持續下去，但很有趣，可為習慣挹注動力。二十一天專案、排毒及淨化療程、一個雄心壯志的目標、新兵訓練等等的密集專案，主要都是藉由在短時間內完成**更多**事，一舉提升你的活力和專注力（而且還讓人自我感覺良好）。我特別喜歡「閉關法」，曾用過三次。我會設定幾天為閉關日，除了吃飯和運動以外，整天只專心寫書，其他事都不做。閉關法強化了我每日寫作的習慣。

不過，一鼓作氣法，顧名思義是無法長期延續下去的。因此，想辦法在一鼓作氣期間把習慣轉換為永久性，是相當重要的。

無論是小步開始或一鼓作氣，都沒有對錯之分，只要有效就好。

事情拖越久，越沒辦法開始

我發現自己有時候很奇怪。如果我對自己遲遲未開始進行某件事感到焦慮，我反而更不願意開始，結果導致自己越來越焦慮。例如，我一直沒寄出艾麗諾的生日派對邀請函，這件事一直掛在我心頭，卻還是遲遲不肯動手。收到討厭的電子郵件又非回不可時，我也會越拖越不想回，拖一天算一天。

這是拖延症發作，而跨出第一步是擺脫拖延症的方法。如果我害怕啟動一項任務，就先規畫第一步，例如寫下待辦清單、找到正確的連結（例如 Scrivener 的網站），或找出使用說明。這樣做可以幫我跨出第一步，雖然這種第一步感覺很像作弊（因為我不是在做我迴避的任務），但是只要跨出第一步，第二步和第三步就容易多了，因為我已經啟動。

對我來說，打電話很難。除了跟家人通電話之外，其他電話我都會能拖則拖，那也導致我的日常生活變得更麻煩。

所以，我決定養成一個新的習慣：今天就打電話。反正我最後一定非打不可，拖延下去只會更糟。所以我會記下需要打的電話，盡快打完。例如，打電話給眼科醫生，幫伊萊莎的乾眼症掛號；打電話給會計師；打電話給水電工，請他來處理家裡的漏水。

「今天就打電話」的新習慣，幫我啟動了「定期捐書給二手店」的新習慣。我希望家裡不要堆積雜物，但家裡總是有滿櫃子不再需要的東西。我家附近有幾間二手店，我從**十一年**前搬到這裡，就想進那些店裡詢問捐贈舊物的方法。

以前我不知道該怎麼做，只好放任雜物持續堆積。不知怎麼回事，我就是擔心那些店家會嘲笑我要捐贈的舊物（我知道這種想法很荒謬），或告訴我那樣做不對（這是自律者的杞人憂天）。但我知道，如果我能找到輕易淘汰舊物的地方，就會養成定期汰舊的習慣。

這件事我遲遲無法動手。好吧，現在就開始，先打電話。

我查到附近二手店（僅隔三個街區）的電話號碼，逼自己去打電話，最後我聯繫到一位在關節炎基金會服務的好心男士，得知他們回收ＶＨＳ錄影帶和鞋子，但不收書。

那通電話對我產生了出乎意料的影響，突然間，我可以想像自己把一箱舊物拿到二手店了。最糟糕的情況會是怎樣？拒收我整箱的ＶＨＳ錄影帶嗎？接下來的那個週六，我走了三個街區到那家店，看到「捐贈」的標示，把我的箱子放在那個標示下面，這樣就搞定了！

換一顆燈泡只需要一個心理醫生，但，必須燈泡自己想換才行……

跨出第一步很難，每個第一步都需要某種過渡。成人會引導小孩因應過渡期，例如安排上床睡覺的程序，提醒他們洗漱、警告孩子「只剩五分鐘」，但我們自己卻期望不費吹灰之力，就從一個活動進入另一個活動。我習慣天天寫部落格，但每天我還是必須做好準備才能開始寫。把一天的活動排得太緊湊，會讓我覺得很忙亂、煩躁。過渡的習慣可以幫我更平順地切換活動。

我喜歡早上從睡眠轉換到家庭時間的晨間過渡期。我一向早起，連週末也一樣，因為我不想錯過那段獨處的時間。

其他人有各自的過渡程序。一位朋友說：「我送兒子上學，接著九點十五分到十點之間邊喝咖啡邊讀報紙的名人八卦，然後才開始工作。」另一位朋友說：「當我想養成每日寫作的習慣時，不是把焦點放在寫作上，而是思考寫作之前的過渡程序。我坐在電腦前，戴上耳機，開始播放『寫作音樂』選集。聽到第二或第三首時，我就已經聽不到音樂了，那是我進入寫作狀態的明顯徵兆，到現在為止我已經聽了二百六十七次。」另一位朋友說：「我無法去到健身房就馬上開始運動，那裡有一間咖啡廳，我會帶著筆電去寫論文，寫了一小時左右，我已經準備好運動了。」

詹米下班回家也有他自己的過渡習慣，他會先親吻每位家人，然後消失二十分鐘左右，換下西裝、解決最後一批電子郵件、翻一下雜誌，接著他已經準備好陪伴家人。因為我隨時都想把待辦清單上的事項槓掉，所以一見到他，就想馬上找他談談排程上的議題，或是請他做一些家務。不過在我發現過渡期很重要之後，我覺得我應該尊重他的習慣，等他完成過渡程序後再打擾他。

一位朋友的先生有更奇怪的過渡習慣，他會坐在沙發上，面對整面書牆，一手往後擱在椅背上，然後對著整牆的書發呆。「他說這叫『凝視書櫃』，」她告訴我：「他不是在沉思或冥想，我還是可以跟他說話，但他下班回家就想凝視書櫃十五分鐘。」

規律的就寢習慣可以幫我們更輕鬆地度過睡前的過渡期，讓我們更快入睡，並睡得更沉。我有一位在金融界任職、總是到處出差的朋友，睡前一定要洗澡（雖然他看起來一點也不像），無論多晚睡都一樣。

我希望詹米也有那樣的習慣，因為他真的很難入睡。身為習慣大使，我一再鼓吹「睡前別看電視」、「睡前別查電子郵件，那只會讓你更難入眠」、「別看發光的螢幕，光線會讓你的大腦更清醒」、「把窗戶打開，因為降低體溫有助於入眠」之類的睡眠習慣。但是除了開窗的建議，其他的他都聽不進去。

最後，我乾脆放棄了。如果詹米不想改變他的習慣，我也沒辦法幫他改變。一位當心理醫生的朋友曾告訴我一個笑話：「換一顆燈泡需要幾位心理醫生？」「只需要一個，但必須燈泡自己想換才行。」我的燈泡不想換，我也沒轍。

我自己有一個夜間的習慣問題。對我和很多人來說，夜間過渡期往往會觸發我們想吃消夜的習慣，而且通常不是吃芹菜或喝菊花茶就能解饞的。我有個壞習慣是九點左右會閒晃到廚房覓食，因為即使不餓，我就是想吃點東西。沒吃點消夜，感覺晚上就不完整。但我不喜歡這個嘴饞的毛病，所以我想戒掉晚餐後覓食的壞習慣。

我常聽說，吃完晚餐後馬上刷牙，可以消除吃消夜的欲望。我對這種方法始終存疑，但還是決定試試看。所以我不再等睡前才刷牙，而是八點半送艾麗諾上床後就刷牙。

沒想到這個簡單的習慣真的有效，一刷完牙，吃消夜的欲望就大減了。我刷牙時心想：「今天就不再吃東西了，到此為止。」那個想法，連同口腔清新的感覺，幫我終結了吃消夜的習慣。此外，持續許多年的睡前刷牙習慣，也讓我把刷牙和睡前的過渡期連結在一起。

只要找出這些過渡時刻，我們就可以利用小改變來促成大效益。

再次開始，比第一次開始更困難……

我非常重視「開始」，也同樣關注「停止」。由於第一步非常重要，加上凡事起頭難，所以一旦我有心要開始，第一步務必要踏得穩穩的。然而，任何變動都可能讓進度停下來，例如天氣、交通、度假、生病、新上司、新生兒、孩子的行事曆更動、搬新家、別人停下了（例如同事無法再跟你一起去跑步）。一旦停下來，我又必須再從頭跨出第一步，那還不如不做。

停下來就會失去動力，讓人心生內疚，為自己的停滯感到難過。更糟的是，由於習慣無法養成，你又必須每次做決定，那很花心力，而且往往會讓你做錯決定。

以運動習慣來說，「停止」是特別嚴重的問題。因此，我的瑜珈老師不讓學生擅自停課。他有很多一對一指導的學生，很多學生暑假會出外度假。他說：「學生告訴我：『夏天我要停課，但九月我會再聯絡你。』我說：『你不能停課，我還是會把你排入時間表裡，所以九月四日我們在同一時間見，如果你那天沒辦法上課，我們再重新安排。』」

「這樣做，他們就不覺得自己中斷了嗎？」

「沒錯，只要一中斷，他們可能就不會再來上課了。但是，如果先把課程排定，他們就不會停下來。」

同理，我的重訓教練羅麗離職時，我馬上換了一個教練，毫不猶豫。我有很多朋友也是由羅麗擔任教練，但我發現羅麗一離職，幾個朋友就跟著停止了重力訓練。我一再聽到他們說：「我只想和羅麗一起訓練。」我發現本來就不愛上健身房的人，這種情緒更強烈。

一位朋友告訴我：「羅麗要是離職了，我就不去健身房了。我本來就想做別種運動，換換花樣，我會去找其他的運動。」

我**非常了解**那位朋友，了解到我懷疑她的說法真的可信。她喜歡滑雪、打網球、爬山、游泳，但討厭規律的運動。不過，她卻養成了重訓的習慣。

「你真的會找到比這個更好的運動嗎？一週只要花二十分鐘，不必淋浴、聽音樂、面對鏡子……。有嗎？」我追問。「在還沒開始別的運動之前，就先停止這個習慣，似乎不太好。」

幾週後我又見到她，我問道：「你的重訓後來怎麼了？」

「喔，你說對了。」她嘆了口氣。「我應該先找到新的運動，再停止重訓。總之，我找到新教練了，現在的狀況還不錯。」

事實是，有些惡習似乎堅不可摧，有些好習慣卻是維持了多年依然不堪一擊。所以，我們必須想辦法保護可能被弱化的好習慣。在環環相扣的鎖鏈中，每增添一個環節就能強化習慣，每脫落一個環節都有可能導致習慣中斷。

對許多人來說，不要破壞鎖鏈是一個強大的策略。有些人讀小學時想拿全勤獎，也是基於同樣的原因。完美的紀錄讓人很有成就感，喜劇演員傑瑞．賽菲德（Jerry Seinfeld）曾給有志成為喜劇演員的布萊德．薩克（Brad Isaac）以下的建議[1]：買一份標示三百六十五天的月曆。因為天天寫作，是寫出好笑話的關鍵。每天寫完後，拿紅筆在那一天打個大叉。「這樣連做幾天後，就會得出一條鎖鏈。」賽菲德解釋：「你會想看到那條鏈子越來越長，尤其是累積幾週以後。接下來，你唯一的任務，就是別讓那條鎖鏈斷掉。」

一位朋友告訴我：「我們每週開三次員工會議，但我老是缺席。多數會議都跟我無關，但我常因為缺席而錯過一些重點。經過某次慘痛的教訓以後，我給自己訂下規矩：我不能再缺席任何員工會議，現在我想維持全勤紀錄。」

自律者覺得這種鎖鏈法很有成就感，因為他們喜歡逐一槓掉待辦事項的感覺。質疑者只有在預期鎖鏈法有效時才會使用，否則他們不會大費周章使用這種方法。叛逆者會抗拒鎖鏈法的概念，光是「鎖鏈」兩字就讓他們覺得綁手綁腳，他們想自己挑選行動，不想作繭自縛。對有些盡責者來說，如果他們能針對鎖鏈本身培養出責任感，他們就會覺得鎖鏈法有效。這些盡責者可能需要某種外在問責，才能使鎖鏈開始成形。一旦鎖鏈開始環環相扣，他們往往會基於責任感，讓鎖鏈繼續延伸下去。

無論我們屬於哪種傾向，面對無可避免的停頓點時（例如長途旅行或暑假出遊），最好能事先選定一天回復先前的習慣，就像我的瑜珈老師所要求的那樣。**任何**時候都可以做的事，最後往往**不會**做，只想等待適當時機才再度開始，是相當不可靠的。「從**明天**開始」通常聽起來像是不錯的計畫，但是放任越多的明天流逝以後，要再跨出第一步就越來越困難了。

另一個避免中斷好習慣的理由是，**再次**開始往往比**第一次**開始要困難許多。我們很容易以為：「喔，我以前做過，再做一次應該很容易。」但相反的，再次開始往往更為困難。第一次跨出第一步確實難免掙扎，但是啟動一個新習慣，總會讓人覺得特別有活力及樂觀。當我為了重拾失去的習慣而拿出相同的精力時，效果通常不好，因為新鮮感已經消失了，我只記得當初為了養成習慣吃足了苦頭，想到自己被打回原形就覺得沮喪。

一位朋友告訴我：「我打定主意戒酒一個月，我真的喜歡這樣的挑戰。一個月結束後，我又開始喝酒。過了一陣子，我覺得再戒酒一個月應該也不錯。我本來以為很容易，因為第一次戒酒並不難，但第二次我沒能做到，感覺全走樣了。」

只要跨出第一步，然後，一步、一步、又一步……

習慣的改變只要一提到「無限期」或「永遠」，就會令人不安，望之卻步。我們可以想像自己跨出第一步，但一想到未來要**無止盡**的持續下去，就覺得無比沉重，難以負荷。難道我要**永遠**冥想下去嗎？

抗拒某個強大的誘惑、一鼓作氣創下驚人紀錄、為跑馬拉松受訓，或是戒吃巧克力一年是一回事，但要維持某個好習慣**直到永遠**，就需要更嚴格的要求了。它要求我們為了堅守自己的價值觀，而接受某種生活方式——也就是臣服。

如果習慣無法產生顯著的結果，想要維持習慣特別困難。知道我做的事對自己有益並堅守意念，確實很有成就感，但我很少達到值得驕傲的成果。不過我發現，只要我能撐過倦怠期，生活確實可以交給習慣來主導，而且會變得更好。

我曾經想過，我是否該放棄冥想的習慣，因為感覺這個習慣好像沒什麼意義，但是突然有一天，我第一次確實體驗到冥想帶給我不同的感受。那晚，我反覆想著白天的種種不愉快，輾轉難眠，再想到我因此失去的睡眠時間，就更加生氣。於是，我開始想像對我最有效的一個冥想畫面：雪花飄落在中央公園的畢士達噴泉上，沒想到這樣做竟然有效。所以我決定繼續維持冥想的習慣，至少目前是如此。又或者，我決定不想再為做不做冥想傷腦筋。

習慣是我想要永遠持續下去的行為，不做決定、不去爭論、不停下來，也沒有終點。想著「永遠」可能會令人卻步，所以「一次只看一天」的概念可以幫很多人持續好習慣。有個朋友告訴我：「我提醒自己：『我現在的飲食不見得要吃一輩子，就只是現在而已。』這樣的想法讓我堅持下去，一次只看一天，雖然我的確打算永遠這樣吃下去。」

「決定不去做決定」再次發揮了解圍的效果。我不會重新檢視我的習慣，只會這樣想著：「這是我今天要做的事。」信任這個習慣，跨出第一步，接著，一步、一步、又一步……

｜第 8 章｜

踏出第一步，剎那就會變成……永恆

沒有什麼生物是內在強大到不受外在影響的。
喬治・艾略特《密鎮風雲》
（George Eliot, *Middlemarch*）

任何**開始**對於習慣的養成都有某種特殊的動力。有時候，我們會有煥然一新的感受，覺得環境變了，讓我們得以開創新局，只不過我們自己要敏銳地把握契機。

很多人刻意以新年或生日作為新生活的起點，其實這可以有很多種形式。個人關係的改變，例如結婚、離婚、為人父母、養寵物、失戀、交友、死亡等等，可能讓人重新開始。此外，周遭環境的改變也可能讓人展開全新的一頁，例如搬新家、搬到新的城市，甚至改變家具的擺放。或者，人生某些重要的面向改變了，也有這種效果，例如換工作、轉學、換醫生等等。一位律師朋友告訴我：「身為單親家長，我一直覺得我有責任努力賺錢養家。去年兒子畢業了，我突然意識到：『我終於付了最後一筆學費，他長大了，現在我工作的目的是什麼？感覺眼前打開了各種新的可能性。』」有時候重大的改變會讓我們的生活重新開始，不過，有時即使只是小小的改變，也可能產生這種效果，例如更換上班路線、換個房間看電視。

就連不幸的改變也可能是開創新局的機會。一位讀者在我的部落格留言：「我先生十一月過世了，我向來內向，雖然我並不孤僻，但我覺得社交很費神。不過，自從我先生過世後，我擔心自己會陷入憂鬱，感到孤單，所以規畫了**很多**社交活動。我知道如果取消的話，大家都會諒解，但我覺得身邊有很多人比較好。六個月後，我依然安排了很多計畫，讓自己幾乎每天都有活動。結果改變真的很明顯，對我發揮了作用。」

新局策略的另一個好處是什麼？任何開始都有一種神奇的魔力，我們希望一開始就做對，好的開始是成功的一半。每次我培養新習慣時，都是選週一開始，因為只要週一一切順利，我更有可能維持下去。

新局策略：把冰箱裡的東西丟掉！把信用卡剪掉！

我們可以採取一些方式，來提高開創新局的新鮮感及可能性。有人可能是在動人的美景中啟動重要的習慣，例如豪華飯店或日落海灘。有人可能會大費周章，搞得轟轟烈烈，例如拿鐵鎚敲碎電視螢幕，或是剪掉信用卡。有人可能會粉刷牆壁、買新家具，讓家裡或辦公室煥然一新。我遇過一位女士，她開創新局的方式很特別。新年那天，她會扔掉冰箱裡的所有東西，連芥末醬和醃黃瓜也不留。身為少買族，這種舉動讓我有點震驚，但我追問她為什麼那樣做時，她只說：「我只是想要一個全新的開始。」

不過，開創新局的時刻很容易受到忽略，我們往往沒發現某個全新開始的時刻正觸發習慣的改變。人類是習慣的動物，在全新的環境中，有些痕跡一旦留下來就難以磨滅，所以我們應該以想要持續下去的方式啟動新局。

我們剛搬到新公寓的最初幾天，我開始工作的頭一個小時就是處理電子郵件及上社群網站，結果這個習慣就定型了。無論這是不是好習慣，我現在想改變這個習慣，一定要花極大的心力才有可能辦到。大學時，第一堂課的座位決定了我整學期的位子。所以現在第一次做任何事情時，我都很注意我當下的選擇，因為那些選擇會決定我根本的習慣。以後若是偏離那些決定，我會覺得自己被剝奪或強迫了什麼。

新局策略可以幫我們更輕易地展開新習慣。讀法研所的時候，我覺得我無法早起去健身房。但是開始上班以後，上健身房卻變成我的日常習慣。我從上班的第一天，就在上班前先到健身房報到。那不容易做到，即使是全新的開始也很難，但是如果我等上班一個月或一週以後才開始，感覺負擔又更重了。我可能會想，我怎麼可能早起、運動、在健身房淋浴更衣，然後走十個街區，在九點前抵達上班地點呢？

我有一位朋友是工作狂，剛換新工作。她告訴我，她希望工作時數能正常一點，不要再像前一個工作那麼賣命。

我建議她：「使用新局策略，決定你何時該離開辦公室。上班第一週，每天都在那個時間離開，這樣就啟動了準時下班的習慣。」

「對我來說，六點半或七點離開是不錯，但要適應新環境，我覺得第一週會想待晚一點。」

「你難道不怕那會變成慣性嗎？」我指出。「一開始就可以先決定好你想要的習慣是什麼，然後訓練自己從第一天開始，時間一到就下班。六個月後的工作量不可能比第一天還少，到那時候要這樣做更不可能。」

我知道舊習慣很難戒除，這位朋友的大腦還是習慣九點下班，但是她要是不利用這個開創新局的機會翻身，以後永遠也改不了了。

這是成人的祕密：我們以為暫時的事往往恆久不變；我們以為恆久的事往往只是過眼雲煙。

好好把握搬家、換工作、跟情人分手的機會

開創新局的契機出現時，若無法把握機會使用新局策略，實在很可惜。例如，**搬家**會改變很多我們習以為常的慣例，所以改變習慣變得更加容易。一項研究觀察那些試圖改變的人，例如換工

作、換學校、關係改變、戒癮或是養成健康習慣（包括節食）之類的改變，有三六%的成功改變和搬到新地方有關[1]。另一項研究發現，學生若想少看電視、多運動，進入新大學時比較容易改變習慣。一位部落格的讀者留言：「我們正要買新房子。以前搬新家時，我誤以為搬到新的住處，重新開始，我就會頓時改變囤積雜物的舊習。問題是，我根本不知道我為什麼會囤積那麼多雜物，我也沒有計畫防止自己的囤積症復發。這次搬家，我們打算先清空，事先為新習慣做好規畫，避免重蹈覆轍。」

即使是暫時的搬遷或旅行，也可以作為全新開始的起點。我爸曾說：「戒菸是我做過最難的事，但是我戒菸的第一天就去密克羅尼西亞出差十週，那使戒菸變得更容易。」他的舊習慣全都中斷了，新環境的大量衝擊阻止他動不動就想到香菸。

就像我對那位工作狂朋友說的，換工作是啟動新習慣的好時機。一位男士告訴我，他如何改變處理電子郵件的習慣：「多年來，我的郵件永遠處理不完。換工作及換了新帳號後，我逼自己每晚一定要把收件匣清空，我會回覆、刪除或歸檔當天的**每封**郵件。以前的工作根本永遠清不完郵件，但我可以換工作，開創新局。」

有時開創新局的時機來得很突然，出其不意。例如，我媽向來愛吃甜食，幾年前，她得了嚴重的腸胃型感冒，後來終於康復後，她發現她對甜點已經毫無渴望。她大可回歸以前的飲食習慣，幸好她發現這是開創新局的好契機，即使後來又想吃甜食，她也不像從前那樣來者不拒了。

開創新局雖然是養成新習慣的絕佳契機，但也可能抹除有用的提示或中斷正面的日常例行活動，而破壞了原有的好習慣。日常的例行活動是習慣的鎖鏈，當一個看似不重要的環節弱化時，可能會中斷整個習慣的鎖鏈。例如研究顯示，經歷重大的人生變化時（例如結婚、離婚、轉行、家裡多了新成員或有人搬出去），人比較可能在不知不覺間改變購物習慣。生活起了重大的變化，飲食習慣有可能跟著改變。結婚和離婚可能影響體重[2]，尤其是過了三十歲，女人通常在結婚後有體重大增的風險，而男人在離婚後往往會開始發胖。一位部落格的讀者留言：「我有定期運動的習慣，但是兒子開始搭公車上學後，我就停止運動了，為什麼呢？因為我的日常慣例是送他上學後，就直接去健身房，那個習慣已經根深柢固了。但是他開始搭公車以後，觸發我運動的機制消失了。」另一位讀者寫道：「我們是軍人家庭，每隔幾年會搬家一次。因為周遭事物不斷變動，我必須特別小心維持好習慣，而這確實很難。」

改變有可能會一舉抹除過去累積的習慣，但這樣的威脅很難偵察得出來，這也是追蹤策略何以會奏效的另一個原因。在持續追蹤下，好習慣一旦受到干擾，就會馬上注意到。

不能養狗？好吧，那就把孩子的房間打掃乾淨吧

研究新局策略，讓我想要好好利用它來幫助我自己，但要怎麼運用呢？目前我的生活在各方面

都不太可能迅速出現大轉變，即使有變動，很可能是變差，而不是變好。我並不希望家庭、工作、住家或鄰里出現一切從頭的新局面，所以我希望能用其他辦法來啟動新事物。

八年前，我開始寫部落格，那個全新的園地令我大為滿足。由於我決定每週發文六天，那個部落格對我的日常習慣有極大的影響：我必須熟悉部落格的運作機制，必須每天寫一篇文章發表，必須養成主動接觸他人的習慣。另外，我每週都會發布影片，所以我也必須習慣錄製影片。我因此認識了新朋友，學會了新技巧，也增加了每天的寫作量。

那種開創新局的感覺很棒，但現在我還能做什麼？我突然想到一個點子：養狗。詹米和兩個女兒都愛狗，養狗的人會獲得很多樂趣，他們也比較容易養成好習慣。但是我連室內植物都照顧不好了，怎麼養狗？如今生活繁忙，我也不想再為自己增添養狗的責任和時間（我知道養狗的一切苦差事，最後都會落到我身上），所以不行，不能養狗。

那麼，加入新團體呢？加入團體是一種人際關係的新開始，是拓展社交圈並投入某個學習領域的方法。每次我加入新團體，都會結識新朋友，獲得知識與樂趣。但是我又覺得時間不夠用，如果我想留給家人和工作足夠的時間，我參與的業外活動已經達到極限了。

看來，我運用新局策略的機會十分渺茫，但也許我只是怠惰，缺乏想像力罷了，我應該想得到辦法促成新的開始。

最後，我絞盡腦汁還是想不出開創新局的契機，所以我決定嘗試簡單的方法來啟用這股力量。

我清理艾麗諾的房間，把裡頭的擺設重新排列組合，送走她已經不需要的玩具。我在打包她的玩具農場和彩虹小馬城堡時，雖然有些不捨（所以我拍照留念了），但後來看到一堆捐贈箱時，精神仍然為之一振。只要我繼續用心觀察，一定可以找到更多開創新局的機會。

第 9 章

可遇不可求的「霹靂策略」

生活的行為真切地反映了我們的思維。
蒙田〈子女教育〉（Michel de Montaigne, Of the Education of Children）

開創新局的契機，促使我們的習慣突然產生了深遠的改變，無論是變好或變差。但我發現還有另一種意想不到的方法也能達到這種突然的效果，我自己經歷這種改變時也相當驚訝。我沒有搬到新城市，也沒有換工作或養寵物，我的外在環境完全沒變，我就只是讀了一本書。那本書發揮了極大的影響力，這就是霹靂策略。

討論習慣的改變時，往往會強調一再重複直到行為自動化的重要性。那樣的重複確實有助於習慣的養成，不過，有時候突如其來的衝擊也可能馬上改變習慣[1]。我們接收了某些新概念，突然間新的習慣一舉取代了持續已久的舊習，事前毫無準備，沒有小步驟，也毫不遲疑猶豫，改變前後就只在一瞬間。霹靂策略的力量來自於知識、信念與概念。

霹靂策略相當有效，但可遇而不可求，不像其他策略可以刻意去執行。它的發生**純屬偶然**。在那一瞬間，我們可能從此不再罵髒話、開始吃素、開始禱告或戒酒，或是不再使用塑膠袋。

人生中的重大事件，比如結婚、生病、死亡、週年紀念、低潮、生日、意外事故、中年危機、獨自旅行，往往能夠觸發霹靂策略，因為天外飛來的新概念讓我們心領神會，改變瞬間就發生了。

我認識一位醫生專門協助有藥癮、酒癮、毒癮、愛吃垃圾食物、身陷受虐關係的患者。他告訴我：「有那麼一件事，可以讓人一夕之間就改變習慣。他們可能想要改變多年了，但老是失敗。可是這件事一發生，他們就砰地一聲做到了，沒有任何問題。」

「**是什麼？**」我問道。

「喔，你知道的啊。」他故意逗我：「想想看。」

「我不知道。」

「懷孕。」他說：「一次又一次的，我看到女人在得知懷孕後，就馬上改變了。當然，不見得每個人都如此，但有些人確實是這樣。女人一旦得知自己即將為人母，又想到自己的行為會影響到胎兒的健康，她們就因此改變了。」

有時這類大事件會引爆霹靂策略，但有時只是書中的片段、電影的場景、陌生人隨口的幾句評語之類的小事也能觸發霹靂策略。一位朋友告訴我，他和女友分手後，有人告訴他：「你給人的感覺，好像她是你們兩個之中比較聰明的、比較好看的、比較酷的，但她根本不是，**你**才是。」他聽完這句話後，當場就戒掉他和女友一起吸食多年的海洛因。

「那麼簡單的評論，為什麼會觸發那麼大的改變？」我驚訝地問。

「我也不太清楚。」他回答。「我只知道他說得沒錯，也知道改變的時候到了。」有句佛教諺語說得好：「弟子準備好了，老師自然會出現。」

一位減重十三公斤的朋友告訴我：「我一輩子都在跟體重奮戰，我找教練受訓，但教練太嚴格，導致我雙腳膝蓋的半月板都撕裂了，痛得要命。我問醫生：『我該怎麼辦？』他說：『減重應該有用。』突然間，這句話打中了我。我想，除非我改變自己，否則只會越來越痛。」

頓悟激發了瞬間的改變。一位朋友送兒子去參加球隊訓練時總是遲到，某天她兒子說：「你每次送我去練習都遲到，因為那對你來說沒有影響，但你來接我回家時都很準時，因為你覺得最後來接孩子的家長很丟臉。」從此以後她再也不遲到了。改變也可能是某個小意外促成的，例如我的朋友去參加畢業二十五週年的大學同學會，發現他無法打美式足球，回家後馬上開始減肥。

最令人意外的霹靂改變，是那種毫無緣由就突然出現的一百八十度大改變。一位朋友多年來每天抽兩包菸，後來突然說戒就戒了。某天晚上，她和朋友約好吃飯，她抽出一根香菸，頓時心想：「我為什麼要抽菸？該停了。」她隨手就把整包菸扔進垃圾桶，此後再也沒抽過。突然戒菸的身體不適感持續了三個月，但戒菸的念頭從未動搖，她告訴我：「反正我就是不想再抽了。」她事前毫無準備，也沒動過戒菸的念頭，但好像突然被雷打到一樣，腦筋就開竅了。

一位讀者留言提到一個沒那麼誇張的改變：「我很怕看牙醫，因為我知道他們一定會問我多常使用牙線。我突然想到我可以天天使用牙線，於是怕看牙醫的問題就迎刃而解了。我只是不懂，為什麼解決方法突然變得如此明顯、簡單。」

一般認為逐步累積的習慣最難改變，但霹靂策略正好違背了這個假設，所以有些人因此忽略或錯過了這個策略。但是霹靂策略一旦出現，效果都極其強大，所以我們應該留意它的蹤影，一旦感覺到它在心裡運作，就應該馬上善用那種瞬間輕鬆改變的力量。

帶著一本書去旅行，沒想到……

我也體驗過一次霹靂策略，那是我在偶然下得知一種飲食的新概念，瞬間扭轉了我既有的想法。我幾乎是在一時興起下，啟動了一種全新的習慣，而且啟動之後，就再也沒停過了。

我根本沒料到會發生這個改變。有一次我們全家去海邊度假，我在打包行李時，隨手把蓋瑞·陶布斯（Gary Taubes）的著作《面對肥胖的真相》（*Why We Get Fat*）放進去[2]。雖然我本來對飲食就很注意，對現在的體重也還算滿意，我只是對書名很感興趣。但我翻開書，發現有不少討論胰島素的內容，自從伊麗莎白確診出糖尿病後，我就對那個主題很感興趣。

兩天內我把書看完了，感覺好像被雷劈到一樣震撼。陶布斯的著作根據大家普遍接納的身體運作原理、大量的人體觀察，以及徹底檢閱的科學研究，以令人信服的論點說明「我們為什麼會變胖」。全書把重點放在胰島素的作用上，胰島素是調節血糖濃度及脂肪運用、儲存的主要荷爾蒙。幾個基本事實是毫無爭議的：胰島素濃度高時，身體會把葡萄糖移到脂肪細胞中儲存起來，意味著身體開始囤積脂肪；而胰島素濃度低時，則可燃燒葡萄糖作為燃料。至於胰島素的濃度變化是什麼造成的？大部分是飲食造成的。我們攝取越多的碳水化合物時，隨著血糖升高，會刺激胰島素分泌，從而導致脂肪日益囤積。

所以，陶布斯認為——這也是爭議開始出現的地方——為了降低胰島素的濃度，減少體脂肪的囤積[3]，我們應該避免攝取容易消化的高碳水化合物，例如糖、麵包、麥片、穀類、麵食、馬鈴薯、米飯、玉米、果汁、啤酒、葡萄酒、汽水。陶布斯主張，碳水化合物的攝取量和品質，才是導致我們肥胖的主因，而不是卡路里或缺乏運動[4]。

陶布斯這個以大量研究佐證的結論，讓我大吃一驚。我從高中以來就努力追求飲食健康，幾乎都吃無糖的食物，也很少喝酒。燕麥片是我的主食之一，其他的主食包括薄片的全麥麵包、水果、糙米、穀物麥片加脫脂牛奶。多年來，吃各種食物的脫脂版已經成了我的嗜好，包括脫脂優格、脫脂牛奶、只吃蛋白、火雞漢堡等等。我幾乎不碰乳酪或紅肉。

本來我沒有打算要改變飲食習慣，但是《面對肥胖的真相》對我產生了霹靂效果，從此以後我的主食完全變了。全穀類是碳水化合物，肉類反而可以吃[5]。膳食脂肪無論是飽和或不飽和，都不會讓人肥胖或導致心臟疾病。幾乎所有的加工食品都含有碳水化合物。我讀完這本書後，一夕之間就改變了整個飲食習慣。

度假正好是絕佳的改變起點，我們住在飯店裡，不需要特別去採買或烹飪不同的食物，可以直接從菜單上點餐。看完書的第一個早晨，我戒慎恐懼地捨棄平常在旅館裡享用的麥麩片、脫脂牛奶和水果沙拉，改吃炒蛋和**培根**。

接下來的幾週，我持續吃和以前截然不同的食物，效果非常顯著。我吃下更多的卡路里，三餐之間的空檔從來不覺得餓（以前會有這個問題），而且體重還持續下降，一直降到我成年以來的新低點，接近我健康體重範圍的低標後才穩定下來，我完全信了陶布斯的主張。

這種霹靂式的轉變讓我變成低醣飲食的熱中者，我開始遊說其他人也相信這套理論。我父親是第一位被我說服的人，飲食健康對他來說很重要，他現在七十多歲，一直想減重，服用降血脂和降血壓的藥物多年了。他非常重視心臟健康，因為我曾祖父六十四歲就因突發心臟病過世，而我祖父五十七歲也死於同樣的毛病。

我的飲食習慣改變是因為霹靂效應，但我父親的飲食習慣改變比較不像霹靂效應（雖然我的突然轉變肯定令他印象深刻），更主要的原因是他的「質疑者」傾向，新的理論和資訊促使他改變了。我推薦他讀《面對肥胖的真相》和《好卡路里，壞卡路里》（*Good Calories, Bad Calories*），那些研究完全說服他了。不過，他不像我一夕之間徹底改變，而是從一些簡單的替換開始著手，例如主食搭配青菜，而不是馬鈴薯；主食點牛排，而不是義大利麵。良好的效果說服他相信低醣飲食的效用，漸漸的，他越來越認真地執行低醣飲食。

他讀完書幾週後，告訴我：「我的體重持續下降，已經快接近九十公斤了，我可以永遠這樣吃下去。」

「但他仍在喝酒。」我媽補了一句，她也在電話上。

「沒錯，那是我最不肯鬆手的東西。」他開心地說：「但我現在已經看到不錯的結果了。」

「有進步比較重要，不必追求完美。」我告訴他。「即使你偶爾破例，還是吃得比以前好。」

我父親讀了書以後，熱切地接納低醣飲食，但多數人仍抱持懷疑的態度。有一位朋友還認為我瘋了，質問了我一堆問題。

他問道：「你不吃水果？」（我後來發現，不吃水果是導致許多人認為我瘋了的原因。）

「有時會吃一點莓果。」我說。「我知道這聽起來很極端，但是真的沒你想的那麼誇張啦。」

我知道他一定覺得很荒謬，但事實勝於雄辯。我讀了一本書，突然間，我就徹底換了一種飲食方式，彷彿其他食物已經不能吃似的，這就是霹靂策略的效果。有人提到吃肉有環保與人道方面的疑慮，但我比較在意的是營養和健康。

此外，就像其他習慣一樣，新的飲食習慣還會自我強化。我戒了碳水化合物以後，就對它們再也沒有食欲了。無論糖是否真的會讓人「上癮」，我越吃麵包、穀物麥片、甜點之類的食物，就會想吃越多。現在我根本想都不想了。

「你何時恢復正常飲食?」朋友問我。

「我現在就是在吃正常飲食。」而且沒有終點。他不禁搖頭,完全不想嘗試。

當改變的時間到了,你不會感到痛苦

我換了新的飲食習慣後,去參加作家朋友賈各布斯(A. J. Jacobs)的朗讀會。他在布魯克林的某家獨立書店,朗讀他的著作《管他正統或偏方,就是要健康》(*Drop Dead Healthy*)。他在書中提到他吃以植物為主的飲食,而不是低醣飲食,我趁他上場朗讀之前,問他為什麼會做那個決定。

我說:「賈各布斯,你竟然不相信低醣飲食,我真想不通耶。」

他笑著說:「很多科學家提出否定低醣飲食的論點。」

「沒錯,但我讀了所有的論點,我覺得低醣飲食的論點比較好,而且我親身試過了,結果飢餓感減少,體重也下降了。」

他指出:「但葛瑞琴,你這只是單一數據。」他的意思是說,光憑一個人的經驗不具科學意義。

「話是沒錯,但我只在乎我這個數據點,那才是**最有說服力的數據點!**」

其實我最想推薦低醣飲食的對象是我妹,但我不確定怎麼跟她提起比較好。她罹患第一型糖尿病,我相信低醣飲食可以幫她降低血糖,減少她對胰島素的需求。但是伊麗莎白一聽到低醣飲食的要求就反彈了，她討厭放棄某些飲食選項，而且糖尿病已經迫使她犧牲很多了。每天她必須自己注射胰島素五次，身體裝了追蹤器，必須經常回診，隨時注意飲食。她通常會注意那些升醣食物，例如麵包、糖、馬鈴薯，但她也常偷吃，事後才增加胰島素的劑量。《面對肥胖的真相》主張像她那種情況應該更嚴格地限制飲食，我知道她一定不喜歡，所以遲遲沒向她提起。

後來，某次通電話時，她給了我等候已久的機會。

「你的新飲食法是什麼？」她問道。「媽說你和爸都沒有節食就減重了。」

「對啊！」我聽她主動提起，鬆了一口氣。「我讀了一本有關營養的書，我覺得你也應該讀一下。」於是我告訴她，是攝取碳水化合物導致血糖增加，才讓人變胖。

我無法從她電話上的反應判斷她是否有興趣，幾週後，我收到她寫來的電子郵件。

寄件人：伊麗莎白

今天早上我告訴醫生，我正式開始低醣飲食的新生活。改變的時間到了，我才讀那本書十頁，但我全明白了。從許多層面來看，我都必須這麼做。

看到她願意嘗試，我興奮極了。我也很高興她先諮詢了醫生。收到那封電郵後，我定期打電話詢問她的狀況如何。

過了幾週，她告訴我：「我開始習慣了，沒有我預期的那麼辛苦。」

雖然這不是對低醣飲食的熱切背書，但她似乎願意繼續努力下去。

你以前的習慣，是有記憶的，別讓它們回來……

我爸吃了低醣飲食六個月後，去做了血液測試，我急著想知道結果如何。我自己做低醣飲食實驗畢竟只是一個數據點，但這種新飲食習慣對我父親有什麼影響呢？我真心相信這種新飲食法，但我畢竟不是醫生或科學家。

他打電話告訴我檢驗的結果：「我剛拿到血液檢驗報告，我的數字好極了，各方面都進步了。」

「真的嗎？」我鬆了一口氣。「檢查結果怎麼說？」

他開始念一堆數字給我聽。多年來他的體重、高密度脂蛋白（ＨＤＬ，好膽固醇）、低密度脂蛋白（ＬＤＬ，壞膽固醇），以及其他的數字都越來越不妙，但現在這些數字都變好了。「我甚至還沒完全採用低醣飲食呢！」他補充：「而且這段期間還經過了感恩節、聖誕節，以及跟朋友去鳳凰城旅行。最棒的是，我覺得我可以**永遠**這樣吃下去。」

伊麗莎白吃低醣飲食幾個月後，去診所做 $A_{1}C$（糖化血色素）檢驗，追蹤過去三個月的平均血糖濃度。這項檢驗和她安裝在身上的追蹤器（持續追蹤血糖濃度），一起幫她管理糖尿病的狀態。

「我感覺很不一樣。」她說：「我的糖化血色素降幅沒有我預期的那麼多，但確實是往正確的方向改變，不過我感覺好很多。我不再出現血糖飆升和驟降的情況了。現在吃完一餐後，我也不再昏昏欲睡。」

伊麗莎白執行低醣飲食有不錯的開始，但不久她就必須前往布達佩斯，為電視節目拍攝試播影片。「我擔心破功，」她告訴我：「我會出國五週，在那裡很難吃得健康。人在國外，又沒有廚房，沒日沒夜地工作，壓力超大。」

果然，她到布達佩斯後，發現根本無法維持這種飲食習慣。不過她也說，她已經吃得比沒有嘗試前要好了。最後，她快回國以前，寄給我以下的訊息：

寄件人：伊麗莎白

今天是拍攝的最後一晚，上週我完全破功，雖然沒吃薯條，但吃了大量的麵包和餅乾。我實在累癱了，大半夜，雪雨交加，冷得要命，沒有一般的咖啡可喝，我就失控了。回到洛杉磯我要恢復低醣生活！

但是伊麗莎白回到家後，發現自己很難回到低醣飲食。

她回來幾週後，我問她：「你還好嗎？狀況如何？」

「不輕鬆，但有比較好些了。不過，我還是無法回到從前的程度，大概只有八五成。」

「你覺得為什麼這次比較難？」

「我也不清楚，就是進行得不太順利。部分原因在於我忘了我有多喜歡某些食物，例如金魚小餅乾。我一開始吃，記憶就回來了，現在很難戒掉。」

「感覺就像你蹺一堂運動，突然多了一個小時的空檔。」我回應。

「沒錯。」

我發現「第一步」策略一旦中斷，也有同樣的作用。第一次養成習慣時，讓人充滿了希望，即使走得跌跌撞撞，也依然樂觀。可是第二次再嘗試時，興奮感已經消失了，那個習慣的缺點會變得更加明顯。此外，你看到自己原地踏步也會覺得沮喪。

「撐著點！」我說：「改變習慣本來就不容易。」

我知道低醣飲食對我來說比很多人容易，部分原因在於我雖然喜歡吃東西，但不會對食物過於沉迷，也不是個愛嘗鮮的人。我不喜歡上館子，不喜歡新口味。我也希望能像其他人那樣喜愛各種食物，從食物中獲得那麼多的樂趣，但我對吃向來不是特別感興趣。對於這種局限性，我總是有點小遺憾，但沒想到因禍得福。這就是葛瑞琴，我應該好好做自己。

此外，我覺得我之所以比較容易接受低醣飲食，還有一個原因：我採用了下一個策略——禁絕策略。

Part 4

今天的欲望，永遠的藉口

我們常想要養成好習慣，卻也希望生活得更輕鬆愉快。這兩者之間往往相互衝突，所以在這個單元中，會提出許多應對的策略：禁絕、方便及不便策略，是藉由調整投注的心力來塑造習慣；防範、找漏洞及分心策略，是用來處理失敗和誘惑的挑戰；獎勵、娛樂及搭配策略，則聚焦在善用樂趣來強化好習慣。避免找藉口和自圓其說，以及盡可能讓自己樂在其中，都有助於好習慣的養成。

第10章

不要高估你的自制力，不該吃的就絕對別吃！

先樂後苦，不如不樂。
普布里烏斯．西魯斯（Publilius Syrus）

我們都知道抗拒誘惑對自己比較有利，但總忍不住多喝一杯葡萄酒、衝動購物、多看一小時的電視。

我讀高四時，每週五早上是我們為畢業舞會義賣甜甜圈的時間，我和朋友一大早會輪流去採買。拉馬爾甜甜圈店不太顯眼，位於舊的加油站內，但是那裡的甜甜圈紅遍了整個堪薩斯城。每次輪到我去採買時，我都深受甜甜圈的誘惑。坐車回學校的路上，我把好幾大盒的甜甜圈放在大腿上，我會先拿一個甜甜圈咬一口，接著吃四分之一，然後一半，最後心想……何不乾脆吃光呢？之後，又再拿一個。我把甜甜圈分成好幾段吃完，所以也沒計算我到底吃了幾個（這就是不追蹤的後果）。反正每次的流程都一樣：誘惑、屈服、承諾只吃一點，最後一發不可收拾。

面對這種誘惑，我們常聽到的告誡是：「適可而止，不要天天沉溺，也不要完全禁止，因為反作用力可能更強。」長久以來，我一直採用這種適可而止的策略，但永遠無法做到淺嘗輒止。拉馬爾甜甜圈是如此，很多其他的事物也是如此。

後來我終於學會反駁這個建議，我發現面對某些誘惑時，採取「絕不妥協」的立場比較容易抗拒到底。我一直聽到專家說，這種絕不妥協的態度勢必會產生反效果，但為什麼我這樣做反而成功了呢？

某天我碰巧讀到十八世紀散文家、也是我最愛的作家之一塞繆爾．詹森（Samuel Johnson）隨口說的一句話，偶然發現了答案。某天朋友勸他「喝點酒」，詹森回應：「我做不到淺斟酌飲，所以乾脆滴酒不沾。禁絕對我來說容易，節制反而困難。」[1]

我發現，**我就是那樣！**突然意識到我和詹森一樣時，我非常興奮，**我正是那種人**。

我跟詹森都是禁絕者：我覺得完全不碰某樣事物，比**適度**享用要容易多了。這個特質對習慣有深遠的影響。

禁絕策略：不碰就是不碰，不買就是不買

我在研究習慣時，發現有些拉扯一再出現：我們應該包容自己，還是多要求自己？應該重視現在，還是多考慮未來？應該想想自己，還是忘了自己？由於習慣的養成通常需要放棄我們想要的東西，我們因此持續面臨一個挑戰：我要如何捨棄，又不覺得自己被剝奪？說到習慣，被剝奪感是一

種有害的心理狀態，那會讓人覺得應該彌補自己，但彌補的方式往往破壞了好習慣。

我發現，**讓自己捨棄又不會產生被剝奪感的一種方法，就是完全不碰**。怪的是，當我完全不接觸某個東西時，也就不覺得自己被剝奪了。當禁絕者完全杜絕誘惑時，他們就把精力和意志力節省下來了，因為不必痛苦掙扎地做決定，也不需要發揮自制力。

「禁絕者」採行這種全有或全無的習慣時，效果最好。相反的，對「節制者」來說，適可而止更適合他們。

禁絕策略乍聽之下違反直覺，也不是放諸四海皆準、人人適用的一個策略。但是對我這種人來說，幫助很大。

身為禁絕者，我要是採用適可而止的策略，會老在心裡爭辯：我可以吃多少？這次算不算？如果昨天吃了，今天還能再吃嗎？在王爾德（Oscar Wilde）的小說《格雷的畫像》（*The Picture of Dorian Gray*）裡，有個角色說：「擺脫誘惑的唯一方法就是屈服。」[2]屈服反而讓人感到解脫，不必再煩惱該不該做或為什麼。但是，我發現完全杜絕欲望也可以一舉掃除那些雜念。只要打定主意完全不碰，也就不再受到誘惑。只要**永遠不做**，就不需要用自制力去維持那個習慣。我真希望當初我懂這個道理，就可以完全不碰拉馬爾甜甜圈了！我本來只想吃幾口解饞，實在是大錯特錯。那也是成人的祕密：有捨才有得。

一位男士告訴我，他如何運用禁絕策略來改變飲食習慣。他看起來年輕清瘦，所以當他告訴我以前他很胖時，我嚇了一跳。「我小時候還參加過減肥夏令營。」但我認識他時，他已經成功減重多年了。

「首先，我放棄乳製品。」他說。「那對我來說不難辦到，喝咖啡不加牛奶，不吃冰淇淋。接著，我不吃米飯，不吃麵包。每次我都得下定決心**永遠**不碰，但我從來不覺得不吃某樣東西很難，我下定決心不碰以後，就沒再想過了。」

一位部落格的讀者也說：「直接禁絕某個東西**一次**，比三番兩次做決定來得容易。禁絕之後，就不必再花任何心力了。」我的經驗也是如此，例如以前我會千方百計不讓家裡出現甜食，以免經不起誘惑。但現在我打定主意禁絕甜食後，即使甜點擺在面前我也無動於衷，家人也因此更快樂了。

在贖罪日吃下的東西，比任何一天都還多

當然，很多人不是禁絕者。節制者覺得偶爾放縱一下可以增加樂趣，也可以強化決心。他們一想到「永遠得不到」或「永遠不能做」，就會感到焦慮不安或想要反叛。不嚴格限制他們，效果比較好。他們甚至覺得手邊留點東西，比較不會因為渴求不到而失控。一位節制者留言：「允許自己偶爾放縱一下，我不會覺得自己錯失了什麼……但告訴自己這樣那樣不行，我反而會想要更多。」

事實上，根據我的觀察，節制者不該採用禁絕的方式。對自己太嚴苛時，反而會對誘惑念念不忘。

一位節制型的朋友告訴我：「贖罪日的齋戒，反而讓我第一天早上九點前非大吃一頓不可。平常偶爾早上不吃，我都還好，但如果必須齋戒時，我卻覺得非吃不可。」他的妻子補充：「他在贖罪日吃的東西，比平時任一天還要多。」

禁絕者和節制者對彼此特別有成見，一位節制型的營養師有一次提供我眾所熟悉的主流建議：「你完全杜絕自己的欲望是錯的，應該採行八二原則，八成的時間吃得健康，兩成的時間適度享受。」我試圖解釋我是禁絕者，但她就是不相信完全禁絕對我這種人還比較容易做到（順帶一提，我遇過的營養師都是節制者）。節制者往往會對我提出以下的反駁：「太僵化死板的原則不健康」或「學習如何自我管理比較好」。諷刺的是，以禁絕方式來維持某些習慣，反而讓我覺得沒那麼僵化，而且輕鬆很多。不過，我也有股衝動想要對節制者說：「持續取巧是不會進步的」或「為什麼不乾脆一次斷絕呢？」但是這沒有放諸四海皆準的答案，完全看人而定。

禁絕者和節制者的行為截然不同。一位節制者告訴我：「每個月我都會買幾條非常好吃的巧克力，每天下午吃一小塊。」

「你從來不會想多吃一點嗎？」

「不會，我只想吃一小塊。」他說。

我不可能一天只吃一小塊巧克力。我只要吃了一口，一整天滿腦子都是那條巧克力。事實上，我發現「你可以每天只吃一小口巧克力嗎？」這個問題，是用來區別禁絕者和節制者的好方法。節制者似乎都藏了一條巧克力，以便一次只吃一小塊（也許這可以解釋為什麼整條的巧克力要切割出格狀）。

我和一位節制型的朋友聊天後，發現另一個明顯的區別。她告訴我：「我去最愛的冰淇淋店買了聖代，雖然很好吃，但吃了幾口後，我就膩了，剩下的都給了朋友。」

「我這輩子沒遇過吃不完的冰淇淋。」我說。

對節制者來說，第一口感覺最為美好，接著滿足感會逐漸下滑，可能還沒吃完就膩了。對禁絕者來說，每一口的欲望都和第一口一樣強烈，有時甚至更強。所以他們可能吃完一份，還想吃第二份。換句話說，對禁絕者來說，只要給一點，還會想要**更多**；而對節制者來說，只要給一點，渴望就會變**小**。

身為禁絕者，我學會不屈服於「一口」理論，例如「吃一小口又不會怎樣」、「我只想嘗嘗味道而已」。哈！就像法國作家拉羅什福柯（La Rochefoucauld）所寫的：「欲望一起就把它澆熄，比起滿足尾隨而來的所有欲望要容易得多。」[3]

「只玩一下」，然後呢？博士論文多寫了一年

禁絕策略也可以套用在飲食之外的領域。一旦發現節制難以落實時，可以乾脆完全杜絕，一勞

永逸。例如，許多人以禁絕策略來控制科技的使用，一位朋友很愛玩拼字遊戲 Ruzzle，她習慣睡前在手機上玩這個遊戲。

「我非戒掉不可。」她告訴我，「下班扣掉照顧孩子的時間，我只剩睡前可以看書，但我卻拿那個時間來玩遊戲，我已經玩上癮了。我熱愛閱讀，度假時我還帶了四本書，我心想，除非我戒了 Ruzzle，否則永遠也沒時間看那些書。」

「你以後還會再玩嗎？」

「不會，我把那個 app 刪除了。」

「你不能只限制自己玩二十分鐘就好嗎？或是每週只玩幾次？」

「不可能。」

一位男士遺憾地告訴我：「我真希望當初讀研究所時可以戒除電玩，我非常確定電玩導致我的博士論文多寫了一年。每次我都告訴自己『只玩一下』，但開了頭就沒完沒了了。」

一位部落格的讀者留言：「我和老公以前還是窮學生時住在羅馬，對金錢錙銖必較。西班牙階梯（Spanish Steps）附近有一條時尚精品街，我對逛街向來沒有興趣，我知道我買不起，所以我喜歡到處閒逛，欣賞美景。不會有人問我要不要買，我也不必做決定，我逼自己成為禁絕者。」

有些禁絕者像我一樣，對自己想要抗拒的東西嚴格杜絕。有些禁絕者不是那麼強硬，我爸就是如此，他是**大多時候**禁絕。他採用低醣飲食幾個月後，我問他：「你有時還是會吃甜點，葡萄酒和威士忌也照喝不誤，你不會擔心自己逐漸失去健康的飲食習慣嗎？」我知道我沒有辦法像他那樣。「不會啊，我知道我可以永遠維持這種飲食方式。」他這樣回我好幾次了。「我會給自己破例幾次，每次我吃了非低醣的東西，下一餐就會回到低醣飲食，一點都不難。」了解自己可以幫我們選用適合自己的方法，這也表示，你可以不去理會那些認定自己的方法才正確的人。

有人可能既是禁絕者，也是節制者，看情況而定。一位朋友坦言：「起司通心麵是我的死穴，只要吃一口，我就非吃完不口。但是換成洋芋片，我只要吃幾片就會自動喊停了。」另一位朋友說：「我只能在不喝葡萄酒和喝三杯葡萄酒之間二選一，不能只喝一兩杯。但我可以只吃半片蛋糕，我太太就做不到。」

只喝最貴的紅酒，只穿淡色的衣服

禁絕者和節制者有時會使用「消費勢利心態」來避免被剝奪感。一位朋友買葡萄酒時，總是在他買得起的範圍內挑最貴的。「要是買便宜貨，我會卯起來狂喝。」他說：「要是很貴，我會慢慢喝，好好品嘗每一口，不會一瓶接一瓶地開。」另一位朋友說：「以前我買書毫無節制，家裡的書堆積如山，但我又不想放棄買書的樂趣。現在我只買初版，依然可以享受買書的樂趣，但數量少了很多。」

此外，禁絕者和節制者在有期限的禁絕或節制期間，也有某種類似「齋戒的樂趣」。就像作家繆麗兒・絲帕克（Muriel Spark）所說的：「犧牲享樂本身也是一種樂趣。」[4]有時我們會為了齋戒、淨化、抽離科技、沉潛或宗教儀式，而欣然選擇暫時放棄某些東西。當禁絕與某種超然的價值觀相連時，例如遵守安息日、只吃符合猶太教規定的食品，或是只買本地貨以支持獨立商家，這種具有意義的禁絕，有時會讓人更欣然接受，或是至少能撐久一點。

齋戒樂趣是一種自制力的練習，可以給人成就感：我們為自己設定某個期望，並達成那個期望。此外，暫時放棄某物也可以重新喚醒我們對該物的喜愛。一位在時尚界工作的朋友偶爾會做「顏色淨化」，要求自己一週內只穿淡色系的衣服。暫時放棄鮮豔的色彩、咖啡或信用卡，使我們更能體會它們的重要。另外，暫時放棄某些事物也可以幫我們了解，永遠剔除某些習慣有可能讓我們更快樂。

不讓自己沉迷，欲望就會減少

伊麗莎白採行低醣飲食一陣子後，我剛好去洛杉磯出差，借住她家，有機會當面了解她的狀況。第一天早上我們一起喝咖啡時，我問她最近的飲食習慣。

她嘆了口氣說：「不太順利，你一點都不介意放棄那些高醣食物，但我喜歡飲食多元一點。我喜歡偶爾吃點比薩或義大利麵。」令我驚訝的是，她又補充說道：「但你猜我發現了什麼？我竟然是個禁絕者，薯條是我的死穴，但我後來再也沒碰了。」

「**你是禁絕者？**」我很訝異。我剛想出「禁絕者和節制者」的概念時，一直把伊麗莎白視為典型的節制者。

「沒錯，我發現完全放棄某些東西比較容易。我對有些東西就是無法適可而止，完全禁絕還更容易些。」

「但是你對於這種永遠的禁令有什麼感覺？」告訴自己「不行」、「停止」或「絕不」，對我來說不是難事。但伊麗莎白的個性很討厭受到限制，她比較適合正面迎擊。

她告訴我：「我無法給自己設下負面的限制，我必須從正面迎戰。所以我告訴自己：『現在我已經對薯條免疫了。』」

「『對薯條免疫了。』沒錯！就是那樣！」我說：「對決定免疫了！對內疚免疫了！對麵包籃和糖果盒免疫了！」

自從那次對話後，我發現很多人其實是禁絕者而不自覺。禁絕聽起來很嚴苛，毫無彈性，所以很多人即使採取節制策略從未成功過，也仍以為自己是節制者。他們直覺認為禁絕策略比較困難，但事實正好相反。

一些研究，以及我個人的經驗都顯示，我們越不讓自己沉迷於某種事物時，渴望會跟著減少[5]。

當我們知道渴望無法滿足時，它可能就會逐漸消失。渴望會冒出頭，主要是因為我們覺得它可能會獲得滿足，而不是被否定。威廉·詹姆斯指出：「從不餵養渴望，它餓死的速度之快令人驚訝。」[6] 有項研究的對象是抽菸的空服員，研究人員比較他們在短程航班（三至五·五小時）與長程航班（八至十三小時）的菸癮[7]。結果顯示，不論航程長或短，在飛機即將降落時，菸癮會增強。換句話說，禁絕的時間長短無法預測菸癮；知道航程何時結束以及香菸即將到手，比較能夠預測菸癮。

對我來說，某些難度較高的習慣，在採用禁絕策略以後，確實比較容易養成。禁絕二字**聽起來**很難，但實際做起來反而比較簡單。就像所有培養習慣的策略，這也不是一個放諸四海皆準的工具。不同的解決方案，適合不同的人。

此外，我越是對習慣研究得更深入，越是相信習慣的養成必須多管齊下，亦即同時採用多種策略來對付單一行為。以我為例，霹靂策略讓我開始想要戒除碳水化合物，禁絕策略讓我更容易只吃低醣食物，而追蹤策略可以幫我追蹤飲食內容。改變習慣可能很簡單，但不容易做，使用越多的工具，效果越好。

第11章

為好習慣製造「方便」的好環境

有個普遍的迷思，認為一個人只需管好內在，只需對自己的問題負責，只要改變自己，就能讓自己變好。但事實上，一個人深受周遭環境的影響，他自身的和諧狀態，完全取決於他與周遭環境是否和諧。

克里斯托佛・亞歷山大《建築的永恆之道》

（Christopher Alexander, *The Timeless Way of Building*）

大家經常會問我：「關於習慣，最讓你驚訝的是什麼？」

在習慣養成的過程中，付諸行動所需要的努力、時間或決心，都有很大的影響，但讓人意外的是，促使我們更有可能去做某件事的，是**方便性**，而且它的影響不容小覷。

因此，對於想要養成的習慣，我們應該特別注意相關活動的方便性。例如，在大門邊擺個廢紙簍，可以讓郵件篩選變得更容易進行，自從那樣做以後，我就不再拖延這件瑣事了。再比如說，許多人都認為，現在有臉書、Skype、FaceTime、群聊等工具之後，要和住在遠方的親人保持緊密的聯繫更加容易了。

伊麗莎白決定採用方便策略來因應飲食習慣。她從布達佩斯拍片回來以後，血糖值就一直處於過高的狀態，而低醣飲食策略對她又行不通，醫生告訴她要迅速採取行動。於是，她像許多有飲食及烹飪問題的人一樣，決定參加飲食計畫，由專人提供料理好的食物。

寄件人：伊麗莎白

我現在加入了珍妮克萊格（Jenny Craig）飲食計畫*，亞當也跟我一起。所以我（暫時）要放棄低醣飲食了，感覺有點難過。去了趟匈牙利讓我的血糖飆升，我需要盡快控制住血糖。所以我決定先這樣做，日後再恢復低醣飲食（扼腕）。

我稍微研究了一下，發現伊麗莎白加入的飲食計畫看起來很適合她，雖然不是低醣飲食，但可能已經比一般的飲食要低醣了，尤其還會同時控制食量。此外，我也看過一份研究顯示，節食者加入供餐的計畫，效果最好。超級方便，這個特色正是伊麗莎白需要的，不僅是因為她需要迅速控制住血糖，也因為她最近開始擔任新節目的製作人，比平常更忙碌，壓力更大。

她擔任製作人的第一天，我打電話給她，以了解她的狀況。她告訴我：「為了慶祝節目開播，電視台幫我們從洛杉磯最棒的比薩店訂了比薩，剛好今天又有兩個人生日，所以棚內還有杯子蛋糕。」

「那你吃了什麼？」

「我什麼都**沒吃**，堅守那個飲食計畫，特別是在辦公室的時候。」

「所以這招有效耶，你覺得是為什麼？」

「因為方便啊。」她很肯定的說。

伊麗莎白善用方便策略，大幅改變了她的飲食習慣。反之，小小改變一下便利性，也足以影響飲食。例如用夾子取食而不是用勺子時，取用的食物會比較少。在自助餐廳，如果冰淇淋櫃的蓋子是開著的，有三〇％的用餐者會加購冰淇淋；但如果顧客得自己掀開蓋子，加購的比率會降到一四％，即便蓋子是透明的可以看到冰淇淋也一樣[1]。

承認吧，我們都是貪圖方便的人

方便性會影響我們做的每件事。花錢很方便時，我們就不太節制，所以商人經常別出新裁，想出讓大家更方便花錢的方法。例如，在結帳櫃檯擺一堆容易讓人衝動購買的東西；提供方便的分期付款方法；網站上儲存資料，方便顧客一鍵結帳。旅館往往會在房間的迷你吧台擺放超貴的食品，現在有些旅館還刻意把這些東西擺在桌上，讓你一眼就看到，隨手就能打開一包四美元的花生巧克力來享用。

＊編按，Jenny Craig 是知名的瘦身減重品牌，提供冷凍或耐儲存食品來幫助客戶管理飲食分量和控制熱量攝取。

不過，我們也可以運用方便策略來幫我們省錢。一位讀者留言（他喜歡「小步驟」）：「我十五歲時，開始把硬幣丟進玻璃罐裡。存滿時，我就拿去銀行存入帳戶。這個習慣維持至今，始終沒停過，連那個玻璃罐也沒換過，所以每年會多出三百到四百美元的度假基金。」

我們也可以運用方便策略來拓展及強化人際關係。平日在職場、學校或社區裡常見到面的對象，比較有可能變成朋友，所謂的「重複曝光效應」就是指多接觸會讓人們更喜歡彼此。「關係方便性」是我之所以喜歡加入團體的原因，經常見面是培養人際關係的一條便捷之路。

把「方便性」套用在交友方面，或許聽起來很奇怪，但是參加社團確實更容易接觸他人。只要接觸的頻率一高，大家自然能變得親近。萬一我因故錯過了某次聚會，不用另外約時間，下次團體聚會還是能見到大家，不用想辦法恢復聯繫。此外，加入團體也讓我有機會認識陌生人，自然地拓展人際關係。成年人要認識新朋友並不容易，主動說：「改天一起喝個咖啡吧？」可能感覺很尷尬，而同屬一個團體會讓交友變得更容易。

此外，方便性也對規律運動影響很大。常見的運動阻礙包括：

出門前還要打包運動器材很麻煩。

開車去運動，找停車位很麻煩。

運動占用太多的時間。

熱門的運動課程一位難求，或使用熱門的運動器材還要排隊。

不會使用運動器材，或不會某種運動。

老是丟三忘四。

運動完後還要淋浴很麻煩。

如果我們告訴自己：「喔，我沒辦法運動，太麻煩了。」就無法好好思考更方便的方式。找出你覺得不方便的原因，有助於思考解決之道。

當然，要讓運動變得更方便好養成習慣，就必須針對問題對症下藥才行。有人可能會發現問題不是出在健身房，而是去健身房的過程。或者，問題可能不是運動本身，而是在健身房裡覺得很不自在。一位讀者寫道：「我加入的健身房有很多分店，但我還是覺得很不方便。後來我發現，有時我想從家裡、公司或女友家前往健身房時，身邊卻沒有健身裝備。所以我買了好幾套裝備，包括體香劑、運動鞋、一整打便宜的襪子，每個地方各擺一套。現在我沒有了偷懶的藉口。」（顯然他不是少買族。）

買居家運動器材是讓運動更方便的熱門方法，所以我也曾經考慮過。我妹妹和公婆家都有跑步機，但是我們住在紐約市的公寓裡，沒地方擺機器，而且詹米也反對買一台，他認為：「去健身房充分運動，比買台機器放在家裡好。」

無論如何，**買**機器也不等於**用**機器。《消費者報告》（*Consumer Reports*）指出，三〇％以上買過居家運動器材的人坦言[2]，他們使用器材的頻率不如預期。一位讀者留言：「我心知肚明，我要是有心運動的話，只要走到門外就行了。但我還是想辦法說服自己，買高檔的跑步鞋以及運動書籍會讓我**真的**去運動。」

對上健身房的人來說，付款方案可能會影響他們對運動便利性的感覺。當一個訓練感覺起來是免費時（即使實際上並不是），就顯得比較方便。由於加入健身房的人有七成左右其實很少去[3]，選擇按次計費會比支付月費便宜。不過，月費制雖然不划算，但有心理效果。按次計費的單次價格較高，感覺較不方便；預付月費則會讓每次上健身房，都感覺像是免費的一樣。

寫 email 千萬別囉嗦，講重點就好！

為了善用方便策略，我想了其他方法來改善我的習慣。例如，我想把方便策略套用在寫電子郵件的習慣上。我讀過一份報導指出，上班族花在電子郵件上的時間，高達上班時間的二八％[4]，我覺得我花的時間肯定更多。以前我習慣把電子郵件寫得跟傳統信件一樣，既不隨性也不簡潔，為了讓電郵習慣更方便，我決定省略開頭的問候語和結尾的客套話。例如，我原本的電子郵件格式可能長這樣：

嗨彼得：

謝謝你寄給我的連結，我現在就去讀那篇文章。

祝　好

葛瑞琴上

我現在改成這樣：

謝啦！我馬上去讀那篇文章。

第一版比較正式有禮，但第二版傳達同樣的語氣和資訊，寫起來也**快多了**。

我花了很多心力才改變回信的習慣，有時想把事情變得容易還真不簡單，我得逼自己省略「嗨」，並且不寫結語就按出「寄送」鈕，久而久之我就習慣了。

不過，在我剛開始這個便捷的電郵習慣時，曾經以這種方式回了一位讀者來信，結果收到讀者尖刻的回信：「我覺得你回信時不先寫『嗨，麗莎』，信尾也不寫任何問候語，或不寫『萬一有更多的問題，我會再寫信請教』，實在很有趣。恕我直言，我只是很好奇，你這樣寫是因為你真的很忙（可以理解），還是這就是你的風格？我讀了你的書以後，原本以為你是個非常和善／快樂、親和力十足的人呢。」

天啊，她雖然寫得很客氣，但顯然她的意思是說：「你的回信不太友善。」我看完嚇了一跳。我應該恢復比較繁複的書寫禮儀嗎？但後來我決定，不要。如果我的回信讓她覺得不太友善，我很抱歉，但我想盡量回應所有的讀者，所以我需要把回信變得越方便越好，我的習慣應該要反映我的價值觀。於是，我很客氣地回信向她解釋，一樣省略了開頭與結尾。

我尋找其他可以變得更方便的地方。通常，聰明的購買可以讓一個習慣變得更方便。所以為了掌控我吃杏仁果的習慣，我買了一大袋的杏仁果，裡面已經分裝成四十八小袋的一盎司包裝。額外的包裝似乎很浪費，我婆婆也笑我為什麼不自己分裝，但我覺得花錢換取方便很值得。

同理，我也需要改善手機充電的習慣。為了讓充電變得更方便，我多買了一套充電器。現在我可以在家裡的兩個地方充電，這個小改變竟然大幅改善了我的日常生活。一位讀者留言：「天黑後要我出門散步很難，問題是我只有天黑後才有時間運動。我爸住在照明充足的地區，我和我爸一起住了幾週以後，發現自己真的很喜歡晚間散步的感覺，所以決定『找出問題，對症下藥』。然後，我發現是因為我家附近的街道照明不好，晚上散步的能見度不高，不太安全，所以我買了LED反光背心，問題就解決了。」

不過，對我這種少買族來說，為了方便而買更多東西可能很難。我必須說服自己，為了讓習慣更方便，花錢是明智之舉。多年來，我一直提不起勁在健身房租個儲物櫃，因為我家離健身房才六個街區。但是背著一袋東西跑來跑去確實不太方便，所以我沒那麼常去健身房，最後我終於想通了：「運動是優先要務，租個儲物櫃又不貴，我會經常使用，也可以讓生活變得更方便，這是值得投資的。」一位讀者說，她本來以為自己討厭烹飪，後來才發現是因為她討厭買菜。現在她多花一點錢上網買菜，方便性讓她願意親自下廚了。

「容易做對，很難犯錯」的小技巧

當我繼續探索如何把方便策略套用在習慣上時，發現有很多人和機構都掌握到了一個事實：做起來愉悅、舒適更易養成習慣。這可能是一種錯覺，但是當活動中包含了有趣、成就感或美觀等元素時，似乎真的更容易進行，也更方便去做。

每個人都知道爬樓梯比搭電梯或手扶梯健康，但多數人還是懶得爬樓梯。不過，當瑞典地鐵站把樓梯變成會發出聲音的鋼琴鍵盤時[5]，走音樂樓梯的人就多了六六%。阿姆斯特丹的史基浦機場（Schiphol Airport）在小便斗裡加裝蒼蠅圖標[6]，讓男士們在上廁所時可以瞄準它，外漏率竟然降了八〇%。把設備和 app 設計「遊戲化」，也能夠幫大家改善習慣。為了好玩而做某件事，幾次下來雖然不見得能養成習慣，但至少是個不錯的開始。

同理，一個迷人的工作環境可以紓解工作壓力，而製作精良的工具可讓工作變得更有樂趣，也有助於強化習慣。身為少買族又不愛逛街的我通常能省則省，但是好用的工具和愉悅的工作環境確實值得投入時間、心力和金錢。

我把票券、邀請函、活動資訊、學校通知單都塞在一個破舊、爆滿的檔案夾裡，上面標著「近期活動」的標籤。為了讓生活更簡便，我決定做十二個月份的檔案夾。我的直覺反應是，在家裡翻出十二個舊檔案夾來使用，但我又想到：「不行，新的檔案夾用起來比較愉快，會讓歸檔習慣更容易維持下去。」我雖然討厭逛街，但我很愛買文具，我開心地走了一趟文具店後，請艾麗諾幫我為檔案夾做標籤。每次在新檔案夾上看到她七歲的手寫字體，我就很開心，這讓我更容易維持這個經常歸檔的習慣。

愉悅的活動比較容易變成習慣，所以即使我的紅髮讓我看起來太蒼白，我還是沒有養成擦防曬乳的習慣，因為我討厭防曬乳的黏膩感。多年來，我努力想養成經常使用牙線的習慣（這很重要，因為牙醫告訴我，我的牙齒特別容易堆積牙菌斑，天曉得是什麼原因），後來牙醫告訴我：「有些人覺得用牙縫刷比牙線容易，我送你幾支牙縫刷試試看。」這個改變對我產生了很大的影響，我不太喜歡使用牙線的感覺，但使用牙縫刷剔牙感覺特別爽快，而這也讓潔牙習慣變得更方便了，所以我更樂於那樣做。

在我設法要使習慣變得更方便愉悅時，發現我應該先考慮的，是那些習慣是否有必要維持下去。我們很容易就浪費時間做一些沒必要的事，其實有些習慣根本可以直接淘汰，**不做**最方便省事了。

這又是一條成人的祕密：**最浪費時間的事，就是把不必做的事做得很好**。一位主婦抱怨，家人都不肯把髒衣服翻到正面，再丟進洗衣籃，無論她怎麼提醒，就是沒人理她。後來她發現，她可以改變**自己**的習慣，現在她直接把家人的髒衣服丟進洗衣機，洗完後直接摺疊好，不去管衣服的正反面。

我決定讓繳帳單也變得更便利。我的郵件處理習慣維持得很好：直接把垃圾郵件丟掉，把重要郵件收進「特殊抽屜」，裡面擺了我需要的一切東西，包括郵票、支票本、地址印章，等到週日晚上，再一併處理。不過，我還是想改善這個習慣，我可以把帳單改成自動扣繳，就不必再費心處理帳單了。

接下來幾個月，我在繳帳單時，逐漸把多數帳戶改為自動扣繳。要把事情變得更容易之前，通常要先花點工夫，但最後這種「不作為」的習慣就不再需要花時間了。

一位朋友描述他如何設置隱藏版的習慣：「我們還沒存夠大學學費，為此擔心了好幾年。後來我開了一個自動存款帳戶，直接從薪水扣款。現在我不必多想，就有存款習慣了。」

這是成人的祕密：讓事情很容易做對，很難做錯。

你是習慣的主人，還是奴隸？

某天我在廚房裡，瞥見詹米從冰箱拿出一盒吃剩的東西，裡面不知道裝著什麼。那個熟悉的動作讓我想到，我們把食物裝在容易打開的容器時，比較可能會去吃剩菜。

我嘆了口氣，發現思考方便策略的運用以及習慣的養成，已經占用我太多的腦容量。尤其我又是個自律者，必須隨時提醒自己，我應該當習慣的主人，而不是奴隸。即使是思考習慣的運用，我也不該讓它反客為主。

我看著詹米，他已經走到我身邊，從櫥櫃裡拿出一個碗。這其實是再普通不過的一刻了，但我不知怎的，突然注意到他的存在和我們的婚姻。我們幾乎有一半的人生歲月是一起度過的，對我來說，沒有人比他更親近，他就站在我旁邊，但突然間，他感覺好像很遙遠。他抬起頭，似乎參透了我在想什麼，不發一語，但露出微笑，拉起我的手。

我不希望習慣麻痺了我，讓我感受不到詹米的存在，不想把他視為理所當然，不想漫不經心地聽他說話，也不想對他視而不見。我希望習慣能幫我騰出更多的心力來關注他，以及對我很重要的其他一切。

| 第12章 |

把手機放到更遠的地方，讓壞習慣「很不方便」

事實上，習慣就像個暴厲、奸詐的女校長，
她悄悄地在我們的內心裡一點一點建立權威，一開始溫和又謙卑，
但久而久之，她便露出殘暴的真面目，我們眼睜睜地失去了自由。
蒙田〈論習慣，以及改變常規之不易〉
（Of Custom, and Not Easily Changing an Accepted Law）

我可以藉由增加習慣的方便性，來強化**好**習慣，當然也可以把習慣變得**更不便**，藉此戒除**壞**習慣。我不需要花太多時間去探索不便策略，因為它正好和方便策略相反，但是這個策略太重要了，應該要有自己的名稱。

有時候，我必須用盡氣力去做的事，效果越好。如果我不想再按「賴床鈕」，我會把鬧鐘放到房間的另一頭（下文會提到）。一位朋友挑選度假村的理由是，只有度假村的商務中心可以上網。另一位朋友告訴我，他有兩台電腦：「一台工作用，一台非工作用，所以如果我想打混，就必須離開座位走到另一台電腦。自從這樣區分以後，我浪費的時間就沒那麼多了。」這也是「便利食品」的弔詭之處，這些有礙健康的東西，理應弄成更**不便利**才對。誠如作家麥可・波倫（Michael Pollan）所言：「只要你肯親自烹飪，要吃多少垃圾食物都行。」[1]

右撇子用左手吃飯、冰淇淋凍成石頭、巧克力放保險箱……

了解惡習的關鍵是什麼[2]？**衝動**。衝動的人難以延遲享樂，不太考慮長期的後果。他們很難事先規畫，開始做某件事以後，又難以堅持到底。此外，衝動者對完成任務感到焦慮時，常會迴避或拖延，以便讓自己覺得好過一些。話說回來，有些人天生就是比較衝動，至於我們多數人，偶爾會想要屈服於即時享樂的誘惑，也因此破壞了好習慣。

一件事情越是難執行，就越不可能衝動行事，所以不便性可以幫我們堅持好習慣。以下是讓活動更不便的六種明顯方法：

- 增加執行活動時需要動用的體力或腦力（例如，把手機放在另一個房間，或禁止在室內或建築物附近抽菸）。
- 眼不見心不動（例如，把電動放在高架上）。
- 拖延（例如，上午十一點以後才能查看電子郵件）。
- 一心不能二用（例如，為了避免吃零食而去玩填字遊戲）。
- 提高成本（一項研究顯示，無法抗拒抽菸的人樂見菸酒稅增加[3]；自從倫敦市政府徵收市區塞車費以後，改變了許多人的開車習慣，路上車輛變少了，公共運輸的使用率增加了。）

・完全隔離（例如，把電視機送人）。

此外，花錢不方便時，衝動購買會減少。一位朋友控制衝動購買的方式，是從來不帶信用卡出門，所以他只能用身上的現金消費。一位讀者留言：「多年來，我的薪資是直接匯入儲蓄帳戶，我自己再把要用的錢轉入活儲。由於轉帳時間常有延遲，我必須事先規畫，在把錢轉入活儲之前，先延遲購買或是不買。我覺得我能存得了錢，都是拜這套系統所賜。」

很多人想改變購物習慣、減少消費，一種有效的策略是讓購物變得極其不便[4]。例如，不推購物車或不拿購物籃。只給自己有限的購物時間，因為購物時間越少，花得越少。對女人來說，找個男伴一起購物可以壓抑消費（女性找男性一起購物，會比自己購物、找其他女人一起購物或帶著小孩購物時消費更少）。不要碰或試吃商品，那會刺激想買的欲望；取消一鍵下單的設定；刪除網路書籤；每次造訪購物網站後，就立即登出帳號；以「訪客」身分使用網站，這樣每次使用都必須重新填資料。小小的障礙就有大不同，刪除網路書籤比壓抑購物衝動要容易得多。我們要改變的，應該是環境而不是自己。

不過，一如既往，每個人適用的方法各有不同。對許多人來說，網路購物是問題，但有位讀者留言：「我通常只上網購物，這樣我就不會衝動購買了，因為我有更多的時間思考及搜尋。」（我看到這段留言時，當下猜測這位讀者可能是質疑者。）

上網太容易太便利了，而且以後上網購物只會越來越方便，所以想抗拒網路購物或避免上網亂逛浪費時間的人，可以使用 Freedom、SelfControl 之類的應用程式。這種程式讓用戶在預設的時間之內，很難或無法讀取電子郵件，或是屏蔽指定的網站。一位讀者解釋為什麼這種方法有用：「其實我只想屏蔽一個網站：《每日郵報》的名人八卦版。我每天只要動用一次意志力啟動封鎖，之後就不必再掙扎著做選擇了。」

決策的不便性會讓我們懶得去行動，因此雇主可以運用不便策略來鼓勵員工培養良好的理財習慣[5]。例如，雇主可以把退休金帳戶預設成鼓勵儲蓄的選項，促進員工主動參與。員工有權更改預設選項，但多數人不會特意去改，這表示他們在不知不覺中獲得了儲蓄的隱藏版習慣。

在飲食方面，也有許多人想出各種巧妙的方法來運用不便性。例如，右撇子用左手吃飯；在家吃飯時用筷子，而不是叉子或湯匙；把冰箱的冷凍庫溫度調得很低，讓冰淇淋硬得跟石頭一樣，要費很大的力氣才能挖出幾勺；不把菜端到餐桌上，而是放在廚房裡，想要多吃就必須起身去拿。還有人說「我太太堅持家裡一定要有餅乾，所以我把餅乾放在袋子綁起來，很難解開」、「我家裡不放葡萄酒，不然一整瓶很快就會見底，我只買威士忌，一口一口慢慢啜飲」。許多大學餐廳淘汰了大餐盤，讓學生無法輕易盛裝大量食物，想要多吃就得多跑幾趟取食。研究發現，淘汰餐盤後，廚餘少了二五％到三〇％，我猜學生的食量也變少了[6]。

以下要說一個極端的例子。三名持槍男子闖入社交名媛安妮．巴斯（Anne Bass）的住家[7]，脅迫她打開保險箱。他們發現保險箱裡只有幾百美元、一些珠寶以及巧克力。她向疑惑不解的搶匪解釋，她把巧克力放在保險箱裡，是為了避免自己太快吃完。由此可見，她使用的正是不便策略。

當然，有時我們不會讓某個習慣變得很不方便，因為我們壓根不想改變。一位朋友說：「我有個壞習慣，開車時會忍不住想要查看手機，我把手機放在駕駛座旁邊，聽到它發出聲響，就忍不住要查看。我該如何增強自制力，讓我不再邊開車邊查手機呢？我要如何增強安全意識？」

我說：「別管自制力和安全意識了，你可以把手機設成靜音，或是把手機放在後座的地板。這樣你就不知道它響了，反正你伸手也拿不到。」

「喔！」他露出失望的表情，我才發現他其實不想戒除查看手機的習慣。

不要以自己的標準評斷別人

我一直在尋找方法讓生活某些方面變得比較不方便，好讓我能維持好習慣。後來我突然意識到這些努力有點索然無味。

我打電話給伊麗莎白，問她：「你會不會覺得我很掃興？我是不是變成一個毫無幽默感的習慣機器？」

她大笑，停頓了一下才說：「你是，也不是。其實我對你想的東西很感興趣，所以我很喜歡聽你談習慣。」

「但是……？」

「但是沒錯，你有時候確實有點嚴肅。」

「比方說什麼時候？」

「我通常都覺得很有趣，但我記得有一次我們回娘家，一起到文斯蒂德餐廳吃飯，你不讓艾麗諾吃薯條。漢堡配薯條，可是道地的美式餐點啊！不過呢……」她又補充：「艾麗諾確實也不在意就是了。」我大笑，薯條！伊麗莎白最在乎的就是薯條了！我們兩個實在很容易被看穿。

「但你忘了，」我反駁：「我告訴艾麗諾，她可以在薯條或巧克力奶昔之間**二選一**。」巧克力奶昔是那家餐廳的招牌甜點，「結果她選了奶昔。如果同時又點薯條，未免也吃太多了吧？」

「好吧，總之，有時候你似乎有點，呃，愛批判。」

「你覺得我愛批判？」伊麗莎白有個優點，即使她有明確的意見及高標的行為標準，但她對別人從不批判。

「其實我覺得你投入這項研究以後，似乎沒那麼愛批判了，比較能夠理解大家和你不太一樣。」

「我以前覺得我很一般，跟大家都一樣。但現在我發現我其實滿極端的，我不能以我的標準來評斷別人。」

「那就對了。」

｜第13章｜

承認自己有欲望，魔鬼隨時來敲門

心存信念，且眼前毫無誘惑時，我們會覺得理性的人不太可能背離他真正的利益。什麼該做，雖然還只是臆測，卻如此簡單明確，毋庸置疑。整個靈魂服膺於真理的引領，早已下定決心要去做。但等到行動時機來到，卻終將一事無成。

塞繆爾．詹森《懶散者》（*The Idler*），第二十七期

習慣有個矛盾之處——它異常頑強，卻也出奇的脆弱。

正因如此，即使培養習慣對我來說很容易，我還是得運用防範策略來保護自己的好習慣。我不去**抗拒**誘惑，而是試著**預期**及**極小化**外在和內心的誘惑，並為失敗做好準備。我有運動的習慣，已經持續多年了，只要幾天沒運動，就感到渾身不對勁，但我始終覺得這個習慣也有可能不保。壞習慣有讓人向下沉淪的力量，所以我們需要積極地保護好習慣，而且即便是**熱愛的**好習慣也不能掉以輕心。

防範策略是用來避免一次破功，擴大成全軍潰敗的結局。

希臘英雄奧德修斯（Odysseus）的故事，最常被用來說明防患未然的重要性[1]。女巫賽西曾經警告他，他們一行人航行到海妖的島嶼附近時，會聽到優美的歌聲，引誘水手把船駛向暗礁而導致沉船。奧德

修斯聽進了賽西的建議，用蠟封住水手的耳朵，並要求他們把自己綁在桅杆上，以免他抵抗不了歌聲的誘惑。我們必須同時扮演賽西和奧德修斯的角色，提醒自己注意誘惑和挑戰，並建立防範機制來保護好自己。

計畫毫無價值，但做計畫卻至關重要

我們的周遭本來就充滿了各種誘惑。一項研究估計，人在清醒時有四分之一的時間都在不斷抗拒各種欲望[2]，最常見的欲望是吃東西、睡覺、偷懶，以及性欲。

想要戰勝誘惑，必須先找出誘惑。天主教裡提到一個實用的概念：「近乎犯罪的機會」，亦即可能誘使我們犯錯的人事物或其他的外在情況。只要我們找出這些近乎犯罪的機會，就能採取行動，加以迴避。所以，防範策略的第一步是消除那些會造成誘惑的提示。先找出哪些人事物誘使我們破功，就可以找出迴避它的方法。

最簡單的做法是把那些會催促我們破戒的誘惑藏起來，例如 iPad、酒瓶、成疊的服飾型錄等等。**眼不見為淨**，這招很管用。

有時我們可以完全避開這一類的提示。就拿伊萊莎來說，她瞞著我養成了放學回家順路去買糖果的習慣，直到她後來告訴我想戒掉這個習慣時我才知道。我們詳細討論了她的狀況以後，她提出一個明顯的防範對策：「我以後不走萊辛頓大道回家就好了。」沿著萊辛頓大道，每個街區都有好幾個買糖果的機會。「我只要不經過糖果店，就不會買糖果了。」

不幸的是，我們的周遭到處潛藏著提示，而且通常是我們無法掌控或避開的。那些提示可能是地點、心情、某個時刻、轉變、別人，或某種行為模式。就連飛快掠過的影像、聲音或味道都可能觸發誘惑。

一項研究顯示，拿到不透明包裝三明治的人，吃得比拿到透明包裝的人少[3]。不時穿插廣告的電視節目，對容易受到垃圾食物誘惑的人有害；反之，嚴禁香菸廣告對想戒菸的人有幫助。旅館業專家雅各・湯姆斯基（Jacob Tomsky）指出，到旅館登記住房時，有些有嚴重酒癮的人會要求旅館先把房間的迷你吧台清空[4]。清除提示就能在誘惑出現以前先斬草除根，使誘惑無機可乘。誠如法國哲學家蒙田所述：「一切事物剛萌發時都很脆弱，我們必須在一開始就密切注意。這時你還看不出危險，因為它們還小，但是放任它們坐大以後，就找不到解方了。」[5]

我們不可能把周遭的提示都抹除掉，所以需要額外的防範措施。下一步是很有效的習慣養成工具，那就是訂定詳細的行動計畫來維持好習慣，其中也包括研究人員彼得・戈維哲（Peter Gollwitzer）所謂的「執行意圖」（implementation intention）[6]，也稱為「行動觸發」（action trigger）或「若則」（if-then）設定，亦即「若……發生了，我就……」。

有了「若則」設定，就可以為每個可能破壞習慣的挑戰先設計因應對策。這樣一來，當挑戰出現時，就不必做選擇了，因為我們早就決定好要如何因應了。

提前在冷靜、超然的心態下，解決矛盾心態和猶豫不決，就是一種防範措施。因為這表示真正面臨挑戰時，我們可以迅速行動，不必天人交戰許久。使用「若則」設定的人比較有可能維持好習慣[7]，雖然我們無法全然預測到各種可能出現的情境，但先有心理準備依然有很大的幫助。誠如艾森豪所說的：「計畫毫無價值，但做計畫卻至關重要。」[8]

我陸陸續續列出了幾條「若則」：

- 如果想寫長篇文章，我就要去圖書館，那裡無法上網。
- 如果有人請我喝酒，我會婉拒。（幾乎總是如此）
- 如果要寫作，我就不會回覆電子郵件。
- 如果有人邀我共進晚餐，我會先吃點心墊肚子，以免餓過頭。
- 如果寫作時需要查資料，我會在文中標註「查詢」，提醒我稍後處理，避免因馬上搜尋而導致分心。

「若則」的設定是防範策略中最重要的工具之一，因為它幫我們以考慮周詳的方案來因應高風險的狀況。無論是度假、旅行、家有新生兒、換工作、搬家、參加節日派對或任何情況，我們都已經準備好了。提前花心力做好「若則」的設定，需要派上用場時就會輕鬆許多。

不過，「若則」的設定確實傷神，也需要有未雨綢繆的心態。這種練習對自律者來說應該最容易，因為他們本來就喜歡制定及遵守規則。如果能讓質疑者相信這種方法有效，他們也會欣然接受這種做法。至於盡責者在缺乏外在問責的情況下，可能會覺得很難堅守「若則」的設定（比如說，如果無法去上課，我就必須寫電郵向老師解釋原因）。最後是叛逆者，他們不喜歡約束自己，所以也不用指望他們會做「若則」的設定。

我狂吃，因為我不快樂；我不快樂，因為我狂吃

防範策略除了可以幫我們維持好習慣以外，也可以在我們想偷懶時有效因應破功的狀況。俗話說得好：「小懲大誡」、「吃一塹長一智」。我總是提醒自己，小小破功不算完全失敗，事實上，小破功可能有益，因為它讓我知道我該把心力集中在哪裡，才能做得更好。在習慣養成的階段為破功預先做好準備，看來像是允許自己破功一樣，但其實不然，這是保護習慣的一個方式。

萬一真的破功，也不要苛責自己。有些人以為強烈的罪咎感或羞愧感可以幫人維持好習慣，但其實**正好相反**。面對挫敗時，內疚較少、寬容自己的人，比較能夠重拾自制力。罪疚感重、習慣自責的人，反而比較難重新振作起來[9]。

與其把破功視為能力不足、態度散漫或懶惰的證據，倒不如把破功視為習慣養成的一個過程。試想一個未照醫囑服藥的人，若是感到羞愧，可能反而會不敢去看醫生。反之，他可以告訴自己：「這很常見」、「每個人都犯過」、「下次我會改進」、「我只是偶爾如此」。這種自我鼓勵比起自責，才是更好的防範策略。

確實，好習慣中斷後所產生的罪惡感及羞愧感，可能讓人不好受而亟需尋求安慰，這樣一來，反而會使人沉溺於那些破壞好習慣的行為。

這可以視為壞習慣帶來的因果報應。

我在高中英文課讀到但丁的《神曲：地獄篇》（*Inferno*）時，學到了「詩的正義」（poetic justice）一詞，指的是與罪行相對應的懲罰，簡單來說就是罪有應得、因果報應。所以在但丁的地獄第九層裡，魔鬼會不斷地拆分挑撥離間者的身體以示懲罰。壞習慣的報應總是無情又冷酷，因為**壞習慣的懲罰就是壞習慣**。一位朋友告訴我：「我太焦慮了，以致無法戒除壞習慣，但是壞習慣正是導致我焦慮的原因。」一項調查發現，有些女人擔心自己的財務狀況，卻又以「購物療法」來安撫焦慮[10]。為錢掛心的賭徒，反而無法專心賭博。當拖延者進度落後時，一工作就令他們焦慮不已，而為了讓自己好過一些，他們可能乾脆就不做了。有人在我的部落格留言：「我很焦慮，因為我該做的事都沒做，所以我跑去按摩，讓自己覺得好過一些。但我該做的事還是沒做，因為我忙著去做按摩之類的其他事情。」有些人因為提不起勁或是生活枯燥而看電視，想讓自己好過點，但是電視看多了，更讓他們提不起勁，更覺得生活枯燥乏味。王牌大賤諜（*Austin Powers*）系列電影裡的肥霸（Fat Bastard）也說過同樣的話：「我狂吃，是因為我不快樂；我不快樂，是因為我狂吃。」最喜歡的解藥變成了毒藥，暫時的慰藉換來了更多的內疚、悔恨及失控感，這些都可能讓人更加沉溺於壞習慣之中。再來看看一條成人的祕密：不要為了讓自己感覺**更好**，反而讓自己感覺**更糟**。

正面情緒也可能是培養習慣的障礙

為了養成好習慣，我們希望盡可能減少破功的機會。沒錯，小跤可防大跌、小懲大誡，但所有的大跌都是始於某一次的小跤，所以盡**量避免跌跤非常重要**。這就是弔詭之處：破功沒什麼大不了，但破功也攸關成敗。

此外，以我個人來說，我對新習慣越是偏執，習慣就越有可能養成並延續下去。一項研究顯示，在養成習慣的過程中，不見得要完美執行，但初期的重複執行最有助於習慣的奠定[11]。隨著時間流逝，成果會越來越小。重點是什麼？一開始就用心投入，並運用防範策略來保護新習慣，尤其是一開始的時候。

剛養成新習慣時，比較常遇到挫折，所以初期更要特別注意，尤其是遇到眾所皆知的阻礙時，比如人際關係緊繃、社群壓力、寂寞、無聊或焦慮等等。令人意外的是，正面情緒（例如喜悅或興奮）也可能是培養習慣的障礙。

我們可能直覺認為大誘惑比小誘惑更難抵擋，但事實正好相反。學生可能不會說：「下午我要和朋友去海灘。」但他會想：「在開始念書以前，先來看一下球賽的精采片段，只看十五分鐘就好。」但十五分鐘過去了，又延長了十五分鐘，接著再延十五分鐘，轉眼間三個小時就沒有了。小誘惑有時就這樣公然地突破我們的防守。

關鍵在於一旦腳步踉蹌，就要馬上扶住自己。小滑一跤常在「無所謂」的心態下，演變成摔了一個大筋斗。當好習慣破功時，無論是大破或小破，有些人的反應都是無所謂。「今天早上我什麼事都沒做，管他的，這個禮拜就休息好了，等下週一再開始。」「春假我蹺了幾堂瑜珈課，管他的，我等秋季班開課再開始。」有位朋友的妻子使用「若則」的設定來避開這類陷阱。在她決定戒菸時，告訴老公：「我開始戒菸以後，如果你看到我在抽菸，就要提醒我正在戒菸。」

節食者似乎特別容易出現這種破功模式，本來只是小小的開戒，結果一發不可收拾，靠狂吃來紓壓。這就是所謂的「破戒效應」，例如以下的情境：「既然我都吃了一個杯子蛋糕，破壞了我的節食計畫，不如把整盒都吃光吧。」節食者發現自己破功時，通常會對飲食更寬鬆[12]，這時正是追蹤策略特別有幫助的時候。只要繼續追蹤飲食，就會產生覺知感，更重要的是，也會產生自制力。其實，做追蹤反而會讓人安下心來，如果我心想：「糟糕，我剛剛吃了**一堆**肉丸子。」我會有失控感，但是如果我把「我吃了六顆肉丸子」記錄在飲食日誌裡，就會重新取得掌控權。六顆肉丸子是不少，但也就只是六顆肉丸子罷了。

一位朋友說起她有一次破功，結果演變成暴飲暴食。「那天我拚命吃所有不能吃的東西。」她告訴我：「因為我知道隔天我必須重新開始節食。」

「一般人在做自我管理時，確實習慣用『天』來當單位。」[13]我說。

「我甚至可能等到下週一，或下個月的第一天才重新開始。」

「這樣好了，」我建議她：「與其想著『今天破功了，明天我就會回歸正軌』，你可以把每天視為四個階段：早上、中午、下午、晚上。即使一個階段破功了，你還可以在下個階段補救回來。這樣就只是一個小小的脫軌，而不是大脫軌。」

一位朋友說明他的同事如何運用防範策略：「這位年長的經理告訴我：『公司很多人搞外遇，我看過很多婚姻因此而破裂。』他堅守五個習慣來鞏固婚姻，還說我也應該養成那五個習慣。」

「什麼習慣？」我問。

「一是絕不調情，即使開玩笑也不行；二是和同事喝酒只喝一杯，絕不喝第二杯；三是嚴禁同事之間透露彼此私生活的細節；四是除了涉及專業領域之外，絕不在工作上結交『特殊朋友』；五是絕不和同事或客戶私下單獨見面。如果客戶打電話來說有美國網球公開賽的票，也不要跟客戶單獨前往。」

雖然我不是完全認同上述的五個習慣，不過這些習慣確實值得納入防範策略之中。「我絕對不搞外遇」是個人品德，也是價值觀。但現實中，誘惑有時是長時間的累積，可能與我們預期的樣子截然不同。多數時候，人際關係是慢慢改變的。但也有相反的，壓力或緊繃時刻可能突然迸出強大的能量，加上天時地利，瞬間就可擦撞出外遇的火花。「若則」的設定和習慣，能夠扮演好擋火牆的效果。

偶爾讓自己打破好習慣

防範策略裡頭有個棘手的挑戰：偶爾讓自己打破好習慣，又不至於失去好習慣。畢竟，我們有時會因為罕見的機會或想慶祝一下，**確實**很想挑戰習慣。針對這種情況，有一種很有效的防範措施：**計畫好的例外**，可以避免我們衝動做決定。我們都是成年人，懂得自己設限，可以事先規畫好例外狀況及挑選例外時機。以我來說，通常會選在交出初稿的那天，放自己一天的假，悠閒地躺在床上看書。

我們來假設有個人想學西班牙語，為了盡快有進展，他養成了每天早上學一小時西班牙文的習慣。但後來他去度假時，在旅館醒來的第一天早上，他可能會想：「現在我應該要念西班牙文的，但我正在度假，可以休息一下。」這種一時興起的決定顯然缺乏自制力，而我們都不喜歡失控的感覺。相反的，他可以事前就決定：「度假時，我會暫停西班牙文的學習，但等度假回來我會馬上再開始學。」提前用心地做好這個「例外」的決定，一切仍在他的掌控中。

把這種「計畫好的例外」用在**值得紀念**的事物上，效果最好。一年後，那個學西班牙文的人可能會想：「喔，我還清楚記得那次假期有多美好。」這也是「消費勢利心態」之所以奏效的原因，因為我們只對值得放縱的事網開一面。想要判斷某件事是否值得成為「計畫好的例外」，你可以自問：「**事後**我對這個計畫好的例外有什麼感受？」你是覺得「我很高興把握了那次機會，暫時抽離習慣」，還是「現在回想起來，我真希望當初我做不同的選擇」？

例外能夠知所節制，並有預設的截止時點，效果最好。你可以為了規畫年度的員工旅行而蹺一次健身課，但不要為了每週的員工會議而蹺課。你可以把聖誕節那天當成例外，但不要把整個聖誕假期都視為例外。伊麗莎白就是採用這種方式，她告訴我：「今年我們要和亞當的家人一起吃感恩節晚餐，我已經決定吃大餐了，因為那讓我有**參與感**。」

我說：「很好啊，這種計畫好的例外，一切還在你的掌控中。而且，吃感恩節大餐不會剝奪你過節的感覺，避免被剝奪感很重要。再說，你一年能吃幾次？感恩節一年才這麼一次，本身就有限制性，這種例外不會變成習慣的。」

這是挺不錯的解決方法。

防範策略需要我們以非常務實、甚至認命的方式來看待自己。雖然承認誘惑和失敗可能發生似乎是一種認輸心態，但那樣做可以幫我們找出可能的阻礙，然後聰明迴避及有效克服。

｜第14章｜

當你想放自己一馬，壞習慣就會再度纏上你

做為理性動物真方便，只要打定主意做任何事，
總是能找到或編造出理由。
班傑明．富蘭克林《富蘭克林自傳》

鑽漏洞是人性使然，即使我們誓言堅守好習慣，即使我們非常**喜愛**那個習慣，我們還是會想一些理由偷懶……一次就好。只要花點心思，隨處都可以找到漏洞。

漏洞是讓自己暫時抽離好習慣的藉口。不同於事前就計畫好的例外，或乾脆坦承自己破例了，而是自欺欺人地找漏洞（通常是一時興起），放自己一馬。

我們的腦海中會掠過種種漏洞，近乎潛意識的狀態。當我們一眼識破它們時，就可以停止自欺欺人。但假如我們睜一隻眼、閉一隻眼，壞習慣就會主宰了我們。

在所有四種傾向中，盡責者最常受到漏洞的誘惑，叛逆者不會為了想做的事找藉口，而自律者和質疑者因為內在期望而對漏洞抱持抗拒的態度，所以會感受到較大的壓力。盡責者的行動主要靠外部問責的施壓，所以他們會找漏洞來推卸責任。不過，無論你

屬於哪種傾向，漏洞都很誘人，為了更方便辨識它們以做好防堵對策，我列出了漏洞的十大類型。

道德許可漏洞：我今天跑步了，所以可以喝幾杯啤酒……

所謂的道德許可，是指自己先做了好事或對的事（例如這是我辛苦掙來的，或這是我應得的），所以可以允許自己做不好或失當的事（例如吃洋芋片、花費超出預算）。

- 我採用這個減肥法後，體重持續下降，所以偶爾嘴饞沒關係。
- 我每天都乖乖地冥想，所以不妨休息一天。
- 我為了聖誕節忙死了，值得買點小東西犒賞自己。
- 我已經比以前好很多了。
- 我戒買……後，省下很多錢，所以可以買……。
- 今天辛苦了一整天，我應該喝杯酒慰勞自己。

有一種常見的道德許可也許違反直覺，但卻被經常用來合理化暴飲暴食。「我今天跑步了，所以可以喝幾杯啤酒。」問題是運動無法減肥，減肥只能靠改變飲食。

有時，我們甚至不用**等到真正**做了好事後，才找漏洞放自己一馬。我們會說，我本來就有資格使壞，因為我打算未來變得更好，這算是道德許可漏洞的變形版。

明日漏洞：反正明天要開始節食了，今天盡量吃……

我在探討第一次策略時，找到所謂的「明日邏輯」。現在不重要，因為明天我們就會遵守好習慣。但是就像小孤兒安妮（Little Orphan Annie）的名言：「到了明天，又過去一天了。」

- 一月起我真的要開始節衣縮食，所以十二月超出預算沒關係。
- 今天我可以跟朋友鬼混，因為從明天起我要開始閉關，一定可以準時寫完報告。
- 現在吃什麼無所謂，因為明天我就要開始節食了（研究顯示，打算隔天開始節食的人，通常當天都會吃過量）[2]。
- 現在沒必要整理，反正週末就要大掃除了。
- 我經常出差，但暑假期間就可以經常見到孩子了。
- 老闆說我老是遲到，但從下週一開始，我就會天天準時了。

一位讀者留言：「明日漏洞讓我養成了一些很糟的消費習慣，甚至和我個人的金錢理念背道而馳。我喜歡在新的一天、新的一週、新的一年重新開始，所以我會放縱自己，心想在明天重新開始以前，『把握今天最後一次機會』。」

另一位讀者寫道：「工作時，我總是把明天視為神奇的一天，一切都會順利進行，我會有大量的自由時間，所以我告訴自己明天再開始。」

有些人甚至欺騙自己，**今天**盡情放縱會讓他們**明天**更有自制力。一位讀者留言：「我甚至會趁著今天狂吃，吃到噁心發膩為止，這樣明天就不會再被垃圾食物所誘惑了。寫到這裡，連我都覺得不合理。」今天看一整天的電視，並不會讓人明天更不想看電視，或變得更想工作。

偽選擇漏洞：我沒時間運動，因為我忙著寫作……

這是我最常鑽的漏洞。我故意選兩種看似對立的活動，彷彿我必須二選一，但其實兩者根本不衝突，以下是我自己的一些偽選擇。

- 我沒時間運動，因為我忙於寫作。
- 我沒時間改草稿，因為有很多電子郵件要回覆。

・如果我早點睡，就沒有自己的時間了。
・我太忙了，等我有空就會把那些預約搞定。
・我沒時間鋪床或摺衣服，我必須準時上班。

一位讀者在我的部落格留言：「節食說來有違我的核心價值，因為我真心認為人生苦短，應該好好利用。對我來說，充實的人生是多出去走走、多跟朋友交流、到國外旅行、探索新地方和新口味。那些都跟長期的減重不相容。如果男友對著樓上的我喊：『去酒吧！』（他常這樣做），我不會說：『我不能去，我今晚必須吃生菜沙拉。』萬一明天我被公車撞到，天旋地轉之際，我腦中想的不會是生菜沙拉，而是和男友開心聊天的時刻。」她把「過充實人生」和「待在家裡吃生菜沙拉」這兩個選擇變成對立的，但難道人生就只有這兩種選項嗎？

另一位讀者留言：「我在工作上常用『偽選擇漏洞』，我會列出待辦清單，上面列了一些簡單有趣的任務，還有一些更有企圖心的任務。然後，我會挑簡單有趣的任務先完成，因為『我必須做這些事，那在待辦清單上』，但我沒時間去做困難的任務。我用這種『至少完成一些任務』的假象，來拖延那些困難度更高的工作。」

失控漏洞：手機一響，我就非看一下不可……

怪的是，我們面對無法掌控的事情時，常會有一切掌握在自己手中的錯覺，例如，「如果多花些時間去擔心，這架飛機就比較不可能墜機。」「如果選我的幸運號碼，最後一定會中頭彩。」但是，面對我們能力所及的事情，卻反而不去掌控，例如「手機一響，我就非看一下不可」。我們常常怪罪環境害我們破功，但我們的掌控力明明比我們願意承認的還多。

朋友告訴我：「我在最愛的咖啡廳工作時，就一定會點馬芬。那家的馬芬美味極了，令人難以抗拒，但其實我根本沒有那麼想吃。」

「為什麼不換一間咖啡廳呢？」我問。

「那是我最愛的咖啡廳啊。」她一臉認真。

「對，因為你每次去都可以吃到美味的馬芬。」我說。

「我不是因為那樣才去的。」她說，接著笑了起來。「不過聽你這樣一說，好像是耶。」

雖然我們無法全面掌控所有的情況，但是我們的掌控力往往比我們所以為的多。

- 我一直都在出差。
- 天氣太熱了、天氣太冷了、雨下太大了。

‧我受傷了。
‧我只喝了幾杯啤酒。
‧這些洋芋片是限定的，令人難以抗拒。
‧孩子占用了我所有的時間。
‧我一直抗拒不了這個誘惑。
‧我不知不覺就這樣做了。
‧以目前忙碌的狀況來看，我不太可能維持好習慣。（電影《空前絕後滿天飛》〔*Airplane*〕裡有一段很經典，地面的航管員點了一根菸說：「看來我選錯了星期戒菸。」後來他喝酒時又說：「看來我選錯了星期戒酒。」之後他又說：「看來我選錯了星期戒安非他命。」以及「看來我選錯了星期戒強力膠。」）

失控漏洞和另一個熱門的漏洞息息相關。

自尋死路漏洞：為了遇難，我們啟程了……

很奇怪，我們看到誘惑時，通常不會閃避，而是打算屈服了事。李．畢取（Lee Beach）和艾倫·馬拉特（G. Alan Marlatt）教授稱之為「看似無關的決定」[2]，我們做了一連串看似無害的決定，自己暗中製造難以抗拒的情境。

我一直非常著迷於馬修·巴利（J. M. Barrie）的《黑湖島的漂流男孩》（*The Boy Castaways of Black Lake Island*）[3]。書中描述了三名男孩出海去追尋翻船的冒險經驗。我覺得開場的第一句最撼動人心：「為了遇難，我們啟程了。」他們出航探險的目的，就是為了失敗。

- 我趁著開會前先迅速查了一下電子郵件，接著打一通電話……啊，糟糕，太遲了，這下子也不用去開會了。
- 我開車去美食超市買花椰菜，結果買了他們獨家販售的起司蛋糕，誰能抵擋呢？
- 我買了一瓶威士忌擺在家裡，以便客人突然來訪時，可以拿出來宴客。
- 我和先生喜歡參加郵輪假期，我無法抗拒吃到飽的餐點。
- 開始工作前，我先玩電玩十五分鐘。好吧，再多玩十五分鐘。
- 我去躺一下沙發，舒服地做一下腦力激盪，發想創意。

朋友告訴我：「我認識一個洛杉磯的傢伙，他有賭癮。上次我見到他時，他說：『我剛在賭城輸了一堆錢。』我說：『我以為你知道不該再去了。』他說：『我是不該去，不過我這回不是去賭博。』我問：『那你去做什麼？』他說：『我買了新車，想試開一下。』他講得一本正經，好像一切理所當然。」

所有坑都是自己挖的。

「這不算數」漏洞：我已經戒酒了，週末除外……

我們用某些理由來說服自己這個情況不算數。大學畢業後，我住在合租公寓裡。某天，室友的男友以一種高傲的口吻對我說：「天啊，我真希望我有你那麼多的時間，可以把閱讀當休閒。」他幾乎都住在我們的公寓裡，所以我知道他是如何運用時間的。我回答：「我看你也很閒啊，你看了那麼多的體育節目。」他說：「喔，那不算數。」但是，任何東西當然都算數。

- 我在度假。
- 現在是假期。（冬季假期一過，大家平均增加一磅體重，那磅肉會一直留在多數人的身上。原本就超重的人，通常在放假期間胖得更多。）
- 週末不就是為了放鬆嗎？
- 我病了。

・這只是我兒子吃剩的。

・只此一次，下不為例。（塞繆爾．詹森說：「那些無法隱藏的錯誤，無論再怎麼頻繁，都不算是習慣性惡行或積習，而是偶然的失敗、單次的失誤。」[4]）

・我是幫我們兩個人點的，所以有一半是你的，雖然最後都是我吃光的。

・我已經完全戒酒了，只除了週末以及和朋友出遊時。

・我快要開始運動了，到那時，我現在吃的東西都會消耗掉。

・我根本不想要這個東西，但我還是買了。

・這段日子壓力實在太大了，除了關注截稿日／審判的案子／住院的親戚以外，其他事情我顧不了那麼多了。

這類的漏洞是我妹伊麗莎白的職業病。身為電視編劇，拍攝試播片既令人興奮，但壓力也很大。這種情況她早已不陌生，她告訴我：「每次開始拍攝試播片時，我都很想說：『其他一切都不重要，我們在拍試播片，這不是現實生活，所以這段期間一切都不算數。』」

「任何東西當然都算數。」我嘆了口氣說。

只要有心，我們隨時都可以找出一些可以破例的狀況。然而，世上沒有不勞而獲的事，你無法抽離現實，無法為所欲為，凡走過必留下痕跡。

可疑的假設漏洞：有創意的人，工作環境都很雜亂？

我們做的某些假設往往無法讓我們的習慣變得更好，許多假設在仔細檢視後，通常不是那麼有說服力。一位讀者舉了個好例子：「對於時間我往往有個奇怪的心理障礙，假設現在九點而我十一點有約，我會想：『兩個小時後我就要出門了，所以現在我無法開始做正事。』為了等候一件事情發生，整個早上就這樣浪費掉了。」

我們的假設聽起來很合理，但真的合理嗎？

- 這花了太久的時間，我早就應該做完了。
- 我必須等辦公室整理好才能開始工作。
- 我忙到沒時間爬樓梯，排隊等電梯比較快。
- 有創意的人，工作環境都很雜亂。
- 我已經洗好澡了，所以不能運動。
- 我們以後可能還會用到這個東西。
- 我已經落後太多了，再怎麼趕也沒有用。
- 這是吃到飽的自助餐，我當然要吃夠本。

・教練一定在生我的氣，因為我缺太多堂課了。
・我一直有運動，所以體重增加一定是肌肉量增加的緣故。
・這可以幫我專心。
・除非可以流汗一個小時，否則不值得運動。

有一個很賊的假設漏洞是，相信習慣已經堅不可摧，所以可以鬆懈下來。「對我來說，追蹤旅行開銷已經成了反射動作。」「我熱愛早上寫作的時段，永遠不會放棄。」可惜的是，即使是長期的習慣，也可能比表面看起來還脆弱，所以絕對不能自滿，我們常高估了自己的投入程度。一位讀者留言：「二〇一一年十二月，我戒了 Nutella 榛果可可醬，幾年後我以為我已經可以克制對它的迷戀了，所以趁特價買了兩罐。結果三十六個小時內，我吃下了四千多大卡的熱量。」

我開車也遇到同樣的狀況。我是膽子很小的駕駛人，多年來我在紐約市完全沒開過車，後來才終於克服恐懼。我依然很討厭開車，但必須硬著頭皮開，我的目標是一週至少開出門一次，讓我習慣開車，以免久了又不敢上路。不過，我曾經多次冒出以下的念頭：「哇，現在我已經不像以前那麼怕開車了。事實上，我覺得我不需要每週至少開一次車了。」

哈，才怪！

「為他人著想」漏洞：太多人需要我了，我沒時間關心自己的健康……

我們告訴自己，我們會那樣做是為了別人，這是大方無私的決定。或者，我們覺得為了融入社群必須做某件事。

- 如果我丟下女友，自己去跑步，她會不開心。
- 太多人需要我了，我沒有時間關心自己的健康。
- 去朋友的生日派對卻連塊蛋糕都不吃，很不禮貌。
- 我不想給人「自以為是」的印象。
- 我試著改變習慣時，脾氣就會上來，家人對此頗有怨言。
- 我不能要求另一半照顧孩子，讓我去上課。
- 在商務晚宴上，要是我不喝酒會很掃興。
- 我買這些垃圾食物不是我要吃的，是為了客人來訪時準備的。

一位讀者對於她愛鑽的漏洞，別有一番見解，她在我的部落格留言：「我把自己缺乏動力怪到別人的需求上。清晨早起的那段時光，是我最有創意及生產力的時候。不過，我和另一半都喜歡在起床前摟摟抱抱，雖然他很支持也鼓勵我早起，但我自己還有睡意，一直賴著不想起床，所以我把缺乏動力早起的原因都推給他，心想『我不該冷落他』之類的。我去我媽家時，也是用同樣的藉口開戒。我媽一向支持我吃得更健康，但我會想：『我不希望她難過，或覺得她做的餅乾我不愛吃。』然後把餅乾一塊接著一塊塞進嘴裡。我知道那些都是藉口，不是事實，但我還是會把責任推到別人身上。」

偽自我實現漏洞：人生苦短，要活在當下。吃塊布朗尼吧……

漏洞往往會偽裝成享受生活或自我接納的態度，所以即使習慣無法養成，我們依然覺得活得很踏實，甚至頗為得意。

- 活在當下。
- 我應該至少嘗試一次，不然我會後悔。
- 我應該為這個特別的日子慶祝一下（有多特別？全國起司日很特別嗎？同事的生日很特別嗎？）
- 人生苦短，及時行樂。

・我必須把握這次機會，錯過後就再也沒有了。（速食店利用這個漏洞，推出某季、某個活動或特定假期的限定商品，讓顧客買更多，例如南瓜口味的拿鐵或心型甜甜圈[5]。）

・今天天氣太好了，不該窩在家裡做這件事。

・我有資訊焦慮症，怕錯過任何訊息。

・我想接納真實的自己。（我會努力提醒自己，我既要接納自己，也要對自己有更多期許。）

有一次我向朋友說明我的禁絕策略時，她回答我：「人生苦短，要活在當下！吃塊布朗尼吧，享受人生！」

我說：「人生苦短，但我戒掉布朗尼之後更快樂了。」這是實話。

對多數人來說，我們的真正目標不是享受當下的一些樂趣，而是養成讓我們長期過得更快樂的習慣。有時候，那需要放棄當下的某些東西，或對自己要求更多。

「一枚硬幣」漏洞：報告不用急著做，反正最後期限還很久……

這是最狡猾的一個漏洞，因為它完全是真實的。這個漏洞的名稱是來自於「累積增加論證」（argument of the growing heap）[6]，我是從中世紀神學家伊拉斯謨斯（Erasmus）的《愚人頌》（*The*

Praise of Folly）學到這個概念。根據那本書的註解，「累積增加論證」是指：

如果十枚硬幣不足以使一個人富有，那麼多給他一枚會如何？再多給他一枚又會如何？如此下去，到了最後的一枚硬幣終究會使他變得富有。

換句話說，即使一枚硬幣不足以成為有錢人，但是一枚接一枚累積下去就會富有。

這個故事凸顯出一個對習慣和快樂來說非常重要的矛盾：我們思考自己的行為時，單一的行動幾乎都是毫無意義的，但在此同時，多次累積那些行動卻意義非凡。無論我們是選擇把重點放在單一硬幣，或是累積的多枚硬幣，都會形塑出我們的行為。你上健身房的任何一次都不足以成大局，但是上健身房的習慣卻非常寶貴。

價值觀之間有所衝突時，專注於單一硬幣是消除衝突的方法。例如，有人可能想利用週末時多跟家族聚會，但又想在週末補眠，兩相為難時，他選擇跳過一次家族聚餐的慣例，因為錯過一次聚餐沒什麼大不了的。但是，當他考量的是多次聚餐未到所累積的代價時，這樣的衝突看起來又不一樣了。

・那個案子我已經擱置很久了，就算今天早上做也沒什麼意義。

- 我不想戴安全帽，我今天會發生事故的機率是多少？
- 我應該追蹤商務開銷，但是留著一張收據又沒有什麼意義。
- 為什麼要今天做報告？反正最後期限還很久。
- 一年之後回頭來看，今天我去遊樂場打電玩根本一點都不重要。
- 就只喝一罐啤酒，有什麼關係？

提醒自己一切堆積都是由每一枚硬幣慢慢累積而成，可以幫自己持續走在正軌上。此外，在一堆硬幣上再加一枚硬幣，這樣的行動可以強化習慣；反之，減少一枚硬幣則會削弱習慣。所以每一枚硬幣其實都有雙重效果：一是代表那個好習慣本身，二是保護及強化該習慣。習慣去做一件事比習慣本身還重要。

因此，即便我們無法實際維持習慣，象徵性地維持習慣也會有幫助。比如說，某人因妻子生病而無法像平常一樣出門跑步時，可以改成短途散步。某人因為孩子放學回家了，無法再繼續寫作一小時，可以只寫十分鐘來維持習慣。

通常漏洞都是在習慣破功後，情急之下為了自圓其說而冒出來的。每天我開始工作的頭一個小時，都是用來處理電子郵件，但有天早上我收到幾封特別棘手的電子郵件，回應起來很傷腦筋，我只想離開書桌。我坐在電腦前，可以感覺到大腦正在思考有什麼漏洞可鑽，就像手機在搜尋訊號一樣。這時我腦中馬上跳出了幾個藉口：「我平常都很賣力，偷懶一下沒關係。」「花一小時處理這些郵件，也不會有什麼改變。」「現在先擱著，等一下會比較有感覺去回信。」接著我提醒自己，我早就做了決定：「這個小時本來就是用來處理電子郵件的。」

只要能抓到自己想鑽漏洞，就有機會防堵漏洞，維持想要養成的習慣。

第15章

感覺到「衝動」？讓自己離開十五分鐘

刻意的自抑自制，反而會讓人把重點放在自己身上，明顯感受到
自己所做的犧牲，也因此往往無法達到原本所預期的目的。
一個人需要的不是自我抑制，而是向外尋找興趣，讓自己很自然地
把重點放在想要追求的美好事物上，也才能達到原本所希冀的目標。
羅素《幸福的征途》（Bertrand Russell, *The Conquest of Happiness*）

有天晚上我對詹米說，我正在探索一種新的習慣策略。當我還在摸索階段時，喜歡拿出來談談，好幫我能更了解那個概念。詹米不見得喜歡我諮詢他的意見，但那晚他顯然想聽聽我的看法。

「什麼策略？」他問道。

「分心策略。」

「聽起來很簡單，我就常分心。」

「不是那個意思。」我回應：「那不是指偶然的分心，而是**刻意的**、有意為之的分心，並不容易做到。」

接著，詹米就為了出差打包行李而分心了，所以我也不再多做解釋，但我腦中一直想著這個策略。

當我們想要分散注意力時，會刻意把思緒引導到別的地方，藉此改變當下的經驗。分散注意力可以幫我們抗拒誘惑、紓解壓力、轉換心情或忍受痛苦，從而堅持好的習慣。

當然，光是分散注意力還不夠，方法必須正確才行。想要戒除深夜上網購物的習慣，改去相簿社群媒體 Pinterest 閒逛並非解方，讀推理小說的效果可能更好。純粹的轉念可能不容易做到，所以要搭配體能活動，分心效果最好，例如出去散步、做點木工、清貓砂等等。當然，如果是愉悅的分心活動，那就更好了，比如和小孩玩捉迷藏。

再強烈的衝動，也會在十五分鐘內消退

分心策略不是為了要**壓抑**討厭的想法，而是為了刻意轉移注意力。我們越想壓抑某個思緒時，可能會出現「諷刺性反彈」效應*，反而念頭會更強烈。我常擔心自己無法馬上入睡，但是越不想去理會它，這個念頭反而在腦中揮之不去，到最後我焦慮到更難入睡了。所以我現在不再迴避「我需要睡覺」的思緒，而是把注意力轉移到其他地方。

大家常以為渴望持續得越久，只會越來越強烈。但研究顯示，積極地轉移注意力以後，衝動通常會在十五分鐘內消退，即使是強烈的衝動也一樣[1]。所以，現在當我有偷懶或放縱自己的衝動時，我會對自己說：「我可以離座十五分鐘。」拖過這十五分鐘後，通常就足以讓我轉移注意力在其他事情上。只要充分轉移注意力，我就會完全忘了剛剛的渴望。

一位朋友告訴我，她想逛街揮霍時，會壓下從貨架拿商品的衝動：「我告訴自己：『逛完一遍

後，如果我還是想買，可以再回來拿。』通常等我逛完後，已經忘了要買的那個東西了，不然就是覺得回頭去拿太麻煩了。除非我**真的**想要，我才會回去拿。」另外，告訴自己「真的想做的話，十五分鐘以後再做」，通常也比告訴自己「不行」更有效（即使是對我這種禁絕者來說也如此）。直接說「不行」，有時可能會產生反效果，讓人產生被剝奪感，反而使禁止的事物更加誘人。

等候十五分鐘，用來對付我日益嚴重的「查閱習慣」也很有效。每次面對工作室的三台電腦，或是出門拿著手機，我就想要查看電子郵件、臉書、推特、LinkedIn、Pinterest 等平台。等我把所有平台都看過一遍以後，我還可以再重頭檢查一輪。我想在這個習慣變成惡習之前，好好掌控它。

「間歇性強化」現象也助長了我的這種查閱習慣。我收到的電子郵件通常沒什麼內容，但偶爾（我也不知道何時）也會收到很棒的。許多效果很強的習慣養成行動，都有這種無法預知、多變、但立即的強化效果，例如吃角子老虎機。查閱信件也有一種滿足感，因為我們可能從收件中獲得渴望的解答。例如，我查閱郵件時，收到別人的回信；從訂閱的電子報中學到 claustral（隱遁）這個字的定義；也看到一百五十個人在我的貼文下方留言，那感覺很好。

查閱信件或社交平台，有時確實讓人覺得很滿足，但我不想養成經常查閱的習慣，延遲查閱幫

＊編按，由哈佛大學心理學教授韋格納（Daniel Wegner）提出的一個理論，是指當人們想消除某種念頭或情緒時，結果卻適得其反。這個效應在緊張、疲勞或煩亂狀態時最為嚴重。

我趁早戒除了這點。現在，萬一我有衝動想拿起手機或使用桌上型電腦，點開電郵和社群媒體時，我就告訴自己：「等十五分鐘。」雖然有時這招不管用，但通常我會成功轉移注意力到其他事物上，衝動也就消失了。

想轉移注意力？看看《史瑞克》吧

我聽過各種轉移注意力的有趣方法。有人說他吃零食之前，會先做二十下開合跳；有人說他每喝一杯酒，會再喝一杯水；有人則是把注意力放在腳底幾分鐘。我還聽說聞一下葡萄柚或薄荷的味道，有助於抑制食欲。有些人是刻意讓雙手忙個不停，空不出手去吃零食。一位朋友說：「搽指甲油讓我的手無法去做別的事，在指甲油還沒乾透以前，我都無法伸手進袋子裡拿零食。」

分散注意力也幫我放下煩惱或拋開憂鬱，讓我更容易維持好習慣。只要心情變好，我就更有自制力。研究也顯示，把注意力轉移到愉悅誘人的事物上，比轉移到難過或令人激動的事物上，效果更好。所以，如果你要看電影轉移注意力，應該選《史瑞克》（*Shrek*），而不要選《辛德勒的名單》（*Schindler's List*）。

我發現分散注意力，還可安撫我遭到嚴詞批評時的激動反應，不久我就碰到測試這招的機會了。我收到的讀者來信通常都很和善，或至少有點建設性，但是在短短一週內，有讀者攻擊我的外表，另一位讀者說我是我女兒的壞榜樣，還有一位說我提供書商連結是為了「拿回扣」（雖然我早已充分揭露我加入了聯盟行銷*）。

每次收到這類電子郵件，我的習慣是溫和回應（雖然要維持這個習慣很難），但有時會因此換來讀者的友善回信（某位讀者曾經寫了一封措辭嚴厲的信給我，**三年後**寫信來跟我道歉）。為了回信時能夠冷靜一點，我使用分心策略：到《每日科學》（*Science Daily*）網站閒逛，幫我累積平和回信的自制力。

同理，我也注意到有些人使用智慧型手機來抽離負面情緒。一位朋友臨時去參加喪禮，無法出席我們排定的重要會議，他說：「明天下午打個電話給我，告訴我會議開得怎樣。」

「我不能打電話給你，你那時才剛參加完祖母的喪禮。」我說。

「我希望你能打給我，幫我抽離哀傷的情緒。」

分心策略也可以幫人抵抗媚俗新聞的誘惑。我自己對媚俗新聞沒什麼興趣，所以花了些時間才理解為什麼大眾容易受到媚俗新聞的誘惑。

*編按，聯盟行銷（Affiliate Program）又稱ＡＰ，是一種網路行銷方式，推廣者加入企業的夥伴合作計畫，取得一組授權碼，用來協助企業銷售產品。

媚俗新聞是指不斷重複、不太需要花大腦、大量傳播的新聞，例如犯罪、天災、政治評論、名人和體育八卦，或是無盡的豪宅、美食、華服或人物照片。這類資訊為了讓人震驚、恐懼、嫉妒、憤怒、不安或群情激憤，通常內容很聳動，充滿腥羶色。

多數人偶爾也愛看媚俗新聞，例如追蹤一下奧斯卡或奧運會的消息。但是經常花好幾個小時看這類新聞的人，可能因為收看這些新聞而生氣難過，卻無法拋下不看。

很多人認為花太多時間看媚俗新聞是壞習慣，也會助長其他的壞習慣，因為那些新聞令人激動不安，因而失去自制力，尋求壞習慣的慰藉。一位讀者留言：「我很擔心選情，緊盯著CNN，不知不覺就吃了大半個花生醬巧克力蛋糕。」追蹤總統大選很重要，但我們應該以不會導致我們偏離正軌的方式，來因應那些非切身相關的事情。

分散注意力可以幫上忙，刻意把注意力從媚俗新聞抽離開來，就能避免那些新聞消耗你的時間。讀小說、逗弄寵物、玩數獨，都可以幫人抽離螢幕。限制自己上新聞網站或設定時間限制，也有效果。有人告訴我：「我上 StreetEasy 購物已經三年多了，我限制自己一週只能上那個網站兩三次，但很難做到。」

當然，某個人不良的分心習慣，可能對其他人來說是分散注意力的不錯方法。一位朋友平日夜裡想喝啤酒時，就上運動流行文化網站 Grantland 轉移注意力。但也有人說：「我發現我不能休息五分鐘上 ESPN.com。因為我一上那個網站看新聞，就會一條接著一條看下去。加上我又來自辛辛那提，非常關心辛辛那提孟加拉虎隊（Bengals），我只要看到批評孟加拉虎隊的消息，心情就不好，無法工作。」

雖然我對媚俗新聞沒什麼興趣，但有時我會掉進一個相關問題的陷阱：「恍神」（bad trance）。每當我筋疲力竭時，就容易陷入恍神狀態。矛盾的是，這時我通常因為太疲累而不願上床睡覺。當我陷入恍神狀態時，會沉浸在我根本不喜歡的東西裡頭，例如難看的電視節目、無聊的書、不太美味的食物、在沒什麼興趣的網站上亂逛，或是（最令人費解的）翻閱我早就看過的雜誌。

相反的，在入神狀態（good trance）或所謂的順流狀態（flow）時*，感覺非常充實，沒有時間感，而且越忙越起勁。恍神時的感覺十分空虛，覺得自己好像呆呆地嘴巴微開，為自己浪費時間感到懊悔。雖然偶爾我確實喜歡躺在飯店床上，花一個小時在網路上亂逛，但我不想養成恍神的習慣。我會留意恍神的症狀（無法從椅子起身的昏沉感，好奇心跌到谷底），然後趕快努力抽離恍神的誘惑。

早點睡有一個意外的好處，它可以大幅降低恍神的機率。當我不疲累、沒有熬得太晚時，就不會掉進恍神狀態而養成習慣。

*編按，這是一種高度專注到類似入定的狀態，你的全副精神完全投注到某種活動，不覺時間流逝。

換一下環境，比改變自己來得容易

分散注意力是不錯的策略，但也有可能弄巧成拙。例如，新郵件的通知聲在工作時會打斷我的思緒，一旦得知來了新的電子郵件，實在很難抗拒去點閱。這就是所謂的「間歇性強化」！所以我趁著某次「萬事通時間」，利用幾分鐘找出關閉通知聲的方法。

此外，為了避開那些沒用的分心事物，我通常會去住家附近的圖書館寫作。我不在辦公室工作，所以沒有同事的干擾，但是家裡的工作室還是可能受到其他干擾。在圖書館裡寫作，我知道手機不會響，門鈴不會響，郵件也不會來。

一位在家工作的朋友，想出了一個避免小寐和吃零食的方法。他每天早上起床後馬上鋪床、吃早餐，然後開始「上班」。也就是說，他不准自己坐在床上或進廚房（用餐時間除外）。作家琴・凱爾（Jean Kerr）是在自用車裡度過一半的寫作時間[2]，待在車子裡，她四歲的兒子不會來干擾她，而且除了寫作，也沒別的事可做。

在圖書館工作解決了我的分心問題，但我曾想過，我是不是「應該」訓練自己改善在家裡工作的效率。我是不是應該想個方法，拿出自制力來抗拒電子郵件、臉書、推特、LinkedIn 之類的誘惑？我是不是應該想辦法管好自己，這樣就不必每次都要打包上圖書館？

但我接著又想到，不對，我現有的習慣運作得很好：在家的時候，我只做和線上世界有關的工作，例如處理電子郵件和社群媒體。如果是更費神的寫作，我就去圖書館（偶爾去咖啡館）。既然分配得當，我又何必逼自己改變呢？況且我本來就愛去圖書館！在館裡工作是一種**享受**，而且離我家也才一個街區，所以來回沒花多少時間。再說，出門呼吸一下新鮮空氣，曬曬太陽也是好事，還可以享受「居家」和「工作」之間的小小空檔。

此外，我也很了解自己。我在家需要花很大的自制力，才能養成節制上網的習慣。但是在不能上網的圖書館，網路無法誘惑我。我何必浪費自制力去做這種沒必要的掙扎呢？改變所處的環境，比改變我自己來得容易。

我還發現到另一個更奇怪的注意力提振法。當我坐下來寫作時，總是有股衝動想把口香糖、零食、熱飲等等東西往嘴裡放，因為那可以幫我集中注意力。我發現我可以咬著塑膠的咖啡攪拌棒，來滿足這種衝動。我是從詹米身上發現這個點子的，他也愛咬著東西，最愛咬的是塑膠筆蓋，家裡有不少被他咬爛的筆蓋和塑膠屑。每次我們去看電影，他都會抓一根吸管，邊看電影邊咬。他也會咬塑膠的攪拌棒，所以我決定跟著試試。一試之後，我大為震驚，沒想到這個小習慣這麼有效。所以，現在我的辦公室和包包裡都放了攪拌棒，每次我坐到電腦前就咬一根，幫我專心。咬塑膠攪拌棒可能就像成人的奶嘴，但真的有效。那或許是安慰劑效應，但安慰劑效應本來就有效果。我確實曾經擔心咬塑膠製品不太好，但是我也顧不了那麼多了。

有意思的是，我發現暫時分散注意力有時可以幫我避免分心。當我想要長時間專注時，暫時休息一下會很有幫助（重點是**暫時**）。一位朋友每次思緒卡住時，就會去小跑一下。「那是最適合的休息。」她說。「有趣又可以活動筋骨，需要專注又可以放空。而且我也無法跑很久，所以這種休息不可能太長。」

我發現我也有類似的習慣，但我一直把它當成壞習慣看待，但它不是**壞**習慣，而是**好**習慣。我習慣遊走在圖書館的各個書架之間，掃讀書架上的書名，看有什麼書名引起我的興趣。我喜歡那樣做，也因此發現了不少好書。先前我一直覺得我這樣運用時間很沒有效率，但其實那是很適合的分心法。

事實上，我無法連續寫作三個小時，甚至連續寫四十五分鐘都很困難。我需要很多短暫的小休息，這也是一條成人的祕密：小小休息一下，是為了走更長遠的路。

第16章

運動完，來杯啤酒犒賞自己？

做好一件事的獎賞就是善始善終。
愛默生隨筆〈新英格蘭改革家〉
（New England Reformers）

我天天練習冥想已經好幾個月了，中間從未停過。每天早上我低身坐上坐墊時，不再感到有點可笑。不過，大致上我並未發現自己有任何改變，那五分鐘的冥想已經變得有點無聊失落了。某天早上，我坐定後，設定手機的碼錶，正準備開始冥想，卻有一股強烈的衝動想要站起來。

我沒有起身，但是當天我坐在那裡，想的都是為什麼我沒有毅然決然地站起來。我坐在晨光下，沒有冥想，而是想著我這個習慣。我之所以堅持下去有兩個原因。第一，我知道我不該因為一時衝動而中斷好習慣。**一旦做好決定後，就不必再做選擇了**。第二，因為我已經習慣一早起床就冥想，現在若是停止冥想，我會覺得一天的開始好像不太對勁。這，就是**習慣的力量：能幫我們維持好習慣，同時也讓我們難以甩掉壞習慣**。

也許冥想還是微妙地改變了我，只是我不自覺。

也許我無法自然而然地冥想，正好顯示出我有多麼需要冥想。也許我繼續堅持下去，就會有所突破，但也許不會。

身為自律者，「你一直很認真勤勉，就休息一天吧。」像這一類的說法從未打動我，但我確實浮現過一個念頭：「我一直堅守著冥想的習慣，也許我應該給自己一點獎勵。」但我總隱約覺得，這樣的想法似乎很危險，只是不知道原因何在。獎勵難道不是激勵自己的好方法嗎？

我就這樣一直胡思亂想，直到蟋蟀聲終於響起，冥想時間結束，我鬆了一口氣，站了起來。這段思緒，再加上事後我跟朋友短暫聊起，讓我開始注意到「獎勵」及其風險。朋友說：「我一直在節食，但一達到目標體重，就會吃一片巧克力蛋糕獎勵自己。」她的這個獎勵計畫顯然破壞了節食的目標，我當下就覺得那不是個好主意，但究竟是為什麼？

你以為在獎勵自己，其實你是在懲罰……

獎勵策略是大家都很熟悉的方式，很多人常用它來鼓勵良好的行為。事實上，由於大家對它太熟悉了，又那麼常用，我們很容易就以為這樣做有效。所以有人跑完步，馬上喝杯啤酒慰勞自己。但習慣是這樣運作的嗎？獎勵良好行為，**表面上**聽起來很合理，但是我越是思考獎勵（包括我看到的研究以及觀察到的行為），對這個論點就越加懷疑[1]。艾菲·柯恩（Alfie Kohn）的《用獎賞來處罰》（*Punished by Rewards*）以及丹尼爾．品克（Daniel Pink）的《動機，單純的力量》（*Drive*）兩本書裡都提到，獎勵會產生非常複雜的結果。

事實上，我最後推論，對培養習慣來說，獎勵其實是**危險的**。如果想養成習慣，必須慎用獎勵。我注意到一個很諷刺的現象：研究獎勵策略，其實是在研究為什麼我們應該盡量**避免**使用獎勵。

獎勵有礙習慣養成，有三個原因。

第一，獎勵讓人覺得我之所以做某件事，不是因為那件事對我好，而是為了獲得獎勵。因此，我會逐漸把那件事和強迫、被剝奪或受苦聯想在一起。事實上，獎勵法會把外在動機和內在動機之間的差異凸顯出來，這種後果已有充分的研究證實，只是大家都視而不見。

當我們為了獲得外在獎勵（胡蘿蔔）或避免外在懲罰（棍子）而去做某件事時，那是**外在動機**。而當我們是因為做那件事對自己有益而去做時，則是**內在動機**。內在動機讓我們更有可能堅持下去，也覺得更有成就感。

組織理論家湯瑪斯．馬隆（Thomas Malone）和馬克．萊珀（Mark Lepper）提出幾個內在動機的來源[2]：

挑戰：追求困難但非不可能的目標，讓人覺得很有意義。

好奇：感到興趣，並從學習中發現樂趣。

掌控：喜歡胸有成竹、一切操之在我的感覺。

幻想：玩遊戲；運用想像力讓活動變得更刺激。

合作：喜歡與人共事的滿足感。

競爭：當我們比別人優異時，會有滿足感。

肯定：當別人肯定我們的成就和貢獻時，會感到開心。

四種傾向可以幫我們找出哪種內在動機和我們最有共鳴。對自律者來說，習慣若能給人掌控感，可能特別有吸引力。對質疑者來說，是好奇。對盡責者來說，是合作。對叛逆者來說，是挑戰。

拜託，別再亂給孩子胡蘿蔔了……喔，還有你自己

儘管內在動機的力量比較強大，但很多人更常依賴外在動機（亦即胡蘿蔔和棍子，軟硬兼施）來激勵自己或他人採取行動。但是最後的結果常發現，外在動機其實會破壞內在動機，所以獎勵可能會讓原本滿腔熱情的員工，變成為了薪酬而不情不願地工作，把樂事變成了苦差事。

一項研究讓小孩拿色筆著色（小孩愛做的活動），其中一半的小孩在著完色後會獲得獎勵，而另一半的小孩著完色後沒有獎勵。結果發現，獲得獎勵的孩子日後反而比較不常使用色筆[3]。那些

小孩開始覺得：「沒有獎勵，我幹嘛要著色？」此外，獲得獎勵的孩子畫得也不如沒有獎勵的孩子。我曾經造訪一家大公司，該公司為了鼓勵員工參加健康講座，給出席的員工點數來兌換獎品。這樣一來，沒有點數的活動又何必參加呢？就像我妹說過的：「你要的是自願者，不是招募來的人。」

很多人以為提供獎勵可以幫人更快啟動好習慣，即便獎勵後來取消了，習慣依然能持續下去。但事實不然。一旦沒了獎勵（有時甚至在獎勵還沒喊停之前），好行為通常就不會持續下去[4]。當運動、冥想或戒菸有利可圖時，一般人會去做，但是在拿到獎勵以後，這些行為可能就無以為繼。如果要求員工去做健康風險評估，雇主就給他一百二十美元，日後沒錢可領時，他又何必去做？假如我告訴女兒，她只要看書一個小時，就可以看一小時的電視，這樣做非但無法幫她養成閱讀習慣，反而會讓她覺得看電視比讀書更有趣。

當然，有些行為即使在獎勵停止後，也是可能持續下去。比如說，每次我小女兒自己使用便盆，我就會給她M＆M巧克力獎勵，但我相信即使以後我不再給她巧克力了，她仍會繼續使用便盆。

為了慶祝我戒菸三年，來根菸吧

更糟的是，我們挑選的獎勵，往往成為破壞習慣的元凶。比如說，我朋友選擇巧克力蛋糕當成節食的獎勵。我告訴她以蛋糕做為獎勵不太好時，她反駁：「不然辛苦減了十磅要拿什麼當獎勵？」

我笑著說：「減十磅本身就是最好的獎勵了。」

不當的獎勵不僅會破壞我們辛苦的努力，也讓我們更鄙視原本應該全心接納的行為。我愛看影集《六人行》（*Friends*），有一集充分說明了這種現象。

錢德勒又開始抽菸了，菲比說：「你明明已經戒菸三年了。」

錢德勒一手夾著菸說：「**這就是戒菸三年的獎勵**。」

獎勵有礙習慣的第二個原因是：獎勵會讓你需要去做選擇。根據我的定義，習慣就是不必做選擇的行為。「今天有沒有獎勵？」「我是否值得獲得這個獎勵？」「我是否夠努力了，足以獲得這些獎金？」「這次算不算？」這一類的決定都是在消耗寶貴的心力，讓我們把注意力從習慣轉移到獎勵上面，結果反而干擾了習慣的養成。

一旦養成習慣，就表示我不需要再做選擇了。所以，日後在做那個行為時，我不會討價還價、不必重新評估，也不需要獎勵。就像我不會因為刷牙或繫上安全帶就獎勵自己一樣，我也不覺得「萬事通時間」、運動、寫部落格是了不起到需要獎勵的成就。這些作為或行動都是自動進行的習慣。

獎勵帶來的第三個風險是什麼呢？這個風險花了我較久的時間才發現：「終點線」的風險。設定終點線確實可以幫人達到一次性的目標，雖然大家普遍認為那有助於習慣的養成，但是達到終點線的獎勵，其實會**破壞**習慣。

一直以來，我對眼前發生的事會努力去了解，而當我第一次發現「終點線可能有礙習慣」時，也確實覺得困惑不解。一位大學朋友告訴我：「我為馬拉松受訓時，跑得很好，也很喜歡跑步。而且我非常重視練習，甚至快把周遭的人逼瘋了。我覺得自己是跑者，也覺得自己可以永遠跑下去。然後跑完了馬拉松，我預期只要休息兩週……不知怎的，一晃三年過去了。」後來我還聽到幾個人也提到同樣的狀況，而且用字遣詞幾乎一模一樣，我才注意到這個現象。

這個現象令我不解。朝特定的目標努力，不是可以帶來成就感而促進習慣的養成嗎？橫越終點線的獎勵，不是應該讓人更有心力堅持下去嗎？看到終點線竟然沒有這種效果，我簡直難以置信。

最後，我才看出一個顯而易見的道理。終點線代表「**停止點**」，一旦停下來，我們就必須重新開始，**重新開始比持續不間斷還要困難**。我之前研究第一步策略時，就發現到這點了。目標越遠大，終點越明確，重新開始就需要花更多的心力。里程碑是一種特定的目標及暫時的激勵，在達到里程碑以後，也意味著又要面對新的「開始」了，這可能會干擾習慣的養成。

好習慣，是沒有終點的

獎勵確實可以幫我們達到**特定的目標**，但是在習慣養成方面，我們的目的是養成一種**永遠**的習慣來改善生活方式。不是為了寫完後能拿到補助金，而是每天持續寫下去；不是為了跑馬拉松，而是永遠運動下去。一項研究追蹤想要戒菸的人，一半受試者每週報告戒菸進度就可以拿到獎金，另一半沒有獎勵，結果前者的長期戒菸成功率反而比較差。獎勵繫安全帶的方案，長期下來的成效也不如沒有獎勵的方案。

橫越終點線以後，除了重新開始格外費勁以外，設定終點線本身也是問題所在。一旦我們認定自己成功了，通常就不會再往前邁進。例如，一位男士告訴我：「我之前給自己設定『三十歲以前練好六塊肌』的目標，那時差不多也是我結婚的時候。」

我說：「等一下，讓我猜一下結果，你達到目標了，但沒能保持下去。」

「差不多是那樣。」他坦言，而且他還是行為經濟學家！

我們很容易就以為，只要持續重複某個行動，就會變成習慣，但現實不是這樣運作的。我有個朋友參加「全國小說寫作月」，參加者每天必須寫一六六七字，以便在一個月內完成五萬字的小說。他輕鬆地達到進度，以為這樣做就養成了寫作的習慣，但是過了那個月以後，他就不再動筆了。他努力衝過了終點線，卻沒有養成習慣。一位部落格的讀者留言：「衝過終點線通常意味著停止之前的習慣。例如大齋節期間，我每天誦念玫瑰經，我打算大齋節結束後繼續下去，但是復活節之後（大齋節最後一天）我就停了。」

終點線把我們想無限期執行的行為（例如跑步、寫作、個人修持）分成「開始」和「停止」兩段，但「停止」往往成了結束。研究顯示，懷孕期戒菸的女性，在分娩後六個月內又開始抽菸的人多達六〇%到七〇%，這個比率令我相當震驚[5]。她們辛苦戒菸幾個月，把化學菸癮排出體外，卻在衝過終點線後又前功盡棄。

終點線的獎勵對節食者最為不利。節食是非常熱門的活動，二〇一二年，美國成年人中，每五人就有一人在節食[6]，但節食的成效向來很差。根據限制卡路里飲食的研究結果，長期來看，有三分之一到三分之二的節食者，最後回升的體重比當初減掉的還要多[7]。為什麼？或許是因為節食者通常會設定目標體重，一旦達到終點線，他們又會恢復原來的飲食習慣。一位讀者解釋：「我當初為了穿上結婚禮服，採行阿金減肥法（Atkins diet）。婚禮一結束，我就開戒，愛吃什麼就吃什麼，結果減掉的重量都回來了。但是要我再來一次真的很困難，沒有婚禮可以給我動力了。」維持健康體重不能只採行短暫的減肥法，必須**永遠**改變飲食習慣。

下一個目標……穿上度蜜月時的衣服！

當然，有些人確實有活力可以不斷重新開始，只要目標對他們來說值得了，他們就能做到。一位朋友告訴我，她動了膝蓋手術，因此做了好幾個月的物理治療。

「復健一定很辛苦。」我說：「我知道你以前從來不喜歡上健身房。」

「沒錯，現在我倒是常去。」

「你是怎麼堅持下去的？」我問。

「我有個目標，就是和孩子去滑雪。我知道要是我不做復健，永遠也無法達到那個目標。」

「即使沒有那個目標，你應該也會堅持下去吧？畢竟，不復健的話，你的膝蓋就失去功能了，那很重要。」

「要是沒有那個目標，我也不知道我會不會一週復健好幾次，還持續好幾個月。我想應該不會，我可能一週只會去一次。」她坦言。

「對你來說，和家人一起滑雪的目標奏效了。」

「沒錯，上週我們一起去滑雪了。」

「現在你衝過終點線後，還會繼續去健身房嗎？」

她停頓了一下：「我想應該會吧，因為我有新的目標了，我想練好身材。」

「有新目標很好，但要小心。」我提醒她。「根據我的研究，這是危險期。你的獎勵代表一個停止點，表示你又要重新開始，而重新開始很難。所以，你要對這個習慣更用心。」

幾個月後，我很好奇她的新目標效果如何。我問她是否持續上健身房，她回答：「有！因為我的新目標——重新穿上度蜜月時穿的衣服——持續激勵著我。」

我很佩服我這個朋友的毅力，這招對她有效。我發現有些人比較適合設定連續的目標，而不是養成習慣。此外，她屬於質疑者，所以連續衝過幾條終點線，或許可以滿足她需要充分理由的欲望。對我這種自律者來說，不斷設定及投入新目標實在太費神了，專心養成習慣還比較容易。

許多人確實覺得衝向終點線很有幫助，一鼓作氣的衝勁有助於啟動新習慣，或是為現有的習慣挹注新活力。例如，很多人為了啟動新行為，會刻意鎖定某個習慣三十天。不過三十天之後，他們應該要小心提防終點線所代表的特殊挑戰，以便在衝過終點線後，能夠投入更多的心力去維持好習慣。三十天一鼓作氣的真正考驗，其實是發生在**第三十一天**。

如果他們想把新行為變成習慣，應該採取防範策略裡的「若則」設定，事先判斷衝過終點線後應該如何繼續——也許是持續設定新目標，像我那位動膝蓋手術的朋友那樣，以新目標替代舊目標；或者是想好這個日常習慣應該會是什麼樣子。

運動最棒的獎勵，就是讓你更想運動

既然獎勵可能會破壞習慣的養成，我當然不會想用獎勵來激勵自己。但話說回來，習慣也必須在某方面帶來回報，讓人覺得辛苦是值得的，否則幹嘛大費周章呢？

所以，我的挑戰是在**不獎勵**自己的情況下，又要讓習慣顯得**很值得**。這要怎麼做呢？

答案是：**從習慣裡面**尋找獎勵，讓那個獎勵鼓勵我更投入習慣。如果我是從習慣之外尋找獎勵，就會破壞習慣；反之，從習慣之內尋找獎勵，則會強化習慣。大量寫作的自然結果，讓我能買更好的新筆電（因為太常打字，鍵盤壞掉了）。每週我做重訓時，都是走路去健身房，再搭計程車回家。搭計程車而不是坐地鐵，當然很任性，但我認為：「辛苦運動之後，身體自然會感到疲累，既然累了，就有理由搭計程車回家。」

朋友告訴我：「我想減少飲酒量，所以想戒酒一個月。為了獎勵自己，我會為自己買一台 iPad。」他都這樣說了，我當然要推薦他上述的方法。

我說：「既然你想要長期改變習慣，我能否建議你換個方式思考？」

「當然可以。」

「戒酒可以省錢對吧？」

「那當然，我在餐廳和酒吧花了不少錢。」

「所以，不喝酒的**自然結果**是你會有更多的閒錢，你可以拿那些錢去買 iPad 或任何東西。買 iPad 不是戒酒的**獎勵**，而是因為戒酒後省下酒錢的自然結果。」

「我不太懂你的意思。」

「假設你打算開始帶便當上班，你不該想：『為了獎勵我自己準備便當，我週五要去昂貴的餐廳大吃一頓。』而是這樣想：『既然我天天帶便當上班，我可以把省下的錢拿去買一套上好的刀具，這樣一來我的烹飪習慣會更有趣。』」

「這有什麼差別？」

「『獎勵』會改變你對行為的態度，在某個時點，那個獎勵會促使你思考『我戒酒是因為我想要一台iPad』。但如果你想的是：『我戒酒是因為我想過得更健康、更有活力、更能掌控自己的生活，而且額外的好處是我有閒錢去買想要的東西。』那是不同的心態，可能會改變未來你對喝酒的觀感。」

好習慣的獎勵就是習慣本身。我造訪過某家《財星》十大企業，他們有一個很棒的健康政策：一年至少使用公司健身房七十五次的人，隔年免繳健身房年費。我覺得這個措施是追蹤策略、問責策略、方便策略（因為免費會感覺比較方便）、獎勵策略的完美結合。那家公司提供的獎勵是**更多的運動**（這讓我想到一則老笑話：在律師事務所裡晉升為合夥人，就像參加吃派大賽，獎品是獲得更多的派）。

除了習慣所帶來的好處之外，堅持習慣也帶給我自我成長的滿足感。在堆積的硬幣中增添一枚硬幣，看著硬幣逐漸累積，就是一件很有成就感的事。UP手環讓我有持續進步的感覺，而且也沒有終點線所代表的風險。持續進步，和終點線完全是兩回事。

| 第17章 |

不用大舉慶功，但可以小小寵愛自己一下

快樂人生的一個祕訣，是持續享受小小的娛樂。

艾瑞斯・梅鐸《大海，大海》

（Iris Murdoch, *The Sea, the Sea*）[1]

過去幾過月，我啟動了許多習慣。身為自律者，我積極地迎向它們，打算無限期地執行下去，沒有終點線。不過，我雖然提高了生產力和專注力，這些新活動有時也會讓我覺得負擔有點重，連我自己都覺得很累人。

這時娛樂策略就派上用場了。娛樂和獎勵不同，獎勵必須是努力掙來的或合乎情理，至於娛樂則是**純粹因為我們想要**而給自己的小小樂趣。不需要表現良好才能得到，不必努力掙得或合乎情理。

「娛樂」可能聽起來像放任自己、隨便又任性的策略，其實不然。因為養成好習慣會是很累人的過程，娛樂可以扮演重要的調劑角色。當我們給自己適度的娛樂時，精神會為之一振，有被安撫的滿足感，也會提升自制力，而自制力可以協助我們維持健康的習慣。研究顯示，發給自己一顆小小的糖（例如拿到意外的禮物或看一部有趣的影片），自制力會跟著提

升[2]。我發現我和朋友喝過咖啡後，當天更容易面對「萬事通時間」。這是一條成人的祕密：給自己更多的空間，更有能耐應付苛求。多愛自己一點並不是自私。

相對的，當我們得不到任何娛樂時，會有被淘空的感覺，開始產生怨恨與憤怒，覺得自己理當放縱一下。我們開始對安適感產生渴望，一有機會就想抓住安適感，即使那可能破壞好習慣也在所不惜。

來，為自己寫一張「娛樂清單」

為了強化好習慣，我決定列出一份娛樂清單，但是，這其實沒那麼簡單。許多熱門的娛樂都需要付出代價，比如說，去參觀博物館需要舟車勞頓一番；買新鞋，傷荷包；今晚喝馬丁尼，明早可能宿醉。我最喜歡的娛樂是閱讀，閱讀也會占用時間、需要專心，不見得容易辦到。一位讀者在部落格留言：「我很愛彈鋼琴，但是需要專心，有些日子我覺得注意力已經耗盡，無法再花心思彈鋼琴了。」

我先從收集他人的點子開始著手。例如，有些人的娛樂是翻閱藝術書籍、食譜或旅遊手冊；出去散步順便拍照；睡午覺；輕撫貓狗之類的寵物（所謂的「毛小孩療癒法」）；到露營店閒逛；翻閱家族相簿；把藝術明信片夾在汽車的遮陽板上，塞車時可以轉移注意力；去看喜劇表演；看棒球賽；聽播客；畫著色書；去遊樂園；學習新魔術。

娛樂不能太難，這點很重要。一位朋友告訴我：「每天送孩子上學後，我會回到床上躺個二十分鐘，可能是睡回籠覺或只是躺著。我還是會在早上九點開始工作，但那點小小的放任讓我很快樂。」一位住在倫敦的朋友告訴我：「我的行事曆很滿，但是一天兩次，我會撥出十五分鐘坐下來喝杯咖啡，翻翻《國際先驅論壇報》（*International Herald Tribune*），不查電子郵件，也不工作。我不需要其他的休息時間，但我要是連那兩段十五分鐘都無法得到，我會很生氣。」另一位朋友說：「視情況而定。不過我在想，有沒有什麼娛樂跟性愛有關。」他笑著說：「我甚至不想明說我在想什麼。」

我說：「千萬別說！不過，與身體有關的娛樂似乎有特別的效果。」

建設性破壞，是世界上最愉悅的事

有時候，娛樂可能看起來不像娛樂。英國女作家簡・斯特拉瑟（Jan Struther）說：「建設性的破壞是世界上最愉悅的工作之一。」[3]我也有同感，攪碎信件、清空檔案夾，甚至剝水煮蛋，都可能給人愉悅感。妙的是，當我處於某種心情時，清理雜物對我來說也是一種娛樂。讀者在我的部落格分享了一些不像娛樂的樂趣：熨衣服、寫程式、翻譯拉丁文。

詹米的同事為了慶祝生日，送給自己的娛樂是：走將近十公里的路去上班。我問：「她那樣做是為了證明她有能力做到，還是真的把它當成娛樂？」

「喔，她是真心想那樣做。」詹米向我保證，「純粹是為了好玩。」

我喜歡聽其他人分享他們眼中的娛樂，但我還是會自我提醒：「做自己！」別人認為有趣的事，我不見得覺得有趣，反之亦然。一位朋友說：「我喜歡上CrossFit健身課程，我覺得很有趣。」我心想，也許我可以想辦法讓自己轉念，把瑜珈課或運動視為娛樂。但我接著又想到，不行，我確實喜歡運動，但是認真來講，它並不是娛樂。一位朋友告訴我，她最愛的娛樂是去買禮物，但是對我來說購物實在太辛苦了，是需要納入「萬事通時間」處理的苦差事。我希望我的興趣可以涵蓋素描、打網球、烹飪、玩拼圖、演奏樂器之類的活動，但是這些事情對我來說都不是娛樂。

我列出我的娛樂清單，其中一項最愛的娛樂是上圖書館。我喜歡記錄想看的書、查詢書號，在書架之間繞來繞去，把想看的書找出來。歸還圖書館的借書，也是我一種奇怪的樂趣（或許這是我的「完結者」個性使然）。我喜歡從書中抄下喜愛的片段，加入我收集的嘉言錄裡頭。我把睡眠視為一大娛樂，所以我不像有些人那樣排斥提早就寢。對我來說，早睡是一種奢侈的自我放縱。

美好的味道也是一種不錯的慰勞方式，而且可以立即享受，無需成本、不必費力，也不用事先規畫。我可以馬上從葡萄柚的清新香氣、乾淨毛巾的宜人芳香，或器材店的新產品味道獲得樂趣。我提醒自己**注意**這些樂趣，用心體會我聞到的香氣。

學會體驗，小娛樂會變成大享受

所謂的「娛樂」是我們自己認定的樂趣，我們很容易就忽略了自己有多喜愛某個事物。當我們注意自己的樂趣所在，並好好體驗時，即便是小娛樂也能帶來大享受。就算是泡一杯香草茶或是剛削好一枝鉛筆這種微不足道的生活小事，都足以當成娛樂。我點燃香薰蠟燭時告訴自己：「看好了，你正在犒賞自己。」有時我們甚至可以把難度高的習慣想像成娛樂，那樣一來就比較容易持續下去。一位讀者指出：「我把運動視為『該做』的事時，很難養成習慣，後來我決定把每日散步或越野滑雪視為娛樂——忙碌一天後可以好好獨處的時光。不知怎的，這樣反而更容易當一回事。」

孩提時保留下來的喜好具有特殊的力量。小時候，大人很少會讓我喝汽水，也很少買書，通常都是去圖書館借書。所以，現在我可以盡情做什麼？喝低卡汽水、買書（買書的樂趣和上圖書館的樂趣完全不同）。所以，或許身為家長的你有必要好好想想，自己能為孩子設定什麼喜好或樂趣。

一位朋友認為她應該放棄她的娛樂，她告訴我：「我真的很愛咖啡，但我知道我應該戒掉。」

「為什麼？」我追問：「是因為喝了晚上睡不著？還是胃不舒服？」

「都不是，咖啡對我沒有影響。」

我忍不住開始幫咖啡辯護：「你需要一些娛樂，而且咖啡是很好的娛樂，即使你買很貴的咖啡，也貴不到哪去。還有，喝咖啡可以提神，集中注意力，只要不添加怪東西，本身不含糖、碳水化合物、脂肪或熱量，而且確實有抗氧化劑、維生素、礦物質，甚至還有纖維質。只要適量飲用，咖啡因也無害。況且，喝咖啡也是一件樂事，可以呼朋引伴一起喝一杯。」

「但我喝太多了，我至少應該減量。」

我說：「何必呢？你應該好好享受！塞繆爾．詹森說：『要是受苦受難後卻一點好處都沒有，也無法阻止邪惡，那就太冤了。』[4]只要不會造成問題，所有習慣都不算惡習。」

我覺得我還是沒有說服她。

哪種方法有效，要看你屬於哪種傾向

要把時間、金錢或精力撥出一點給娛樂，可能很簡單，也可能很困難，視每個人的傾向而定。叛逆者隨時都可以給自己發糖；而自律者的我，有強烈的自我保護意識，我會對自己說：「我快不行了，我要停下工作去讀《榮格傳》一小時。」

質疑者希望他們的行動都有個好理由，所以只要他們認為娛樂不是無謂的浪費，他們會很樂意給自己一些娛樂。

比如說，質疑者抱持以下的想法可能有益：「按摩可以提升免疫力」、「我要和哥哥一道去看足球賽，以便拉近我們的感情」。有的質疑者喜歡把娛樂想成「投資」，一位質疑者寫道：「我會去很貴的髮廊剪頭髮，因為專業的剪染有助於我的職涯形象（但或許這只是我自己的感覺）。」當然，有些質疑者可能認為「只要我喜歡」，這個理由就夠充分了。

相反的，盡責者覺得把時間、精力或金錢投注在他人身上更恰當，他們可能很難對自己好一點。但是有娛樂對盡責者來說很重要，因為他們很容易過度疲累、習慣被剝奪，或是習慣為他人做太多事，這些都可能讓他們心生不滿，而覺得自己被忽略、受委屈。一位盡責者談到盡責者物極必反的現象：「我經常苛待自己而去善待他人。不過，偶爾我會抓狂，當我處在那種罕見的『盡責者反彈』期時，就會義無反顧地對自己更好。」另一位盡責者說明他如何運用盡責者的性格，來說服自己至少有一種經常性的娛樂：「我不是個會善待自己的人，但對別人卻很寬容。我也放不下我該負責的人事物。不過，我會設法每週留一晚給自己去溜冰，我還加入了溜冰隊，這是典型的盡責者做法，因為當別人不需要我時，我就不會出門。」

把娛樂想成對他人有益，是讓盡責者設法給自己娛樂的好方法。「我花幾小時打高爾夫球後，不管是對家人或工作都比較有耐心。」一位讀者留言，「我剛剛才砸大錢買化妝品，這輩子我買的所有化妝品都沒花我這麼多錢。因為我決定要好好注意外表，讓自己更有魅力，這對維持婚姻也有幫助。我的最終目標是改善人際關係，不只是讓自己感覺更好而已。」

盡責者身邊的人可以多鼓勵他們善待自己，提供外在問責讓他們義無反顧地投入娛樂，避免他們產生倦怠感及物極必反的現象。「你說你想睡個午覺，不睡的話很容易暴躁，那就去睡吧。我們一個小時內不會去吵你。」

四種傾向的人對於是否要安排經常性的娛樂活動，可能有不同的看法。身為自律者，我比較喜歡事先安排好的娛樂，我喜歡期待的感覺。叛逆者比較喜歡一時興起的娛樂。質疑者只在乎能否提高娛樂的樂趣。至於盡責者，他們需要外在問責去推動他們投入娛樂活動，通常這也意味著需要先安排好時間。

小心！這三種娛樂特別危險

有益身心的娛樂，讓我們活力充沛、心情愉悅，有助於培養好習慣。反之，不健康的娛樂必須小心提防，它們可能帶來一分鐘的快樂卻後患無窮，讓你產生內疚、懊悔、失控或其他的負面感受。一位讀者在我的臉書專頁留言：「我的娛樂對我**從來**沒有好處。當我感覺良好時，會覺得做點糟糕的事也無妨；而當我感覺不好時，會覺得我更應該放任自己做糟糕的事。」另一位讀者說：「我把蹺課當成娛樂，這對我造成了不好的影響。我為了讓自己感覺更好而蹺課，但蹺課後卻總是讓我感覺更糟。」

有三種娛樂活動特別危險。第一，吃東西。放任自己享用食物，當下覺得很好，但長期可能感受更糟。一項研究發現，女性焦慮或憂鬱時喜歡吃巧克力，但是這只會讓她們更有罪惡感[5]。總之，難以抗拒食物的人，找非食物的娛樂對自己更有好處。

第二，購物。對許多人來說，購物是一種娛樂。令人意外的是，研究顯示，感覺**良好**時比感覺**惡劣**時，更容易衝動購買。購物像一場小冒險，透過觀察、觸摸、品嘗、嗅聞來體驗世界，感受搜尋、討價還價、從待辦清單中槓除任務的樂趣。不過，花太多時間和金錢在購物上，可能讓人感覺更糟。因此，有些人會限制自己只看不買或只能到跳蚤市場挖寶，以免購物完後更加焦慮。一位讀者寫道：「我有時確實會為了娛樂、放鬆或提振心情去購物，但我在逛進店裡前，會先設定好消費上限。」

另一位讀者則是把線上購物車裝滿後，不結帳就離開。一位讀者留言：「我外出辦事時，會趁機走一趟古董店，但幾乎沒買過東西。擺滿美麗商品的店真是令人心曠神怡，就像小型的藝術博物館。」另一位讀者解釋：「我常上網購物，有時頻率太高了。最近我要是看到喜歡的東西，會先把它貼上 Pinterest，而不是馬上下單。這樣往往滿足了我的購買欲，讓我享受買新東西的愉悅感，光是想到我把它存在某處就挺開心的。」不過，就像食物一樣，難以抗拒購買欲的人，可能還是找跟購物無關的娛樂比較好。

第三類的危險娛樂是什麼？看螢幕的時間，尤其是電視節目（無論你是以哪種形式收看）。美國人有一半的休閒時間都花在看電視[6]。我雖然不太看電視，但我決定把看電視當成娛樂，而不是固定的娛樂活動。我認為只要我做到下面幾點，電視就可以當成娛樂。

・只看我想看的特定節目，而不是一直轉台找節目看。
・和別人一起看。
・看完一集，就關掉電視。
・看完一集後，會覺得充好電了，而不是無精打彩。

不管看哪種螢幕，看太久都會消耗能量，而且也占用了做其他事情的時間，也容易讓人太晚睡，或不自覺地吃東西。科技就像習慣一樣，既是忠僕，也是惡主。

有好的娛樂放鬆一下，會讓人更容易守住好習慣，但是若把娛樂變成習慣，感覺就不像娛樂了。所謂「娛樂潛變」（treat creep）就是指娛樂逐漸變成常態，或是小小的放縱卻占用越來越多的時間。哲學家康德（Immanuel Kant）只允許自己一天抽一回菸斗[7]，但是日子一久，他的菸斗越換越大。每週用高檔的沐浴鹽一次是娛樂，天天用就可能變成背景式的生活常態。我可以一本接一本地翻完書架上的所有雜誌，但我選擇把它們當成娛樂，花少少的時間翻一兩本。很多事情可以變成日常活動，也可以淺嘗輒止，當成娛樂。

當然，某種習慣究竟是好或不好，端看個人而定。

一位朋友告訴我：「如果你要培養好習慣，就應該戒掉喝太多汽水的習慣。」

「不行！」我回答。「我不覺得那是壞習慣，一般的汽水很糟，但我從來不碰那種汽水。」

「汽水對你沒好處。」

「還好吧！」我聳聳肩說道。「我不抽菸、很少喝酒，吃的是低醣食物，而且我也不認為低卡汽水有害健康。喝白開水對我會比較好嗎？可能吧，但喝低卡汽水對我來說是娛樂。」

解放我們，且能讓我們掌控

也許是自律者的性格使然，我每天翻閱行事曆，有時還覺得這是提振精神的一種娛樂。

事實上，有一天我妹告訴我：「我突然想到一件事，你很適合當修士。」

伊麗莎白非常了解我，我回應：「你這樣說太妙了，我上週才讀了《聖本篤規條》（*The Rule of St. Benedict*）呢。」這本影響深遠的指南有上千年的歷史，清楚說明了修道院的生活規章。「我喜歡修道院過日子的方式，每個小時都有個名稱，做特定的活動，規定得清清楚楚。」

不是每個人都喜歡這種規律的生活，叛逆者就肯定不喜歡。但我喜愛修士的時間表，裡面具體規範了每年的日常作息，每週和每季都有不同的變化。一天的每個時段各有其特色和目的，禱告、勞動、休息、進食、睡覺都有固定的時間。不太需要做選擇，不疾不徐，一切事情都有固定的時間。

他們還特別為「聖言誦讀」（lectio divina）設定了一個時間，我對那個活動特別感興趣，那也是一種娛樂。即便我們不是僧侶修士，為了快樂，我們也需要為美麗的事物、創意、服務及信念等超越世俗的事物特別騰出時間。遺憾的是，總有更迫切的事物占用了我們的時間，導致生活開始變得空虛、漫無目的。排出類似「聖言誦讀」的時間，灌溉荒蕪的心靈，我們可以像修士那樣讀聖書或是參加宗教儀式，也可以騰出固定的時間去翻閱藝術書籍、閱讀名人傳記、接近大自然、聽演奏會、當義工或冥想。對有些人來說，政治是他們的精神糧食，攸關正義、機會及自由等超然的價值觀。根據我的觀察，體育活動對某些人來說也是一種精神糧食，那是奉獻、忠誠、希望和毅力的表現。

一旦養成習慣以後，做起來就完全不費吹灰之力，不會用到意志力，不需要做選擇。但是在達到那個境界之前（很多習慣可能永遠都無法達到這樣的境界），給自己發點糖娛樂一下，可以幫我們維持自制力，走得更遠。歌德說過：「凡是能夠解放我們的精神，卻無法讓我們掌控自己的東西，都有破壞性。」反之，能夠解放我們的精神，同時又能幫我們掌控自己的東西，都有建設性。

第18章

不要坐太久，因為那和抽菸一樣傷身

養成新習慣或戒除舊習慣必須小心，盡可能抱著強烈的
決心投入……等新習慣在生活中扎根後才可破例。
每次破例就像放開一捆小心纏好的繩子，
一旦鬆脫，就要花更多的心力才能再纏好。
威廉・詹姆斯《心理學教本：簡明課程》
（*Psychology: Briefer Course*）[1]

我對搭配策略太熟悉了，熟到很久以後才注意到它。我常在生活中用到這種方法，用得自然而然，幾乎不加思索。有一次我無意中提起時，大家反應熱烈，我才發現我需要把它當成一項策略來看，好好研究。在搭配策略中，我把兩個活動結合在一起，一個是我需要或想做的，另一個不是我特別想做的，簡單來說就是一箭雙雕的效果。這不是獎勵，也不是娛樂，就只是**搭配**。

我跟一位朋友簡單說明了搭配策略，幾個月後，她說她已經成功改變了習慣。

「我一定要告訴你。」她熱切地說。「多虧你指導的妙招，我現在常跑健身房了，效果**太棒了**。以前我總是提不起勁去健身房，現在我恨不得天天去。」

「真的嗎？」我很高興她把這個轉變歸功於我，雖然我並未參與實際轉變的過程。「告訴我，你做了什麼？」

「我採用了搭配策略，現在我只在運動時看某些電視節目，這就是我上健身房的動力。我太迷那些電視節目了，我隨時都**想去**健身房。」

「太好了！」我說。「你曾經想過在家裡偷看一集嗎？」

「沒有，因為我知道，我只要偷看一次，以後就會一直賴在家裡看。**只能在健身房看**，這是我給自己訂的規矩。我曾經病了幾天，那時我想：『我無法去健身房，只能躺在這裡，所以看一下節目應該沒關係吧？』但我沒有縱容自己。」

一邊在家裡走動，一邊順手收納

我自己也用過搭配法養成運動的習慣。雖然我已經非常熱中低強度的運動，但有時還是會犯懶，搭配法幫我強化了上健身房的習慣。我很愛看雜誌，詹米和我訂閱很多傳統的紙本雜誌（我上次數了一下，總共十九本），我只准自己在健身房使用有氧運動器材時才翻閱（我可以一邊運動、一邊輕鬆地翻閱雜誌，可見我的運動強度不高，但至少我運動了）。我妹也是這樣利用家裡的跑步機，她邊用跑步機，邊看真人秀《紐約嬌妻》（*Real Housewives*）。她說：「這真的讓我**想要**用跑步機。」一大學時，我也是使用搭配法讓自己運動：我逼自己運動完後才能洗澡。我頂多拖個一兩天沒洗，但很快就受不了而跑去運動了。

搭配法可以套用在各種情況。大學畢業後，我住在舊金山，每天早上會出去散步，因為我會去離公寓半英里路程的貝果店買早餐。如果我想吃貝果，就得走路去（我覺得有目的的散步比較開心，例如去喜愛的咖啡館或爬到山頂）。我有認識的人會在「車內禱告」，每天下班開車回家時，就在車上禱告。有人會邊刮鬍子，邊看TED演講。一位經常出差的朋友要求自己，絕對不在飛機上工作，只能看小說，這個小習慣讓出差變得更有意思，也幫她維持閱讀的習慣。一位讀者留言：「我是廣告＋清掃，每次進廣告時，我就做點家事，例如洗六個碗盤、把碗盤放進烘碗機、清理飯廳等等。廣告結束後，我再坐下來看電視。這些小空檔可以完成很多事，而且一天結束時，我也不會覺得自己像條大懶蟲。」一位男士告訴我，他把藥盒放在咖啡機旁邊，要求自己一定要先吃藥，才能煮早上的咖啡。

一如所料，在四種不同傾向的人之中，自律者和質疑者都覺得搭配策略不難進行。盡責者會視情況而定，他們可能覺得這個策略很難執行，因為缺乏外在問責。沒有人要求他們：「你必須先吃藥才能煮咖啡。」不過，有些盡責者確實可以成功地執行這項策略。至於要叛逆者嘗試這種方法，往往行不通。

我經常會留意一些有趣的習慣養成觀念，朋友也經常向我推薦他們最喜愛的方法。一位收納成痴的朋友建議一種搭配方式，她說：「你可以試試我的習慣，我在家裡從一個房間走到另一個房間時，會帶著東西一起走。我不見得要把那個東西收起來，就只是把它移到更靠近它該待的地方。」

「那有什麼差別？」我懷疑地問。

「你做了就知道。」

她聽起來信心滿滿，所以我決定試試看。沒想到「走路＋順便帶東西」的簡單搭配竟然出奇有效。收納東西變得更容易，不需要特別費力或特地走一趟。比如說，我從臥室走到廚房時，就順便帶著大馬克杯；從前門走到臥室時，就順便帶需要歸回書架的書。這些事情看起來微不足道，但確實減少了家裡的雜物堆積。

站著講手機，約好友一起運動

搭配法也會給人一心多用的滿足感，因為可以一次完成兩件事情。一位朋友開始使用 Nike 的 FuelBand 運動手環後，馬上寫電子郵件給我：「早上我會去公園遛狗半小時，我希望能在遛狗之外，也做點別的事情。現在戴上手環後，我會更有意識地去看我走了多少步。此外，我也開始一邊遛狗、一邊聽有聲書，所以現在我可以一次完成三件事。」

我們也可以用搭配策略來阻止不良的習慣。例如，把「吃東西」和「坐在餐桌」搭配在一起，這樣你就不會從大碗盤裡直接取食，或是在書桌、車上、路上或站在冰箱前吃東西了。我自己看電視時，可能會利用幾天晚上，卯起來看完一整季的節目，但是後來我只准自己和詹米一起看那些節目，因為詹米一次只願意看一集，我再也不會為了看電視而拋下其他該做的事了。

我還試著找出可以運用搭配策略的其他方式。首先，為了增加活動量，每週末我都會出去走一大段路。問題是，我覺得那是不小的負擔。

我的十二守則之一是「把問題弄清楚」，所以問題出在哪裡呢？答案是我覺得走路很無聊。於是，我決定把「走路」和「培養友誼」搭配在一起。我寄電子郵件給兩位朋友，建議他們跟我來個散步之約。他們都欣然答應了，其中一位只能偶爾參與，另一位可以較常參與，雖然我們通常需要發多封電郵才能約好時間。我其實不介意這點小麻煩，因為這樣的散步之約原本就沒有固定的日期，感覺更像是娛樂。事實上，經過一段時間後，我發現當初我是為了多運動才養成了這個習慣，而實際上搭配策略對強化友誼更有幫助。與朋友一起散步的時光，比UP手環記錄的步數還要珍貴。

話說回來，我不見得每次都能找到一起散步的夥伴。艾麗諾喜歡聽有聲書，例如《哈利波特》系列、《小房子》系列、《納尼亞》系列，以及歷史書《世界的故事》。我靈機一動，也去買了菲力普．普曼（Philip Pullman）的《黑暗元素》（*His Dark Materials*）三部曲有聲書，邊散步邊聽。這讓我**快樂**極了，為了聽久一點，我還多走了五個街區呢。

我想多走點路，減少坐下來的時間。身為作家，多數時間我都是坐在椅子上，這令我相當不安，我希望自己能起來多走動，例如去吃點東西、上個洗手間或翻找資料。後來我在UP手環上設定每坐四十五分鐘就震動提醒我，我這才發現我久坐不動的時間比我想的要多出**許多**。

這絕對不能等閒視之，因為研究顯示久坐是個壞習慣，跟抽菸一樣傷身。資料顯示，美國人一天至少會坐上八個小時[2]。坐下時，新陳代謝會變差。一天坐好幾個小時，可能有提早死亡的風險，即使有運動習慣也會受到影響。此外，我也注意到多走動可以提升我的專注力和活力。

為了解決久坐的問題，我決定把「講手機」和「站立」這兩個動作搭配在一起。要使用手機時，我就必須站起來。我想買跑步機辦公桌已經好幾年了，這種跑步機的上方有個桌面，可以一邊走路一邊使用電腦或手機。但我的工作室太小了，放不下跑步機，退而求其次的方式是藉機會多站著。雖然我平常不太講電話，但是站起來講電話的搭配方式，還是多少能增加我的活動量。

搭配策略很有效，有時甚至是**太**有效而容易養成壞習慣。一些眾所熟悉的壞習慣搭配包括：「週末晚上我會喝得爛醉」、「收到電郵時，要馬上點開來看」。一旦兩種動作搭配成對，要硬生生拆開它們會讓人產生被剝奪感。

我有一位朋友非常喜歡在看電影時吃糖果，當她決定改變吃糖果的習慣時，必須連電影也一起戒掉。另一位朋友則把晨間咖啡和香菸搭配在一起，所以當他決定戒菸時，乾脆就改喝茶。

不過，雖然搭配可能養成壞習慣，但也可以用來限制壞習慣。一位記者告訴我：「我大學時有個壞習慣，每次考完試，我就會吃可頌麵包，我**非常愛吃**可頌。」

「聽起來還好。」我說。「那是不錯的搭配，因為你可以偶爾享用可頌麵包，再說你又不是經常考試，不會很常吃。這是一種自限性習慣，你不會為了吃可頌而跑去考試。你找出這個方法，來控制你吃可頌的習慣。」

「確實如此。」

「再說考試也不是什麼好玩的事，這樣的搭配可以讓考試變得不是那麼討厭。」

生活小細節，是帶來快樂的偉大藝術

我在思考搭配策略時，突然有個想法。我一向樂於鼓勵別人養成好習慣，所以**有時候**可能會雞婆了一點，這一點我相信我妹已經很習慣了。所以當她收到下面的郵件時，應該一點也不意外。

寄件人：葛瑞琴

你知道我想買跑步機辦公桌很久了，偏偏我的辦公室塞不下，但我想**你**應該試試看！

我去朋友家看他的跑步機辦公桌[3]，他說他都是在上面工作，很快就習慣了，而且他非常喜歡這種邊運動邊工作的方式。他說這樣工作以後，變得更有活力。反而不用跑步機時，整個人就會變得昏沉沉的。他通常每天可以走**七英里**，而且他把速度調得很慢。那種機器很安靜，噪音比冷氣聲還小。

你現在很難找到運動時間，你要忙的事情太多了，而且以後只會**越來越忙**。改用跑步機辦公桌也許可以幫你在不知不覺中解決缺少運動的問題，你可以一邊工作一邊走路。

我**很樂意**買一台送你！我從來沒送過你生日禮物，請你考慮一下！我好希望可以豪爽的馬上訂一台給你，讓你的助理把機器擺進你的辦公室，但我又擔心貿然送一台跑步機辦公桌過去，就像硬要送一隻小貓給別人那樣唐突。

你考慮一下吧！

寄件人：伊麗莎白

你的提議太讚了！先讓我想想！

過了幾小時後，她又寄來一封電子郵件，不僅告知她的決定，也提到她的長期寫作夥伴兼共同節目製作人莎拉的決定：

寄件人：伊麗莎白

好的……先來點鼓聲……我懷著興奮及感恩的心情，接受你的超級大禮！我真的覺得這個跑步機辦公桌會改變我的生活，那正是我需要的，我已經昭告辦公室的所有人，我打算就黏在上面工作了。

再來一段鼓聲……莎拉也打算買一台！她說她沒辦法看我整天走路，卻自己癱在沙發上。我們打算在我的辦公室裡放兩台跑步機辦公桌，就擺在白板前面。我們會在她的辦公室擺兩張小桌子。我們相信我們將掀起一股電視編劇的新潮流。

多謝啦！我已經迫不及待了！

不到一週，兩台跑步機都送到了，我打電話給伊麗莎白了解情況。

「如何？」我問她。「感覺如何？」

「真的很棒！」她說。「我們整天都在用。」

「會需要適應嗎？」

「一點也不。我們經常在辦公室裡重寫劇本，所以我大概可以走三個半小時，我走得不快，有時慢到時速〇．五英里，但總計還是可以走四．五五英里。等我更習慣以後，視工作內容而定，我還可以加快速度。」

「你可以走四．五英里以上？真是太好了！」

「我比較在意**距離**，莎拉比較在意**步數**，她看到累積的步數以後，立即愛上這種工作方式，我們會繼續追蹤下去，看我們能走多遠。」

「你還可以用地圖追蹤！例如『我們已經走到舊金山了』，鐵定很有成就感。」

「沒錯，看到數字持續累積，我就熱血沸騰了。而且也讓工作狀態變得更好了，我們和製片廠開會討論劇本時，一開就是四十分鐘，我全程都在跑步機上。而且我告訴莎拉，我們也比較少吃零食了。」

「那很合理。」我說：「因為人類對些許的不方便都很敏感。吃零食要先下跑步機，就不用說還要走到零食櫃了。你感覺如何？」

「腳確實會痠，我想久了應該會習慣。不過最重要的是，我想看它能否幫我降低 A_1C 數值。對我來說，最重要的是血糖值。」

過了一段時間後，我又打電話問伊麗莎白的狀況。她很快就愛上在跑步機辦公的習慣，每天走大約五英里。她依然不知道那對 A_1C 值有什麼影響，因為必須去醫院檢查才知道。

「上次檢查，我的 A_1C 值很糟。」伊麗莎白說。「對我來說，讓數值降下來最重要。如果跑步機辦公桌能幫我做到，那等於幫我扭轉人生了。對罹患第二型糖尿病的人來說，這點特別重要，我很訝異醫院竟然沒想要送病患一台跑步機辦公桌，因為相較於服藥和看病的成本，跑步機辦公桌簡直太便宜了。我覺得像 Google 之類的公司，應該幫員工買這種辦公桌，而且這還有紓壓效果。現在工作上發生問題時，我的反應比以前還要好。下班時，我知道不管接下來要做什麼事，我今天都已經走了五英里了。」

伊麗莎白在擁有跑步機辦公桌以前，始終無法把運動變成習慣。現在她可以運用搭配策略，在方便、追蹤及奠基三個策略的輔助下，好好養成這個習慣。

此外，伊麗莎白屬於盡責者，她告訴我：「把運動視為對治糖尿病的責任時，比較容易促使我運動。」

我再次看到，當我們把習慣塑造成對自己最合理的方式時，比較可能養成習慣。我從來沒想過要把運動視為「對治糖尿病的責任」，但聽我妹這麼一說，我馬上就明白為什麼這樣想對她有用了。

伊麗莎白因為有糖尿病，多運動對她來說是非常重要的習慣，我很高興我幫她養成了那個習慣，但有時我也覺得我對習慣這個議題的沉迷有點誇張。花那麼多時間思考如何吃得更好、睡得更多或者更快完成待辦清單，會不會很荒謬？

人生太重要、太美妙了，好像不該浪費在這些瑣事上。專注於習慣似乎眼界很小，但說到底，養成這些習慣可以讓我不再去思考那些瑣事，把心思放在更值得關注的事物上，並確保日常生活能夠穩定運作。

這些日常行為雖小，但都有它們的價值。日常習慣形塑著我們的未來，個別來看都是小事，但結合起來卻分量十足。這又讓我想起塞繆爾·詹森的名言：「從小事著手，才能掌握減少悲傷、增進快樂的偉大藝術。」

Part 5

其實你跟別人一樣，都是獨一無二的

老話一句，「我跟別人一樣，都是獨一無二的。」然而，想要了解這個獨特的自己，我們除了可以藉由自我檢視（比如第一部所提到的），也可以透過與他人的對比，更加深入了解我們自己。在這個單元中，涵蓋了以下三個策略：「明確」、「身分認同」及「他者」策略。教我們從他人的立場思考，從而凸顯出個人的價值觀、興趣和性格。多了解自己一分，就有多一分的把握去養成習慣。

| 第19章 |

不要學政客空口說白話，清楚寫下你的明確行動！

人們會為了自己做的事付出代價，
也會為他們允許自己成為什麼樣的人付出代價。
這代價很簡單：就是他們的生活方式。
詹姆斯．鮑德溫《街頭無名》
（James Baldwin, *No Name in the Street*）

習慣最令人不解的一點就是：有些習慣很容易養成，有些習慣好像再怎麼努力都無法堅持下去，為什麼呢？原因有很多，但我發現有時問題出在不夠清晰明確。自己的心態有矛盾，例如想做某件事，卻又不太想做；或是想要某種東西，但也想要與它相互衝突的東西；或是每個人都覺得某種習慣很重要，但我不覺得。

我花了很長的時間才了解這個策略的重要性。我一向要求凡事都要很具體，而所謂的「明確」似乎有點抽象，但是，這個特質卻是習慣中極其重要的一個元素，也很實際。

有助於習慣養成的「明確策略」可以分為兩種：一是**明確的價值觀**，一是**明確的行動**。我的價值觀（不是別人的價值觀）以及我對自己的期望（不是別人對我的期望）越是清楚明確，就越有可能堅持那個習慣。

研究顯示，當我們的目標相互衝突時，就無法管理好自己，會變得焦慮、麻木，結果往往什麼都沒能做成。回想起這幾年老是無法養成的那些習慣，我發現之所以中斷或破功，往往是因為態度不夠**明確**。我應該利用上午處理電子郵件，還是念書給小女兒艾麗諾聽呢？每週六下午我應該全心工作，還是放鬆偷懶一下？我應該鼓勵老大伊萊莎在有人陪她的廚房做功課，或是讓她遠離噪音，心無旁騖地在自己房間裡寫功課？我自己舉棋不定，這些矛盾選項的不確定性令我傷神。就像布利登之驢*，站在兩堆乾草之間左右為難，因為不知道該吃哪一堆乾草而餓死，我也因為優柔寡斷而兩頭落空。

我和別人聊到習慣和快樂時，常聽到以下幾種矛盾的價值觀一起出現：

我想一一〇%的投入工作。	我想一一〇%的投入家庭。
我想寫小說。	我想運動。
我想多睡一點。	我希望每天都有一些時間和所愛的人說話、看電視、玩樂。
我想少花點時間在車上。	我希望孩子多參加一些課後活動。
我希望自己是個隨和的人。	我希望有獨處時間讓我思考及工作。
我想省點錢。	我想加入健身房會員。

下班後回到家我想放鬆一下。	我想住在乾淨又整齊的屋子裡。
我想認識新朋友、見見老朋友。	我想要更多獨處的時間。
我想多存點退休金，為未來打算。	我想去旅行，享受當下。
我想少喝點酒。	我想成為派對裡的焦點。

從以上的兩兩配對可以看出，每個人都會遇到這種態度不夠明確的狀況，因為兩種重要的價值觀互相矛盾了。由於兩者都很重要，所以我們在養成習慣時，不知如何取捨。

仔細想想：這是真衝突，還是假兩難？

當我面對看似衝突的價值觀時，會先提醒自己想想這種情況是不是假兩難，難道我一定得二選一，無法兩者兼顧嗎？

艾麗諾同學的媽媽告訴我：「我不能去健身房，因為我兒子希望我念故事書給他聽。」她似乎

＊編按，十四世紀法國哲學家布利登（Jean Buridan）所說的一則寓言故事。

對此還頗得意，我想像她的內心戲是：「我願意為了兒子而犧牲自己的渴望。」（我猜她應該是個盡責者。）

雖然我沒有明白告訴她，但我覺得這聽起來像是個假兩難的情況，我想對她說：「當個好家長很重要，但是在**這種情況下**該以什麼價值觀為重？或許你既能去運動，也能念書給兒子聽。你可以利用非運動時間來念故事書。」

當我們逼自己釐清狀況、找出問題時，可能就會發現新的解決方案。我聽說有一對夫妻去做婚姻諮詢，因為他們老是為了家事爭吵，爭論的重點是：究竟是家裡一塵不染比較重要，還是有充分的休閒時間比較重要？他們吵個不停，後來決定不再去做婚姻諮詢，省下那筆錢每週請清潔人員到府打掃。一位朋友喜歡週末出去騎很久的單車，但他也想多陪陪家人。有很長一段時間，他總是在兩者之間舉棋不定，不論做哪一件事都覺得不踏實。後來他逼自己釐清衝突的本質，終於發現解決方案：週六和週日，早上五點起床先去騎車六個小時，剩下的時間都待在家裡。

承認吧，你運動的最大目的是想讓身材好，健康其次

當我們可以清楚看出習慣及其所對應的價值觀之間的關聯時，就更容易堅持習慣。我有鋪床的習慣，因為我知道這個習慣會讓我心平氣和。每天早晚我都會親吻女兒，因為這個習慣讓我覺得親

子關係更親密。

歡愉、虛榮、吹毛求疵……，這些世俗的價值觀和崇高的價值觀同樣有說服力，這點可能是真的。我想，為了避免口臭而刷牙的人，應該會比為了避免蛀牙而刷牙的人還要多。一位健身教練告訴我：「男人來健身通常是為了想要精進運動技巧，或是找回失去的東西（例如爬樓梯不會再氣喘吁吁）；女人來健身通常是為了讓身材變得更好。至於身體健康，對男人女人來說，都只是次要的理由。」

當習慣缺乏明顯的價值時，一般人比較不容易堅持下去。當病人發現服藥和病情之間沒有明顯的關聯時，往往會想要停藥，例如服用高血壓藥物的人。我一直想讓全家人都打流感疫苗，之前都只是想想而已，沒有付諸行動，後來伊麗莎白得知她的糖尿病可能是嚴重的流感造成的，我們才真的去做。如果只是感冒幾天，似乎不需要大費周章去打流感疫苗，但如果感冒有罹患糖尿病的風險呢？現在，我們年年都打疫苗。

明確也是排程策略可以如此有效的一個原因。對我來說，有寫作的時間、陪伴家人的時間、閱讀的時間很重要。與其為了看似衝突的優先要務舉棋不定，覺得無法兼顧，不如善用排程策略一清二楚的明確度，確保我有時間和心力投入每項重要的活動。

此外，明確策略也可以凸顯出我們想要掩飾哪些面向，我們必須特別注意我們想要**掩蓋**的習慣。不想讓家人或同事看出端倪（例如不想讓他們看到電腦螢幕的畫面，或是不想讓他們知道我們因為某個習慣花了多少時間或金錢），所透露的是我們所做的行為沒能反映出我們的價值觀。一位讀者寫道：「我會偷偷去血拼，然後把購物袋藏在儲藏室裡，不想讓人知道我買了什麼。」

對於想要隱藏的壞習慣（例如抽菸、購物、在臉書上追蹤舊情人），有一種克服的方式是逼自己公開。我們可以選擇放棄保不住祕密的習慣，或是發現其他人也有同樣的習慣而感到安心。一位讀者留言：「我的祕密習慣是收看賀曼頻道（Hallmark Channel）的節目，我尷尬地跟朋友透露這件事，她說：『我也是！』」

當然，我們隱匿習慣可能是基於其他原因。一位讀者留言：「我偷偷寫作，不讓人知道，每次有人問我在忙什麼，我從來不提寫小說占據了我大半的時間。我覺得自己不夠誠實，但是告訴別人我在寫什麼，又讓我覺得沒有安全感。」很多人偷偷開部落格也是一樣的道理。

我們也應該特別注意我們覺得有必要**解釋**的事情，沒必要的自我辯解，反而欲蓋彌彰。有一次我向詹米解釋那天我什麼事都沒做的原因，但他根本不在意。我講完以後才發現，我之所以想要向他解釋，是因為我需要對自己隱瞞某件事——我不想承認我違反了自己的工作習慣。

朋友告訴我一個諷刺的例子：「我在超市排隊結帳時，突然發現我認識排我前面的那個女人。她沒有注意到我，我尚未開口，她就跟收銀員聊了起來。她指著自己買的食物（那些都是垃圾食物，有洋芋片、冷凍薄捲餅、餅乾等等）說：『我孩子要我買這些東西，他們愛吃得很。』但是她根本沒有孩子！她連**貓**都沒養。無意間聽到她說那些話，我感覺很難過，馬上換了一個櫃檯。」

在托莉．強森（Tory Johnson）的回憶錄《轉變》（*The Shift*）中，她寫道：「從拿到駕照那天，我就養成開車去得來速點餐的習慣。我開到得來速的窗口，搖下車窗，大聲對著點餐口，假裝我幫好幾個人點餐：『他們剛剛說想吃什麼來著？』彷彿店員真的在乎你幫幾個人點餐似的。」[1]明確策略，需要我們承認自己在做什麼。

每個人都有幌子，就看自己敢不敢面對

價值觀明確也可以幫我們辨識「幌子習慣」，亦即我們聲稱想要養成、實際上沒有意願去做的習慣。幌子習慣往往反映的是他人的價值觀或優先要務，比如「今晚我要開始自己下廚」、「我不要再買彩券了」。幌子習慣就像明日邏輯一樣危險，因為我們是在自欺欺人。

自律者對所有公開說出口的目標都非常認真，或許就因為太認真了，所以我每次聽到別人宣布幌子習慣時，總是心存疑慮。

有一次參加晚宴，我坐在一位男士旁邊，我注意到他講的事正是幌子習慣。他以沒什麼說服力的口吻說：「我要開始運動了，我真的需要運動。」

「為什麼你不運動呢？」我小心翼翼地問。

「沒時間，經常出差，膝蓋也不舒服。」

「聽起來你好像不是真的想運動。」

「喔，我非運動不可。」他回答。「每隔一段時間，我太太和孩子就要求我開始運動，我很快就會開始了。」

我理解。他其實不想運動，只是端出一個幌子習慣，對家人和自己假裝一下他即將開始運動——在未來的某一天。諷刺的是，如果這位男士是說：「家人對我施壓，但我其實不想運動。」這樣坦承自己的選擇，反而可能促使他下決心**真的想**去運動。反之，幌子說多了，會更不想承認自己的真正意圖，並否定自己正在做的事。

一位朋友運用明確策略來避開這種陷阱，她告訴我：「我知道運動很好，但我有兩個孩子，又要上班，如果再加上運動，那又多了一件要傷神的事。我想，等孩子年紀大一點，我再來煩惱運動好了。」

「很好！」我說。

她看來似乎鬆了一口氣，但也感到不解：「我還以為你會說服我現在就開始運動呢。」

「比起一直說『我應該運動』卻光說不練，我覺得直接明白地說『目前我還沒有時間去想運動的事』要好多了。同樣都是沒運動，但後者是你清楚知道自己在做什麼，你有掌控力，不會因為感到內疚而耗費心力。」此外，我也預期將來她真的決定開始運動時，那種自我掌控的感覺會幫她做得更好，因為她不會告訴自己：「多年來我一直想做這件事，但始終做不到。」

至於我，有什麼幌子習慣呢？我應該多宴客。我母親喜歡宴客，而且總是能讓賓主盡歡。我一直告訴自己：「我也要宴客！」但遲遲沒做。我總是說：「我應該把碗盤放進洗碗機，而不是堆在水槽。」但我還是繼續把碗盤擱在水槽。

我已經戒掉了一些幌子習慣，例如「我要教女兒寫謝卡」、「每晚我都要讀一首詩」、「我要把我讀過的書都記錄在 Goodreads 網站」、「我要使用那些精緻的瓷器」。我發誓，總有一天我會把那些精緻瓷器都拿出來用，但現在直接放棄這個念頭以及其他的幌子習慣，感覺是**一大解脫**。

四種不同傾向的人面對幌子習慣，反應各不相同。自律者的幌子習慣不多，因為他們通常會很認真看待每個期望，除非有些習慣可以隨性選擇（例如每晚讀一首詩），否則他們一定會去做。質疑者若不是真心相信習慣有堅持到底的充分理由，可能會以幌子習慣來搪塞。當盡責者因為背負他人期待的壓力，卻又缺少問責架構來逼他們行動時，會以幌子習慣來說服自己。如果是叛逆者，要他們說出「我才不要做那件事」並不難，所以幌子習慣不是他們會有的問題。

有沒有發現，「壓力」的意思很模糊……

說清楚、講明白，也比較容易幫我們養成習慣。經常用言語來強調行動是出於自己選擇的人（比如「我不要」、「我決定要去做」、「我將要」或「我不想」），比起用言語來破壞自我效能的人（「我不行」、「我做不到」、「我不該」）*，更能夠堅守習慣。「我不要」和「我不能」，兩者之間有實質的差異[2]。

我們用來描述習慣的字眼，會增加或減少習慣的吸引力，例如「投入時間」聽起來比「電郵時間」更有趣，「彈鋼琴」聽起來比「練鋼琴」更有趣。以下哪個說法更有吸引力？「靜修日」或「充電日」、「蹺班日」或「強制休假日」？（不同傾向的人有不同的選擇）。你比較想上「舞蹈課」，或是「運動」？有些人喜歡「戒」這個字眼，例如「我戒糖了」，但有些人認為那樣講有「戒除癮頭」的意味，不喜歡那種弦外之音。一位女士告訴我：「我盡量不用永遠、絕不這樣的字眼，我喜歡用『恆久』二字。」

許多人表示他們希望能「減少壓力」，但「壓力」是模糊的字眼，因為它並未指出任何具體的問題，也沒有提出解決方案。當我說「我壓力很大」時，我模糊了「行為」和「感覺」之間的連結。所以與其說「我有壓力」，我會逼自己找出確切困擾我的事情。例如，「我在家工作，所以我覺得我該全天待命」、「共事者讓我很惱火」、「我希望全家一起外出，但我們也需要多在家休息」、「我無法決定是否該把握機會」、「我的筆電無法和桌上型電腦同步」、「兩個女兒同時跟我講話時，我就心慌意亂」、「這個社交場合讓我覺得尷尬，不知如何應對」，只要我能夠明確指出問題，通常就能找出解決方案。

除了價值觀要明確之外，**行動要明確**也有助於習慣的養成。我越是清楚我該採取什麼行動，就越有可能養成習慣。例如，「我要更用心」語意太模糊了，換成「每次走進我家公寓時，抱著感恩的心」或「每天拍些有趣的照片」，就很明確。

「服藥」往往犯了行動不明確的毛病。研究顯示，多達五五％的成年人沒有按照指示服藥，明確度不足是主要原因之一[3]。病人如果搞不清楚：「我為什麼要吃這些藥？」或「我何時該服用這些藥？」或「我今天吃藥了嗎？」他們就比較不可能依照醫囑服藥。這也是藥丸從罐裝改成薄膜包裝的原因，薄膜包裝的每一格都會標明是哪一天要吃的藥。

為了讓行動更加明確，我常使用「明確原則」（bright line rule），這是源自法律界的實用概念，指的是清楚界定的規則或標準，以消除另行詮釋或決策的需要。我的「明確原則」，包括遵守安息日、根據《紐約時報的風格與用語手冊》（*The New York Times Manual of Style and Usage*）來決定寫作的文法、絕不買瓶裝水、在收信二十四小時內回覆電子郵件、每週日晚上打電話回家。

有一種眾所熟悉的明確原則是，照著預先列好的購物清單採買，以防止衝動購買。一位讀者留言：「我都是按照購物清單採買，不只上超市如此，連買衣服和化妝品也如此。這樣做不僅可以省錢，也能避免雜物堆積。」

＊編按，自我效能（self-efficacy）是美國著名心理學家班杜拉（A. Bandura）提出的概念，指的是人們對自身能否利用所擁有的技能去完成某項工作的自信程度。

我有許多奉行不已的明確原則，例如我從來不使用鬧鐘的賴床鈕；每天早上準時七點五十分帶艾麗諾去上學。其中有一項，我和詹米有不同的意見：我認為一旦決定要參加某個活動，就要去參加；而詹米比較彈性（畢竟我是個自律者，而他是質疑者）。

每個人都有自己的明確原則。例如有位男士告訴我，他「晚餐之前都不吃肉」。一位朋友告訴我：「我結婚後決定，只要有機會做愛就絕不推辭，因為多點性愛對夫妻關係比較好。」另一位朋友告訴我：「不管什麼事，我的習慣是**事不過三**，例如三杯啤酒、三個電視節目。」「你為什麼會訂下這樣的規矩？」我問她。「為什麼是三？」「我也忘了。」她說。「我已經採行這項原則很久了，久到我都忘了是從何時開始的，而且我小時候對這點更堅持。」這很特別，但確實有效。

身為少買族，我很不喜歡買新衣服，而且買了新東西以後，我還必須抗拒「收起來」的衝動。我常繼續穿著破舊的衣服，把新衣服完好如新地收進衣櫥裡。我決定養成一個明確界定的新習慣：衣服有破洞就扔掉。

沒想到，這個習慣竟然徹底失敗，我**就是沒辦法**只為了一個破洞就把東西扔掉。我一直告訴自己：「這是我的新習慣！這雙襪子破了，該扔了！」但我就是辦不到。明確原則只有在我們願意遵守時才有效。

專門為一件重要的事，訂好一個時間

有天早上我送艾麗諾上學後，走路回家。我突然想利用那段時間，抽離日常事務，全面檢視我的行動。我花了很多心力去改變習慣，但是當我自問：「哪些改變可以讓我的生活更快樂？」時，我發現沒有一個習慣能幫我解決我最想處理的議題：我想和我妹更常見面。

我發現問題出在我沒有專門為伊麗莎白抽出一段時間。我常見到我的父母，因為我會固定在每年的聖誕節前後及八月回娘家，這不需要做決定，也不需要規畫，只要挑定日期及買機票。當然，我在其他時間也會見到父母，但是這兩次碰面我都不會錯過。

伊麗莎白和我就沒有這種常設安排，雖然每隔一年我們會一起回娘家過聖誕節，偶爾我也會去洛杉磯出差，但是見面機會還是不夠。我們想要多見面的計畫從未實現，何時見面？哪裡見？要去哪個家庭作客？這牽涉到太多的決定了。不夠明確，就沒有行動。

找出問題以後，我思考可能的解決方案。伊麗莎白和亞當都是電視編劇，他們的工作時間非常不固定，夏季對他們來說特別忙碌，他們又有一個年幼的孩子。我家的時間表比較好預測，所以我想出一個方案，打電話和伊麗莎白討論。

我說：「我真的希望我們兩家人能更常聚聚，我們應該訂個常設計畫，每年聚一次。」

「好啊！但什麼時候？」

「我想好了，你和亞當無法掌控工作時間，所以我打算選美國總統紀念日，因為那個週末連休三天，而伊莱莎和艾麗諾都有四天假。你們可能還是需要工作，但也有可能放三天，我們飛去西岸，住在離洛杉磯不遠的旅館，你們就不必買機票了。這樣一來，萬一你們臨時無法見面，也不會浪費機票錢，而且不需要花很多時間安排。即使你們一家三口無法和我們會合，我們一家四口還是會飛過去，我們會自己玩，所以很簡單，你臨時要取消也沒有壓力。」

「但是那表示你們必須大老遠飛來一趟。」

「現在伊莱莎和艾麗諾都比較大了，長途旅行沒什麼大不了的。我們飛過去比你們飛過來容易多了，而且我們都愛加州。」

「我們每年都這樣做嗎？」

「如果這樣做沒問題，我們就一直維持下去，不需要每次都做決定。與其追求萬無一失的安排，簡單更重要。」

伊麗莎白和亞當都覺得這個點子很棒，所以我買了南加州的旅遊指南，選定聖塔芭芭拉（Santa Barbara）一帶為目的地，訂了旅館和機票。時間快轉到那一天：伊麗莎白需要上班，不得不取消見面，但是後來她的行事曆又突然改了，一家三口來和我們會合，我們的計畫完美進行。

在這之後，我發現我可以把所有每年一次的習慣，分別跟美國總統紀念日之類的特定日子綁在一起。例如，現在我們全家會利用勞動節那天去注射流感疫苗，在聖派翠克日那天我會和詹米一起檢討財務狀況。一位朋友和我同一天生日，每年我們都會在那一天共進午餐。平常我們幾乎碰不到面，但是每年我們都會見個一次，這幫我們維繫了友誼。

這一類的「觸發日」也讓我不再感到內疚。比如說，現在我知道可以在過了感恩節之後，再去煩惱年節購物的問題，不再因為無法提早購物而耿耿於懷了。一切事情都變得更明確了。

約莫這個時候，我打電話給伊麗莎白，問她使用跑步機辦公桌的最新狀況。那台機器讓她的生活大幅變好了。

「我愛死了！」她說。「我的累計里程數已經快達到兩百英里了。」

「真是驚人！」

「我發現這真的能幫我掌控血糖。我去盡陪審團義務及度假時，明明飲食方式沒變，血糖卻還是飆升，現在我知道我必須運動。」

「你每天走多遠？」

「看上班情況而定，如果當天要和製片廠開會討論劇本，就有很多時間站在跑步機上，一邊走路一邊開電話會議，有時可以走七英里以上。此外，工作的同時又可以完成運動，讓我覺得工作起來更有成就感。這部跑步機讓我覺得：『我可以接受這個挑戰！我正大步邁向成功！』不再有面臨大雪崩的感覺，我覺得一切都在掌控中。」

「要求自己站上去邊運動邊工作，會有困難嗎？」

「一日辦公桌，終生辦公桌。要養成這個習慣並不難。」

第20章

我是義大利人，我怎麼可以戒酒？對，放下你的驕傲吧！

再壞的習慣一旦失去，還是會令人遺憾，
而且恐怕是最壞的習慣最教人遺憾。
畢竟，那是你性格中很重要的一部分。
王爾德《格雷的畫像》[1]

就像我當初很慢才理解明確策略的重要性，我也是在研究習慣很久以後，才了解到**身分認同**的重要性。「我就是這種人」，這樣的想法和我的習慣及行為緊緊綁在一起，緊密到我一開始根本沒注意到這一點。但後來，我發現身分認同感讓我更容易或更難改變習慣。

友人瑪麗亞幫我了解身分認同有多重要。

我會認識瑪麗亞，是因為她兒子和伊萊莎是幼稚園同學。瑪麗亞活潑熱情，有點小調皮，讓我更想了解她。事實上，就在幾年後，我們就一起為我的部落格製作影片。某天，錄完最近幾支影片後，我們開始聊起了習慣。

我問她：「你有想要改變的習慣嗎？想不想當我的習慣受試員？」

「說老實話，我想要減少喝酒。」瑪麗亞說。

「我愛喝酒，尤其是葡萄酒，但隔天總是宿醉得難受，即使只喝一兩杯葡萄酒也一樣不舒服。此外，只要一喝酒，我就會什麼事都忘了。上週我和我哥一起吃晚餐，聊得很開心，但是我努力回想我們那天聊了什麼，就是想不起來。再說，我一直覺得只要我改掉喝酒的習慣，其他事情也會變得更容易，例如運動、節食之類的。」

「沒錯。」我說。

身為禁絕者，我覺得我有義務指出完全戒酒也是一個選項，但瑪麗亞對此不感興趣。

「不行。」她搖頭。「我不想戒酒，我是義大利人，熱愛美食美酒，我想過得開心一點。而且我想大家也都很期待我會跟他們一起喝酒。我有個朋友說：『你要來一杯嗎？那好，我也來一杯。』大家都認為我是個好相處的人。」

「你確實**隨時**都很好相處啊！」我說。「你本來就是這樣的人。」

「沒錯，」她笑著承認。「我是。」

「此外，大家可能沒注意到你喝了多少，除非他們拿你當測量標準，例如：『喔，瑪麗亞又喝一杯了，那我也可以再來一杯。』研究顯示，我們的飲食量會受到旁人的影響。況且，你想少喝一點也是正確的選擇[2]。」

她說：「我確實很喜歡大家一起同樂的感覺，但喝酒讓我不太舒服。」

「所以，你要做的是確定你想喝多少，以及何時喝酒。」

瑪麗亞考慮了幾個不同的情境後，決定了她想採用的習慣。她選擇在家吃晚餐時不喝酒，如果是和朋友一起上館子，則只能喝一杯。若是碰到了特殊的慶祝活動，還可以多喝幾杯。

瑪麗亞和我為了新習慣的養成，通了幾次電子郵件，一開始我主要是把焦點放在她為自己設定的原則上——何時喝酒以及喝多少（我這種自律者總是想知道原則）。我們也討論過她是否要去找一種替代飲料，不含酒精，但適合拿來慶祝。瑪麗亞發明了一種「家庭飲料」，混合氣泡水、石榴汁和萊姆，和老公湯姆一起喝（湯姆也想減少飲酒）。我喜歡夫妻兩人晚上一起喝「家庭飲料」的點子。

不過，後來我發現，對瑪麗亞來說，身分認同是妨礙她堅持原則的一大阻礙。雖然瑪麗亞最初和我聊到喝酒問題時，就提過這點，但我當時沒想到身分認同那麼重要。她是義大利人，熱愛美食美酒，又是大家眼中一個有趣的女人，這些身分對她來說都是堅持習慣的難關。

寄件人：瑪麗亞

我覺得我正在否定我的身分：一個熱愛烹飪和美酒的義大利人。我想念的不是味道，而是歡慶的感覺，以及喝酒帶給我的放鬆感。不過，平日晚上在家，不再隨機喝個一兩杯，確實讓我感覺更好了。昨晚我必須說服湯姆不要開酒，只要他一開酒，我就想喝了！他後來聽了我的話，我很高興我克制住了。

要養成新習慣，你得放下過去的自己才行

身分認同對我們的習慣有強大的力量。我告訴朋友我在吃低醣飲食時，她搖頭說：「我辦不到，我不想那麼龜毛，動不動就說：『我不吃這個，我不吃那個。』」

「你還是可以破例，比如去別人家作客的時候。」

「你也會那樣做嗎？」

「不會。」我坦承。「我去別人家作客時也堅持低醣飲食，我不在乎別人覺得我很龜毛，我本來就龜毛。而且，我以前為了體重問題擔心了好幾年，龜毛是值得的，這樣就不必再擔心體重了。」

「我不行，我是什麼都吃的人。」

「你這種個性並不礙事，除非它妨礙你採取不同的飲食方式。但對我來說，我很愛告訴別人：『沒錯，我就是你在書上看到的那個低醣狂熱分子。』」

自從我發現身分認同的強大影響後，我開始了解身分認同在許多習慣養成中所扮演的角色。一位朋友告訴我：「我和先生都非常需要早點就寢，我們都熬太晚了，為了小嬰兒又必須早起，結果搞得筋疲力竭。我們一直說要提早睡，但始終做不到。」

「你們平常的習慣是怎樣的？」

「十一點左右，我們會去廚房吃點堅果或起司之類的，然後聊天。」

「聽起來不錯。」

「是啊，」但她接下來的說法似乎是癥結所在。「我們都知道我們應該當盡責的父母，早點上床睡覺，卻又不肯放棄最後那一小段的成人生活。還沒到十二點就跑去睡覺，感覺就像個老人家，即使我們真的很需要睡眠。」

真相是，凡是涉及要改變自我或失去部分自我的習慣，都不容易調整。即使是多麼微不足道的習慣，只要關係到身分認同，都會令人感到遺憾。比方說，我已經很多年都不帶手提包出門了，我喜歡當個「沒有手提包的女人」。即使在很多情況下，手提包比背著一個大包包到處跑要方便得多，我還是遲遲不肯買手提包。儘管這只是我個人身分的一小部分，但後來我放棄這個習慣時，還是覺得很不捨。

當你老說自己懶惰，你就……真的懶了

研究顯示，我們通常會相信自己的說法。我們描述自己的方式，會影響我們對個人身分的看法，進而影響我們的習慣。如果我說：「我很懶」、「我抗拒不了特賣會」、「什麼東西我都想嘗試一次」、「我都是拖到最後一分鐘才工作」，或是「我是個幸運的人」，這樣那樣的說法都會變成我身分的一部分，進而影響我的行為。

同一個屬性通常可以從正面描述，也可以從負面描述，選擇採用哪種用語，會影響我們想要塑造的習慣。認真，還是固執？自動自發，還是衝動？老饕，還是貪吃？喜歡玩樂，還是打混？藝術家的性格，還是不修邊幅？活力充沛，還是沒有定性？

多年來，我一直以為自己「討厭運動」，但後來我發現，我其實討厭的是體育競賽活動（我的肢體協調性很差、討厭比賽，覺得競爭一點都不好玩），但我並不介意**運動**（跑步、心肺機、重訓我都可接受）。把自己視為「喜歡運動」的人，讓我改變了看待本性的方式，幫我養成了經常運動的習慣。

在一項研究中，研究人員詢問一群選民：「投票對你有多重要？」然後，同樣的意思用不同的問題拿來問另一群選民：「身為選民對你有多重要？」結果發現，後者比較可能在下次選舉中投票，因為投票是他們身分認同的一部分（「我就是這種人」），而不只是一個任務[3]。

在身分認同中加入新元素會令人振奮，例如我就很喜歡「紐約客」、「家長」、「部落客」、「駕駛人」、「快樂專家」等等身分。小說家村上春樹熱愛長跑，他描述那個過程：「跑超馬（一百公里）應該會為你的自我認知增添幾個新的元素。你的人生光景，其色彩和形狀，應該會因此而轉變。這種變化無論好壞，或多或少都發生在我身上。」[4]

身分認同可以幫我們實踐自己的價值觀，例如「我是不浪費工作時間的人」、「我不是偷懶打混的人」、「我說我會到場，就一定會到場」。

當然，我們應該持續堅持和身分認同有關的習慣，而不是讓身分認同去左右習慣，這一點很重要。看CNBC的財經節目不表示我很擅長理財，穿運動鞋和跑步是兩回事，買蔬菜和吃蔬菜也不一樣，閱讀《戶外探索》（*Outside*）雜誌不表示我會去露營。寫有關快樂的內容不會讓我變得更快樂，除非我有堅持要過得快樂的決心。我和朋友一起出去用餐時，他告訴我：「我戒糖了，但是那塊巧克力慕斯看起來太可口了，我打算破戒。」

「你何時戒糖的？」我問。

「上週。」他說。他只不過才戒糖幾天，但他的大腦卻已認定現在他是「從來不吃糖」的人。有時告訴別人你決定改變某種身分，也有助於堅持習慣。瑪麗亞檢視自己的特質後，覺得她採用公告周知的方法更能維持習慣。

寄件人：瑪麗亞

我參加一場餐會，有兩人喝紅酒，兩人沒喝，我是其中一。我說我不喝時，大家都驚訝地問：「喔，為什麼不喝了？」

我想說明我現在的原則，我也覺得我有必要說明，以免我突然變卦又喝了起來。我告訴大家原因以後，就沒有退路了。向他們解釋原因，也強化了我婉拒飲酒的決心。

習慣不是枷鎖，而是讓你更忠於自己

有時我們採用的習慣，是為了展現我們想讓別人看到的身分。藝術家大衛・薩利（David Salle）告訴記者珍妮・瑪康姆（Janet Malcolm）：「我必須訓練自己不要準時抵達，準時到達不僅蠢呆了，又有失身分，尤其是對藝術家來說。」[5]（我很想反問，為了符合他人眼中藝術家該有的樣子而刻意遲到，難道就比較不蠢了嗎？）有時我們採用的習慣，是為了展現我們**希望**自己擁有的身分。一位朋友告訴我：「我讀高中時又喝酒又抽大麻，不是因為我真的想要這樣做，而是因為那是表現『我很有趣、我不是個乖寶寶』最直接的做法，我就只是甩帥而已。」

透過身分認同，機關行號可以說服我們改變習慣。奇普・希思（Chip Heath）和丹・希思（Dan Heath）兩兄弟在《創意黏力學》（*Made to Stick*）一書裡提過，禁丟垃圾的活動如何成功地改變德州人亂丟垃圾的習慣[6]。原本德州是打出「勿亂丟垃圾」和「合力清垃圾」之類的口號，但無法引起目標人群的共鳴（亂丟垃圾者通常是十八到三十五歲、開貨卡、熱愛體育活動和鄉村音樂的男人）。於是，有關當局請來著名拳擊手喬治・福爾曼（George Foreman）、藍調吉他手史蒂維・雷・沃恩（Stevie Ray Vaughan）、鄉村歌手威利・尼爾森（Willie Nelson）等德州名人，以及多位體育明星拍攝電視廣告，一起為「別惹德州」（Don't mess with Texas，雙關語，也有「別把德州弄亂」的意思）宣傳。那支廣告說服觀眾，**真正的德州人**——自豪、忠誠、堅韌、充滿幹勁的德州人——是不會亂丟垃圾的。廣告推出後的五年間，路邊亂丟的垃圾減少了七二%。由此可見，我們的習慣反映了我們的身分認同。

根據我的觀察，身分認同策略對叛逆者特別有效。叛逆者通常難以接受習慣帶來的限制，但因為他們非常忠於自我，如果某個習慣能夠充分展現某個身分認同，他們會很樂於採行。

比如說，叛逆者可能想成為受人敬重的領導者，所以「領導者」的身分可能促使他堅持原本無法苟同的習慣，例如準時出席或去開他認為沒必要的會議。他會**選擇**用行動來表現出他的身分認同。

一位叛逆者在我的部落格留言：「對我來說，叛逆者最重要的特色是擁有充分的自由，忠於當下的自我。我的欲望和需求會改變，而我想要自主追求這些。但我也有強烈的自我意識，包括用來定義我這個人的價值觀和特質，這些是不會改變的。例如我一向認定我是個好母親，我不想重蹈我媽的覆轍，我要成為充滿母愛、全心投入的母親，我就是這樣做的。」另一位叛逆者留言：「如果習慣是我的一部分，它不該是羈絆我的鎖鍊，而是應該讓我更忠於自己。」

無趣無益的事情，何必浪費時間？

我們常會陷在對自己無益的身分中不可自拔，例如「工作狂」、「完美主義者」、「南方人」、「該負起責任的人」。在區分四個不同傾向和特質時，我找出我所屬的性格分類，但是這些標籤應該是用來幫我更了解自己，而不是限制我的身分認同。有人在我的部落格留言：「飲食曾是我身分認同很重要的一部分，後來我發現烘焙以及身為烘焙者這兩件事導致我體重超重，所以我必須放棄這個身分。」我一位朋友是叛逆者，她顯然對「狂歡女孩」這個身分沾沾自喜。有一次，我無意間聽到有人開玩笑對她說：「你還真是長不大。」她開心地附和：「對啊！我就是長不大。」她喜歡「長不大」的身分標籤，但是這樣的身分認同可能會出問題。貼著「年輕」標籤（例如神童、衝動少年、天真無邪的女孩）的身分認同，終究有一天要被撕下來。

我開始思考自己的身分認同和習慣時，也看到了一些身分認同阻礙了我的發展。

我一向以愛好閱讀者自居，因為這樣的身分認同，我養成了只要翻開一本書一定要看完的習慣。把書讀完才算是一個「真正的」讀者，不是嗎？我不是唯一有這種想法的人。閱讀社群網站Goodreads的統計顯示，三八％的讀者堅持看書一定要看完[7]。我後來決定，一旦失去興趣就換本書讀，這個決定真的讓我鬆了一口氣。放棄無聊的書，可以有更多的時間讀我喜愛的書，我也覺得更有活力，更樂在其中。

但我還有一個與身分認同相關的習慣，面臨更多的天人交戰。

這幾個月以來，我努力地維持冥想的習慣，而這也改變了我的身分認同。因為多年來我一直是個「抗拒冥想的人」，但我後來決定試試看。

目前為止，我都咬牙做到了，而現在似乎到了重新考慮的時候了。自律者的性格和慣性讓我堅持冥想至今，但是除了偶爾幾次我感受到自己更能平心靜氣以外，冥想似乎對我作用不大。我覺得冥想很難，也很無聊，而且似乎徒勞無功。

我決定停止冥想。

做了決定以後，我卻發現我不太願意放棄這個新的身分認同。我之所以堅持冥想，只是因為我想成為「冥想的人」，但是那跟「想要冥想」完全是兩回事。

我還是決定放棄冥想，那不適合我。無法貫徹到底雖然遺憾，但一如既往，我提醒自己要做更適合**我**的事。

於是，我又恢復成一個「**不**冥想的人」，做自己最好。

第21章

你下決心改變了，身邊的人也會跟著改變

結交那些能讓你變好的人。
塞內加《斯多葛派的來信》
（Seneca, *Letters from a Stoic*）[1]

我這個人非常渴望獲得表揚及肯定，很想知道我確實幫助了別人。也因此，我很喜歡聽伊麗莎白談跑步機辦公桌。想到我幫**她**養成了一個好習慣，比自己養成新習慣帶給我更多的樂趣，尤其她說跑步機辦公桌幫她控制好血糖，我真替她高興。現在看來不只是跑步機幫了她，她打電話來告訴我新的消息。

「我去了 InForm 健身房！」我熱愛的重訓健身房在洛杉磯開了分店。我把開幕消息轉寄給伊麗莎白，她沒有回應，所以我以為她沒有興趣。

「太棒了！你覺得如何？」

「很辛苦，但我現在明白你的意思了。二十分鐘，一週才一次，很難找到不去的理由。」

伊麗莎白接受並肯定了我的建議，讓我相當開心。比起伊麗莎白，詹米比較吝於給我肯定，有天早上，我看到他正在端詳鏡中的自己。

他說：「我減了好幾磅。」他其實沒必要減肥，

但我也注意到他最近看起來比較瘦。

「我改吃低醣食物後，對你的飲食有影響嗎？」我一直克制自己不要對詹米或女兒強迫推銷低醣飲食，他們仍繼續適量的攝取甜食、麵包、馬鈴薯之類的東西。不過我承認，我確實經常提起這個話題。

「當然有。」他聳聳肩。

「真的？」我很高興他有聽進我的話，「有什麼差別？」

「我最近比較少吃麵包了。」他說，一邊從衣架取下灰色的西裝。「以前我習慣週末會去買四分之一條的葡萄乾麵包，現在我不買了。上班途中也不會順路去買貝果，我吃的穀粒果乾麥片也減少了。」

「你改變是因為我的飲食方式，還是認同低醣的飲食邏輯，或者你只是不想再吃了？」

「都有吧。」他不置可否地說。一如既往，他對於深入探究習慣沒什麼興趣。

那次我們夫妻聊完不久，我婆婆提到，她和我公公也開始減少碳水化合物的攝取了，部分原因是受到我的影響，部分原因是受到陶布斯那本書的影響，還有一部分是因為他們都覺得那是不錯的主意。

這又是一條成人的祕密：我們無法改變別人，但是改變自己時，別人可能也跟著改變；而別人改變時，我也可能跟著改變。

目前為止，我的習慣提案主要是鎖定我有在使用的策略，現在我想探索一般人的習慣如何相互影響。他人的行動和習慣對我有極大的影響力，反之亦然，我的習慣也會影響別人。

她刷牙時金雞獨立，我決定單腳搭電梯

首先，我要探討的是別人如何影響我的習慣。我一直覺得自己是一個獨立的行動家，靠自己的努力去養成習慣，但他人的作為多多少少對我有感染力。例如，有一種現象叫做「健康趨近」(health concordance)[2]，夫妻的健康習慣和狀態通常會隨著時間逐漸趨於一致。一個人的健康行為(與睡眠、飲食、運動、看病、飲酒、抽菸、抽大麻等等有關的行為)會影響另一半的健康行為。夫妻中如果有一人罹患第二型糖尿病，配偶罹患糖尿病的機率也會大增[3]。夫妻中若有一人戒菸或戒酒，配偶也更有可能戒掉菸酒。一位讀者留言：「我戒酒後，我先生也跟著很少喝酒，部分原因是缺乏酒伴，獨飲無趣。」

詹米對運動的堅持也幫我堅持運動下去，我也感染了他一次讀多本書的習慣，以及囤書的習慣(還有一堆書沒看，又買了新書。我們結婚以前，我一次只讀一本書，未讀的書從來不會超過五本)。此外，我也有一些習慣讓詹米不堪其擾，因此我戒掉了，例如他基於某種原因反對我在床上吃零食。

由於我們都很容易受到「目標感染」*，可能迅速就染上他人的習慣，所以經常和好的榜樣往來對我們有益[4]。他人的影響力可能很大，事實上，以我來說，看到別人的成功實證，比讀到最有說服力的研究報告更能說服我。那雖然只是單一的數據點，但對我的說服力卻非常強。我深入思考這個效應後開始發現，我常因為別人不經意提起的話而養成某種習慣。我在推特看到有人對Scrivener軟體（專為作家設計的軟體）發表好評，所以現在我天天使用Scrivener。我在《紐約時報》看到一篇推薦UP智慧手環的短文，現在我也天天使用。我聽朋友說：「鹽會讓你更容易餓。」於是我現在改吃無調味的杏仁了。我甚至不知道他的說法是否正確，但他一句話就改變了我的習慣。葛瑞真・雷諾茲（Gretchen Reynolds）在《運動黃金二十分鐘》（*The First 20 Minutes*）一書指出：「晚上刷牙時我會金雞獨立……這可能是我為了寫這本書所做的研究中，帶給我最大的一個改變，我的平衡感和身體活動信心變好了。[5]」我心想，我也可以**那樣做**！於是，我決定趁搭電梯上下樓時，在電梯裡練習平衡感。下樓時先練左腳的金雞獨立，上樓時改練右腳。

近朱者赤，近墨者黑……是真的！

當然，近朱者赤，近墨者黑——身邊的人也會帶給我們壞影響。我們一直排斥的行為，可能會因此受到誘惑而跟進，我們會想：「看看他都這樣做了，我也想做。」或者，我們可能不希望自己受到排擠：「每個人都這樣做了，我不想掃興。」有人告訴我：「我努力要守住預算，但朋友花錢的方式是我破功的一大威脅。他們買很多沒必要的東西，我也在無意間受到影響，跟著有樣學樣。」

事實上，真的有人會刻意破壞我們為改變所做的努力。他們可能覺得我們的新習慣讓他們被冷落一旁，或是嫉妒我們有健康的習慣和成果，或是看著我們所做的努力而有罪惡感，或是覺得自己被比了下去。

又或者，他們只是無法忍受我們的習慣造成了他們的不便。一位朋友說：「我想養成週末早上出門運動的習慣，我試過好幾次了，但家人總是抱怨我無法幫他們做早餐。我該怎麼辦？」「我注意到一件事，」我說。「如果我只是偶一為之，別人不會跟著調整，但如果我把它變成習慣，別人自然會跟著調適過來。」一位朋友也有同樣的經驗：「每天早上我都會關上辦公室的門幾個小時，一段時間後，同事都知道怎麼因應了。」

他人的存在，也可能以另一種方式影響我們的習慣：我們在社交場合時，往往會渴望跟別人打成一片。這種基本的渴望，可能會成為培養好習慣的障礙。一位朋友解釋：「我希望維持好氣氛，讓事情能順利進行。我和別人（尤其是客戶）共進晚餐時，我不會想點開胃菜當主餐。如果對方點

＊編按，目標感染指的是個體可以自動從他人的行為資訊中推測對方的目標，並無意識地跟著一起追求這個目標。這種傾向可以幫助別人實現目標，在親密關係中處於劣勢的人，更容易受到伴侶的目標感染。

了酒，我也覺得我應該點一杯。」

「你覺得別人真的會注意到這些嗎？」我問她。「即使他們注意到了，他們真的在乎嗎？**你自己**在乎嗎？」

她遲疑地說：「我不在乎，但我認為這確實會改變氣氛，你沒有這種困擾嗎？」

「沒有，我不太去想這些事。」我告訴她。

我很容易受到別人的影響而養成習慣，但我也必須承認，我其實不太擔心別人對我的飲食習慣有什麼看法。不管這是因為我不太在意約定成俗的社交禮節，還是我不畏懼別人的眼光。長久以來，我對於其他人很在乎的一些事情，一直都感到不解，但後來我意識到我這種態度比我自認為的還要另類。

在開始研究習慣以前，我一直以為我跟別人沒有什麼不同，但後來我逐漸發現，我其實是獨一無二的，**不是人人都像我這樣**。我是個自律者，又是禁絕者。我做過新堡性格評估（Newcastle Personality Assessor），透過開放性、認真、外向、神經質及親和力這五大性格特點來評估一個人的個性。我發現，身為女人，我的親和力偏低。親和力這個指標是用來衡量一個人的包容力與合作意願，還有跟他人融洽相處的能力。我猜想，我的親和力偏低，部分原因可能是我不會刻意去掩飾我龜毛的脾性。此外，我之所以不在意別人的眼光，也是因為我覺得自己又不是什麼重要人物，別人不太可能會在我身上花心思。

妙的是，我發現我對習慣的態度越是一本正經，別人對我及那些習慣的接受度就越高。

激勵、逼退、中立，你會用哪一招？

以上的觀察帶出了下一個問題：我對他人的習慣又有什麼影響？我是個奇怪的組合體，在某些情況下，我盡量不去逼迫別人做他們會排斥的事。但是身為家長，我的職責之一就是鼓勵孩子培養或嘗試她們可能不喜歡的活動。我擔心我對孩子太寬鬆了。例如，我會放任伊萊莎把濕毛巾到處亂擺，而艾麗諾遲遲學不會騎腳踏車，因為我沒有要求她經常練習。我們全家的餐桌禮儀都不太好，因為我沒有強制要求。

但另一方面，我往往又會忍不住扮演專家的角色，或是大談特談如何改變習慣。我必須提醒自己，我無法說服別人，他們必須說服自己，我越逼他們，可能會讓他們產生反抗心態。此外，我也提醒自己，對我有效的方法可能對別人沒有用。例如，伊麗莎白喜歡使用跑步機辦公桌，但她再也沒有恢復嚴格的低醣飲食。「我有時會想吃點碳水化合物。」她告訴我。「不過在公司，我一定吃得健康，也絕不吃薯條。」她覺得這種方式對她比較有效果。

以我這種雞婆的性格，再加上我愛幫人出主意，叫我不要動不動就給人習慣方面的建議，需要很大的自制力。要我戒糖，比叫我不要一直說服別人戒糖容易多了。但我若是太積極，可能會讓人心生反感，反而無法幫人改變了。

在我提出關於習慣的建議時，知道對方屬於四種傾向的哪一種會很有幫助。多數人是屬於質疑者或盡責者。面對質疑者，強調推理、結果及邏輯最有說服力。面對盡責者，提供外在問責最有幫助。面對叛逆者，說明某個習慣為什麼可取最有助益，但不要鼓勵他試試看，他必須自己想做才行。

此外，我也可以為他人的努力提供精神上的支持。說到支持或反對他人的健康習慣，一般可以分成以下三種模式：

激勵：「激勵」模式會讓人更有動力去執行好習慣。別人對我們的鼓勵、提醒和參與，可能會對養成習慣有很大的幫助。不過要是催得太殷勤，可能會讓我們覺得不勝其擾而徒生反感。如果是叛逆者的話，激勵模式反而會讓他們更遠離好習慣。

逼退：有些人會迫使別人放棄健康的習慣，有時是出於一片好意，例如拿著食物勸進的人可能會說：「你應該吃得盡興！」或「這是我特別為你烤的蛋糕！」也有的人是心懷惡意，而輕視、取笑或苦口婆心地勸說我們不要堅持健康的習慣。

中立：這種人會放任我們的習慣，不管我們做什麼都不會阻止。有時這種態度對我們有益，但有時也會讓我們更容易沉溺在惡習中。

我問瑪麗亞，我的建議對她「減少飲酒」的習慣是否有幫助。我對她採用的是激勵模式。

「有幫助，」她說。「你不會緊迫盯人，說話語氣沒有壓迫感，給了我一些點子讓我自己做調整，然後還會追蹤我做的效果如何，這些都很有幫助。因為我心裡會想：『我得告訴葛瑞琴。』」

「你覺得你的習慣有進步嗎？」

「肯定有，我們的對話讓我注意到我做得如何了。過去我會喝太多酒，是因為我沒意識到自己在做什麼。我想：『管他的！開心就好。』現在我會慢慢喝，細細品嘗。」

有些例子就像瑪麗亞那樣，我也確實幫別人養成了習慣；然而，也有些失敗的例子。比如說，我後來又去了馬歇爾的公寓幾次，幫他清理掉雜物，但不管再怎麼努力清理，除了讓他的公寓住起來更舒適以外，似乎對他本人沒有多大的影響。

我上次去他的公寓時，我說：「哇，這個地方看起來很棒！」我真希望當初我拍下清理前的照片，這樣就可以比較前後的差異了。

「是啊，能清的東西已經不多了。」

「我問你一件事，」我說。「這對你的寫作有幫助嗎？」我揮手大略指了一下他的公寓，「這樣做對**我**有幫助，但是對**你**有幫助嗎？」

他想了一下，「呃，我覺得沒什麼差別，我想是因為我需要釐清的問題太大了，比如我想知道人生該怎麼過。清理後，我確實比較喜歡待在家裡，因為家裡的東西沒那麼多了。此外，現在我也習慣經常清除雜物和不需要的東西，我覺得那樣做有助於保持頭腦清醒。」

聽起來還不錯。

教孩子養成好習慣的最好方法，就是……自己當好榜樣

話說回來，有些人如果花點心思遊說，或許能形塑他們的行為，這方法用在小孩子身上，效果更明顯。

伊萊莎和艾麗諾是我最想要影響的兩個人（我也想要影響詹米，但是我對他沒有那麼大的支配力）。許多習慣會影響家庭生活，例如我們要做資源回收嗎？我們要準時赴約，或是稍微遲到？我們會罵髒話嗎？我們會繫安全帶嗎？我們經常去看醫生嗎？我們早晚會以親吻問候彼此嗎？這些生活習慣對孩子及他們的世界觀，都有很大的影響。

此外，由於習慣會相互影響，為了灌輸伊萊莎和艾麗諾良好的習慣，以身作則是主要的方法之一。如果我希望孩子能井然有序，我自己就應該先做到。如果我不想她們花太多時間盯螢幕，我自己也應該關機。

雖然希望孩子養成好習慣，但我誓言絕不逼她們太緊。大人逼小孩培養習慣，有時可能成功，但也有可能產生反效果。一位朋友告訴我：「現在我**從不把**衣服掛好，因為小時候我媽堅持我一定

要把衣服掛起來。」其實小孩大人都一樣，你越是警告他別做某件事，往往會讓他更想做（禁忌的誘惑），「溫水煮青蛙」，溫和的建議才能卸除反抗心理。

有天晚上，伊萊莎和我聊了很久，她躺在床上，我在她的房間裡尋找需要清掉的雜物。我一邊聊一邊把藍色指甲油藏起來，丟掉口香糖包裝紙，把書放回書架上，摺疊好衣服（我覺得清理雜物是一種紓壓方式，伊萊莎也任由我清理）。

「我實在很討厭整個週末都在做作業，把好好的週末都毀了。」她抱怨。「我需要有點閒晃的時間。」

「但是為什麼週末寫作業，感覺起來比平時糟糕呢？」我問她，一邊把幾枝鉛筆放回筆筒。

「寫作業不是什麼大問題，」她解釋。「問題在於寫作業占了我一整天的時間。」

我想了一下，可以理解為了兩小時的工作耗了一整天的感覺。

「我有個瘋狂的點子。」為了表現我的熱心，我坐到她的身邊。「這樣好不好？我每天都六點起床，那時沒有什麼干擾，可以做很多事，我很喜歡早上工作的感覺。六點起床對你來說太早了，但是週六或週日你可以七點起床，如何？你平常也是那個時候起床的，所以應該不會太難。你可以到我的書房和我一起工作，我相信你可以完成很多作業，這樣一來，剩下的時間就自由了。」

「但是週末我喜歡睡晚一點！」

「我知道，要你早早起床很痛苦。但是早起把作業寫完，一整天都自由了。再說你只要選一天早起就好，另一天你還是可以睡晚一點。」

「嗯……或許可以。」伊萊莎的回答出乎我的意料。

「真的嗎？」聽到她可能願意嘗試，我很興奮。「太好了！」

「我會**試試看**，但我沒有答應要永遠這樣做。」

原則上她是答應了，但是到了週日早上，我還是不確定我早上七點去敲她的房門會發生什麼事。幸好，她嘟噥了幾聲後就起床了。我沒想到這樣做真的有效，現在每個週日早上，我在書房工作時，伊萊莎都會進來坐在一旁寫作業。

我做了幾件事讓她能維持這個習慣。我幫她在七點以前醒來，有一次我忘了叫醒她，她睡到七點四十五分，醒來就哀嚎：「我整個早上都沒了！」我去叫醒她以前，會先整理好辦公桌，讓她有更多的空間可用，也會先把暖氣或冷氣打開，幫她準備好早餐。不過最重要的是，我會跟她並肩坐在一起，認真地做我自己的工作，做個好榜樣。我想我陪在身邊時，她比較不可能去上 YouTube 或 Instagram 閒晃。這個習慣之所以能養成，是結合了排程、問責、方便及他者等好幾個策略。

至於我，只是諸多的影響力之一。伊萊莎肯早起做作業，只是因為我的提議嗎？我懷疑。伊萊莎愛乾淨，是因為我很重視乾淨，還是因為我對她的要求，或是她天性使然？對於孩子的任何習慣，我都不想居功或被責怪。或許，好習慣就跟寫作、領導力、幽默感一樣，也是「師父引進門，修行靠個人」。

站到別人的位置，回頭看看自己

就培養習慣來說，他人策略的運用包括他人對我的影響，以及我對他人的影響。此外，我還發現另一個妙用是套用在**自己**身上。這招看來奇怪，卻非常有效。一旦我站在第三者的角度來觀看自己時，很多事情都明朗化了。

「現在的我」和「未來的我」、「欲望的我」和「理性的我」，偶爾會彼此拉扯、僵持不下。我想為這種緊繃的關係尋找一種適切的比喻時，突然想到了這個策略。我該如何來比喻比較好呢？是《變身怪醫》裡的傑克和海德？還是我肩膀上的天使與魔鬼？或是駕馭兩匹馬的車伕？還是大象和騎象人？本我、自我、超我？旁觀者和行為者？

一瞬間，我似乎看到了兩個我，一個是現在的葛瑞琴、有念想的我，一個是我的**經紀人**。我想，一定是伊麗莎白那個好萊塢圈子的行話給了我這樣的靈感。

我想像我自己是個客戶，一個非常有名的人物。我就像所有的名人一樣，有個經紀人幫我打理一切。我很幸運，因為我的經紀人完全了解我，她總是為我的長期福祉設想。

現在，當我無法養成習慣時，我都會問自己：「經紀人怎麼說？」例如，我打算每天騰出一個小時做電子書，但我一直舉棋不定，我就會問自己：「經紀人怎麼說？」經紀人以有點惱怒的口吻回答：「葛瑞琴，你現在沒有時間做那個！」有人可以明確告訴你該做什麼，有時是一種解脫。我認同安迪．沃荷的說法：「要說我最希望身邊有哪種人，我想應該是老闆。因為老闆會告訴我該做什麼，那會讓所有事情都變得很簡單。[6]」

我是客戶，而我的經紀人是為我效勞的執行者，這樣的比喻非常恰當，因為經紀人就是我的大腦**執行功能**。我沒必要跟經紀人唱反調，因為我就是經紀人的老闆（更不用說，我**就是**經紀人）。

經紀人會提醒我堅持好習慣：「葛瑞琴，你已經疲於應付一切了，好好去睡一覺吧。」「你累了，去散個步會好一些。」別人對我要求太嚴苛時，她也會為我挺身而出。就像重金屬樂團范海倫（Van Halen）演出時，會要求後台一定要擺一碗M＆M巧克力，合約上還特別註明「絕對不能有棕色」的[7]，我的經紀人也會說：「葛瑞琴正在寫新書，沒辦法詳細回覆電子郵件。」同時，她也不接受我那些「這不算數」、「別人都那樣做」之類的藉口。

不過身為自律者，我逐漸學會去觀察經紀人的舉動。我知道她如何思考，她對憑證和合法性特別上心，有時太在意我的未來，而忘了我也需要放鬆一下。雖然我的經紀人對我幫助很大，但到頭來我還是必須「做自己」。

每天晚上留一點時間，跟另一半聊聊天

我一直想幫詹米改善睡眠習慣，因為我常聽他抱怨睡不好。有一天晚上，他突然自己提議一個

新習慣：「你給了我許多睡眠建議，但我們應該有一個固定習慣來幫我們做更重要的事。我的意思是說，睡眠固然重要，但我們應該做更有意義的事。」

「那當然！不過你指的是什麼？」我問道。對於詹米主動提議要培養一個新習慣，我感到很開心。我不期望他會跟我一樣投入，我知道自己有時很煩人。

「我們每晚可以騰出一些時間來聊聊，告訴彼此當天發生什麼事，分享自己在忙些什麼。」

「我非常**樂意**。」我感動的說。他主動提議要安排每晚的分享時間，這跟他平常不太閒聊的個性差很多。「什麼時候呢？時間要明確才行。」

「在艾麗諾上床睡覺以後，你覺得如何？」他提議。

現在，大多數的夜晚（我不敢說我們每晚都這樣）我們都會聊當天發生的事，這個小習慣也讓我們之間的關係更緊密。在忙亂的生活中，我們很容易忽略了真正重要的事物，而我可以運用一些習慣，來確保我的生活真正反映了我的價值觀。

結語

烏托邦的日常，你與親愛家人的美好生活

毫無習慣，凡事優柔寡斷，連點根雪茄、喝杯酒、每天起床和就寢、每個工作的起始都得考慮再三的人最為可悲。這種人有大半的時間，都花在決定或後悔一些理當駕輕就熟、完全不需要花心思就能完成的事情上。

威廉・詹姆斯《心理學教本：簡明課程》[1]

某次我們全家出遊，在歸途的航班上，我婉拒空服員提供的小零食。那位空服員很健談，她說：「假期過後，很多客人都會推辭餅乾和椒鹽脆餅。」

「通常這會持續多久呢？」我問道。

她笑著說：「大概跟新年新希望持續的時間一樣長吧。」

這個年年都要上演的集體破功實例，令我相當感興趣。許多在新年許下新希望的人都知道，重要的習慣無法堅持到底、一再失敗是最令人沮喪的事。

在研究習慣的過程中，我學到的最重要一堂課是什麼？就是：**習慣的養成必須以本性為基礎**。

剛開始研究習慣時，我對自己及習性的了解很少。現在我知道我是自律者、禁絕者、長跑型、完結者、晨型人，而且也花了很多的時間去思考什麼對我重要、什麼不重要。現在，我更有能力及把握去改變習慣。

更深入了解自己以後，我也因此更了解別人。我剛開始做研究時，只和陌生人聊五分鐘，就敢自信滿滿地提出意見，我沒發現很多建議只反映了我自己的性格。現在我沒那麼專橫了，我知道有些深刻的真理反過來看也是對的，採用相反的策略往往也能奏效。我們可能想要提高或減少一種習慣的社交性、競爭性或挑戰性，我們可能想公開或隱匿一種新習慣，我們可能完全禁絕壞習慣或適度縱容，沒有放諸四海皆準的單一解決方案。

而且，如果不考慮人與人之間的差異，我們很容易就會誤解習慣養成策略是否有效，以及為何有效。

一位朋友告訴我：「想要養成良好的健康習慣，關鍵在於對醫生要有信心。我媽洗腎多年了，大家都很訝異她能持續得那麼好那麼久，覺得都是因為她全然信任醫生的緣故。」

但我覺得原因不是那樣，因此試探地問：「我問你，你覺得你母親是一個很重視紀律的人嗎？」

朋友笑著點頭：「沒錯。」

「假設你告訴她，下週五需要帶家長的簽名到學校去，她會一直記得，對不對？」

「她每次都會記得。」

「她是不是也會花時間在對她很重要的事情上，不只是關心別人的事而已？」

朋友點頭。

「也許你母親本來就是那種能吃苦、堅持到底的人，也許那才是關鍵，跟她對醫生有沒有信心無關。」

「嗯，」朋友承認，「也許吧。」

當我們清楚了解改變習慣的內外關鍵以後，就可以更有效地改變。

小心，你上班的地點也是培養習慣的溫床

我探索習慣時，把焦點放在個人上。我們能改變的人只有自己，我們如何掌控**自己**一直是我最感興趣的問題。不過，我在歸納習慣養成策略時，對於更大規模的改變越來越感興趣，亦即公司、組織、機構及產品設計師如何運用習慣理論來形塑人們的習慣。

例如，我去一家知名的科技公司演講，演講完後，他們帶我參觀公司。這裡也有目前流行的企業風格，接待區的櫃檯擺了一大盆糖果，門邊擺了許多能量棒和果汁，辦公大樓裡的小廚房／休息區裡擺滿了各種零嘴，還有寬敞的員工餐廳，飲食一切免費。

我問嚮導：「請問，新員工是不是都會發胖？」

「對啊！大家都這麼說。」

我讀法學院時，有一種考試是「問題辨識」（issue-spotter），其實挺有趣的。這種考試是讓學生看一則法律案件，要求學生從裡面找出各種值得探討的問題並進行分析，這就好比法學院版的

「看圖找碴」遊戲。我參觀那家公司時，也順便找出我可以幫他們培養健康習慣的施力點。哪些做法可以幫員工在不知不覺中吃得更健康？首先，在接待區的櫃檯，我把糖果放進不透明的容器裡，加上蓋子，並貼上「糖果」的標籤；在辦公大樓裡的小廚房／休息區加裝一扇門，並換掉用來裝糖果和堅果的罐子。這樣一來，員工要拿零嘴時，不是直接倒出一堆糖果和堅果，而是一次只提供一小份（更好的做法是只提供小包裝）。我參觀完公司後，腦中已經記下了十點備忘錄。

這家公司若是改變職場的供食環境，就能大幅改變員工的飲食習慣。問題在於，對每個人來說，供應椒鹽脆餅總比供應小黃瓜條來得容易、便宜且有趣，這就是挑戰所在。

要獲得好習慣，就要願意付出代價

我很喜歡我的新習慣（為了紀念我的低醣飲食，詹米還特地買了一個培根形狀的聖誕節裝飾給我），但帶給我最多成就感的，卻是幫別人養成習慣。我爸也喜歡低醣飲食，他現在的體重已經降到高中時代打美式足球的體重，降血脂和降血壓的藥量也減半了，連他的醫生都開始吃低醣飲食。伊萊莎喜歡（或許說喜歡有點過頭）在週日早上寫完大部分的作業；而我妹伊麗莎白則**熱愛**使用跑步機辦公桌的習慣。我詢問她的近況，她說：「我的 A_1C 值很棒，落在正常的高標區。」

「那表示很好嗎？」

「對，以前有些時候我連正常區都達不到，所以這讓我鬆了一大口氣。」

「你覺得是什麼方法奏效了？」

「我覺得原因很多，跑步機辦公桌絕對是其一，減重及減少攝取垃圾食物也是，還有每週的重力訓練。這些因素都會互相強化。」她補充道：「還有，亞當也增加運動量了。」

無論好或壞的習慣，對每個人都有加乘效果，也會影響他人。瑪麗亞減少飲酒後也提到：「習慣會開始出現自我強化的效果，我只要稍微喝多一點，就會心生警惕。」伊麗莎白的運動習慣促使她增加運動量，也連帶激勵她老公開始運動。相反的，我們做得越少，就越不想做。當我的工作室亂成一團時，我也比較不想清理。

我回想我的習慣和他人習慣的改變時，發現我們很少出現戲劇性的前後大變身。有時我們確實脫胎換骨了，但那不是一夕之間發生的奇蹟。習慣改變後，我們通常可以變得比以前更好，那就已經夠了。

有些習慣變成完全自動化，有些習慣永遠需要花心力，但重要的是，你是朝著正確的方向前進。知道自己善用每一天、符合對自己的期望，感覺起來很有成就感。真正的目標不是戒除惡習，而是讓自己蛻變、進步，從而拋除惡習。只要用心，我們都能找出惡習，逐一拋除。

想要養成某個習慣卻一再失敗，往往是因為我們不想付出代價，只想坐收成果。我常想起作家約翰．加德納的一句話，把那句話套用在習慣上再貼切不過了：「每次你打破規矩，你付出代價；

每次你遵守規矩，你也付出代價。」維持好習慣需要付出代價，需要你投入時間、心力及金錢，可能還需要放棄一些樂趣和機會；但是不維持好習慣也有代價。所以，你想付出哪種代價呢？**長期而言**，哪種生活會更快樂呢？

你無法取悅每一個人，但可以讓自己感覺更好

我剛完成習慣養成架構的時候，曾和艾麗諾聊了一下。那次的母女對話讓我想起，當初為什麼我會大費周章地投入這個漫長的研究。

每個週日，我們會有個「全家電影之夜」。有天晚上，我挑的片子是《失去的地平線》（*Lost Horizons*），我擔心艾麗諾可能會覺得無聊，或是看不懂這部一九三七年的電影。這部片子描述的是某人誤闖喜馬拉雅山深處的世外桃源——香格里拉。令我驚訝的是，艾麗諾看了電影以後，非常喜歡。後來我讓她看原著小說，她還因此創作了一部小說續集。

她把故事寫在筆記本上，寫完後還念給我聽。她描述羅伯和桑德拉的浪漫邂逅及婚禮，我聽得津津有味，但真正令我印象深刻的，是她念完之後說：「喔，我忘了告訴你書名了。」

「書名是什麼？」

她刻意停頓了一下，製造效果，然後說：「烏托邦的日常。」

烏托邦的日常，好棒的點子！我發自真心地說：「艾麗諾，我**愛死**這個書名了，根本就是神來一筆！」

那段對話一直在我的腦中盤旋，我真想買件T恤，把書名當標語印在上面。我想把它刺在腳踝上，或寫在我辦公室的牆面上。

我突然發現，我為了習慣和快樂所做的一切研究和努力，都是為了幫我們盡可能地打造烏托邦的日常。每天維持著深厚的人際關係，做著滿意的工作，每天的生活都生氣勃發、健康又有生產力，每天都充滿樂趣、熱情且積極投入，盡可能地減少遺憾、內疚或憤怒。

研究習慣讓我變得不再那麼專斷，但也更有主見，對於好習慣的強大價值更加信服。在我開始研究之前，我尚未徹底善用機會來打造我想要的生活。現在，我對習慣的了解幫我把生活變得更好，讓我的生活更接近理想中的烏托邦。

明天，在不用做選擇、不必花心力的情況下，我將一如既往地在六點起床，然後親吻仍在熟睡的詹米，使用電腦一小時，再去喚醒伊萊莎和艾麗諾，幫全家人做早餐（我會吃三個炒蛋，不吃燕麥片）。搭電梯下樓時，我用金雞獨立來訓練平衡感，走路陪艾麗諾去上學，最後再回到我那個毫無雜物的乾淨書桌……如此一直持續下去，日復一日。這些習慣不能讓每個人都感到快樂，但它們讓我非常快樂。

這就是烏托邦的日常。

謝辭

非常感謝願意跟我分享經驗的每個人，若不是你們的無私分享，我永遠也想不出那麼多發人深省、引人入勝的真實例子。我對習慣的認知，大都來自我與周遭人物的談話經驗，所以我非常感激家人、朋友、同仁、讀者分享他們養成習慣的故事，也謝謝他們耐心地聆聽我的理論。這裡要特別感謝我那些「受試員」，希望他們從經驗中得到的收穫跟我一樣多。

我最要指名感謝的是我的經紀人 Christy Fletcher，我所做的每件事都少不他的判斷力與寶貴的建議。另外，我也很感謝 Fletcher 公司的每個人。

我覺得非常幸運，能和 Crown 出版社的優秀人才一起合作，包括 Tina Constable、Mary Choteborsky、Molly Stern，以及整個出色的團隊。另外，也謝謝英國 Two Roads Books 出版社的 Lisa Highton，以及加拿大 Doubleday 出版社的 Nita Pronovost 和 Kristin Cochrane，還有那裡的其他優秀同仁。

非常感謝 Beth Rashbaum 給我的編輯指導，也謝謝朋友 A. J. Jacobs、Michael Melcher、Oliver Burkeman、Rosemary Ellis、Kamy Wicoff、Warren St. John，不吝給我寶貴的意見。

一如既往，特別感謝詹米、伊萊莎、艾麗諾以及所有家人，謝謝他們提供我烏托邦的美好日常。

自我測驗

你是自律者、質疑者、叛逆者，還是盡責者呢？請老實回答下列問題，勾選出適合你的描述。這四種不同傾向本來就有重疊之處，所以你符合的類別不會只有一個。但如果你和多數人一樣，會發現其中某個傾向最能精確描述你的態度。

這個測驗不是決定性的結果，只是幫你更清楚了解自己。如果你在兩個類別中勾選的描述一樣多，不表示你介於兩者之間。你可以好好想想哪一種傾向更接近你對自己的描述。你也可以上我的網站（gretchenrubin.com）做另一個四種傾向測驗來辨識出你的傾向，並提供詳細的報告。

自律者傾向

- 遇到不守規矩的人（例如標示明明寫著「禁用手機」，仍然我行我素），我會覺得不自在，即使那個人並未惹上麻煩或干擾其他人也一樣。
- 我會嚴格遵守自己設定的期限，即使是隨意設定的期限也一樣。
- 以前我曾許過新年新希望，通常都能堅持下去。

- 履行對**我自己**的承諾和履行對**他人**的承諾，都一樣重要。
- 我的自律性格有時會惹人厭。
- 有人說過我太死板了。

質疑者傾向

- 我若想改變生活，就會馬上行動。
- 我不會許下新年新希望，因為元旦是沒有意義的日子。
- 對我來說，理由充分才能讓我做下決定，這點非常重要。事實上，我要求有充分的資訊和理由時，有時會讓人抓狂。
- 別人以看似隨便的理由來要求我做某件事時，我會覺得很惱火。
- 我喜歡聽專家的說法，但我會自行決定要採取哪種做法。即使有人給我明確的指示（例如運動流程），我還是會根據自己的判斷稍微調整。
- 只要新習慣能符合我的目標，我就能馬上投入，否則我很難採行。
- 我對「四種傾向」這個架構的有效性感到懷疑。

盡責者傾向

- 大家經常向我求助（例如編輯報告、擔任共乘駕駛、臨時受邀擔任會議的演講者），因為他們知道我不會推辭，即使我已經忙翻了。

· 我已經放棄許下新年新希望了，因為我從來沒有達成過。

· 我會為了當別人的好榜樣而做某件事，即使我從來不會為了自己做那件事，例如練鋼琴、吃青菜、戒菸。

· 我常為他人的優先事務騰出時間，卻很難騰出時間處理自己的優先事務，對此我感到沮喪。

· 我曾經成功培養過某些好習慣，但有些習慣還是很難養成。

叛逆者傾向

· 我不許新年新希望，也不想嘗試培養習慣，我討厭綁手綁腳。

· 我做我想做的事，忠於自己，而不是為了符合別人的期望。

· 別人要求或告訴我去做某事時，我常常有拒絕的衝動。

· 別人有時會對我感到無可奈何，因為我不會按照他們的期望做事。

· 只要是我主動接受的挑戰，並用我自己的方式進行，我會欣然接受挑戰。

· 別人期望我做的事，即使是有趣的事（例如工藝課），我也會有抗拒的衝動。頂著別人的期望，會讓我對原本喜歡的活動頓時失去樂趣。

作者答客問

問：你說習慣是「日常生活的無形架構」，可以說明一下是什麼意思嗎？

答：研究顯示，我們約有四〇%的行為是天天重複的，所以只要改變習慣，就能改變生活。當然，那也帶出了另一個問題：要怎麼改變習慣呢？這就是我在這本書裡要探討的有趣問題。

問：你跟多數習慣養成專家不同的一點是，你強調改變習慣的最重要步驟是了解自己，為什麼這點那麼重要？

答：關於習慣改變的建議，我們最常聽到專家說：從小的改變開始著手；一大早做最好；給自己獎勵等等。能找到某個神奇妙方當然很好，但問題是，吃過苦頭的人都知道，這個世上沒有放諸四海皆準的妙方。

我研究改變習慣的策略時，發現改變習慣的**祕訣**就是：**想要改變習慣，就必須先了解自己**。當我們找出所屬個性的關鍵特質時，就可以配合自己的特質來調整習慣，這樣一來，成功的機率就會更高。在本書中，我探討改變習慣的許多策略，顯示多種策略對天性不同的人，可能有不同的效果。

問：你做研究時，最讓你驚訝的發現是什麼？

答：應該是發現「四種傾向」架構竟然如此精準。與他人討論如何改變習慣時，那個架構可以幫你找出最有效的方法。

尤其對盡責者的幫助最大。**盡責者最需要外在問責**，他們需要有人規定截止日期或罰繳滯納金，他們需要老師監督他們是否蹺課，需要有以身作則的壓力。有了外在問責，盡責者就會乖乖地維持習慣；少了外在問責，他們就難以堅持下去。例如有位盡責者說：「我很愛看書，但老是抽不出時間，我總是把別人的需求放在第一位。多年來我努力想要對自己好一點，以自己的優先事務為重，但沒有一次成功。當我發現我需要外在問責時，就加入了讀書會，讓自己非看書不可。所以現在我經常看書，也很喜歡看書。」

問：是否有哪些策略的效果特別顯著？

答：有些人發現禁絕策略的效果很大。其中有的是禁絕者，有的是節制者。禁絕者覺得完全不碰某個東西比自我節制更容易，而節制者則是覺得適量享用的效果較好。我們的文化一向主張中庸之道，所以大家常會選擇當個節制者，即使屢戰屢敗也一樣。當我發現自己是禁絕者時，大大鬆了一口氣。我經常提起這件事，也聽到很多人說：「我看到你說你是禁絕者，突然意識到我自己也是，從此以後要克制自己就容易多了。」

問：對於試圖改變習慣但失敗的人，你會給予他們什麼建議？

答：想想你自己，你是什麼樣子的人，什麼東西吸引你，你什麼時候成功過。當你根據自己的特質去塑造習慣時，就已經成功了一半。

此外，多注意改變的契機。這本書教你注意何時最適合改變習慣，例如搬家、換工作、新婚、出現新戀情等等，這些都是啟動新習慣的絕佳時機。身邊有人變好時，就想辦法跟進，見賢思齊；突然有什麼關於習慣的好點子時，就要找機會用上。很多人都覺得習慣很難改變，確實是如此，但是只要你把握契機，改變習慣可能出奇**容易**。

問：你希望讀者讀完這本書後有什麼收穫？

答：多數人都會有那麼一兩個習慣，只要一改就會對生活產生很大的影響。很多人都試過要改變這一類的習慣，但都失敗了。

我希望讀者在讀完這本書後，可以獲得更多改變習慣的點子，並對改變習慣躍躍欲試，因為改變有**可能**成真。習慣一改，生活更加多彩。

問：請談一談你的播客 Happier with Gretchen Rubin。

答：好，我現在也開了播客了，我找爆笑的妹妹伊麗莎白來當搭檔，讀者對她應該都很熟悉了。每週，我會和伊麗莎白一起討論好習慣和快樂生活，引用最先進的科技、大眾文化和我們的經驗為例。我們是姊妹，所以聊起來百無禁忌，一位聽眾說我們是新一代的 Click and Clack（美國火紅的電台節目 Car Talk 的兄弟檔爆笑主持人），那是我聽過最棒的讚美了。

註

＊相關個案的出處、郵件內容及讀者留言，為了保護當事人隱私，以及更清楚表達及節省篇幅，我重新變更、編輯了一些細節和時間順序。

前言　明明知道改變很棒，為什麼不開始？

1 Roy Baumeister and John Tierney, *Willpower: Rediscovering the Greatest Human Strength* (New York: Penguin, 2011), 239.

2 關於強大意志力的效用，相關討論請參閱 Baumeister and Tierney, *Willpower*, 9–12, 260; Kelly McGonigal, *The Willpower Instinct: How Self-Control Works, Why It Matters, and What You Can Do to Get More of It* (New York: Avery, 2012), 12; Terrie Moffitt et al., "A Gradient of Childhood Self-Control Predicts Health, Wealth, and Public Safety," *Proceedings of the National Academy of Sciences* 108, no. 7 (2011): 2693–98。

3 Wilhelm Hoffman et al., "Everyday Temptations: An Experience Sampling Study of Desire, Conflict, and Self-Control," *Journal of Personality and Social Psychology* 102, no. 6 (June 2012): 1318–35; Baumeister and Tierney, *Willpower*, 3–4.

4 Baumeister and Tierney, *Willpower*, 2; 另見 the Values in Action Project, Christopher Peterson and Martin Selig-

man, eds., *Character Strength and Virtues* (Washington, DC: American Psychological Association, 2004).

5 Kathleen Vohs et al., "Making Choices Impairs Subsequent Self-Control: A Limited-Resource Account of Decision Making, Self-Regulation, and Active Initiative," *Journal of Personality and Social Psychology* 94, no. 5 (May 2008): 883–98.

6 Wendy Wood, Jeffrey Quinn, and Deborah Kashy, "Habits in Everyday Life: Thought, Emotion, and Action," *Journal of Personality and Social Psychology* 83, no. 6 (2002): 1281–97.

7 Wendy Wood, David Neal, and Aimee Drolet, "How Do People Adhere to Goals When Willpower Is Low? The Profits (and Pitfalls) of Strong Habits," *Journal of Personality and Social Psychology* 104, no. 6 (2013): 959–75.

8 Wood, Quinn, and Kashy, "Habits in Everyday Life."

9 同上。

10 Christopher Alexander, *The Timeless Way of Building* (New York: Oxford University Press, 1979), 67–68.

11 美國疾病控制與防治中心，國家慢性病防治及健康促進中心 Centers for Disease Control and Prevention, National Center for Chronic Disease Prevention and Health Promotion (August 2012), http://www.cdc.gov/chronicdisease/overview/index.htm.

第1章　命中注定的四種傾向

1 John Updike, *Self-Consciousness: Memoirs* (New York: Knopf, 1989).

2 Leslie Fandrich, "May Exercise Plans," May 2, 2013, http://bit.ly/1lzbCWa.

第2章　人生是自己的，當然要量身訂做你的習慣

1 關於作息類型的有趣調查，請參見 Till Roenneberg, *Internal Time: Chronotypes, Social Jet Lag, and Why You're So Tired* (Cambridge: Harvard University Press, 2012)。

2 Renee Biss and Lynn Hasher, "Happy as a Lark: Morning-Type Younger and Older Adults Are Higher in Positive Affect," *Emotion* 12, no. 3 (June 2012): 437–41.

3 關於這項特質的廣泛討論，請參見 Heidi Grant Halvorson and E. Tory Higgins, *Focus: Use Different Ways of Seeing the World for Success and Influence* (New York: Hudson Street Press, 2013)。

4 Charles Duhigg, *The Power of Habit: Why We Do What We Do in Life and Business* (New York: Random House, 2012), 112.

5 相關討論，請至 B. J. Fogg 的網站，www.tinyhabits.com；另見 Teresa Amabile and Steven Kramer, *The Progress Principle: Using Small Wins to Ignite Joy, Engagement, and Creativity at Work* (Cambridge: Harvard Business Review Press, 2011)。

6 例如可參考 James Claiborn and Cherry Pedrick, *The Habit Change Workbook: How to Break Bad Habits and Form Good Ones* (Oakland, CA: New Harbinger, 2001), 160。

7 Jeff Goodell, "Steve Jobs in 1994: The Rolling Stone Interview," *Rolling Stone*, June 16, 1994, republished January 17, 2011.

8 Mason Currey, *Daily Rituals: How Artists Work* (New York: Knopf, 2013).

第3章　像追蹤網紅那樣，追蹤你自己！

1 "The Problem of Speeding in Residential Areas," in Michael S. Scott, *Speeding in Residential Areas*, 2nd ed., Center for Problem-Oriented Policing, U.S. Department of Justice, 2010, http://www.popcenter.org/problems/pdfs/Speeding_Residential_Areas.pdf.

2 Gretchen Reynolds, *The First 20 Minutes: Surprising Science Reveals How We Can Exercise Better, Train Smarter, Live Longer* (New York: Hudson Street Press, 2012), 97; 另見 David R. Bassett, Jr., et al., "Pedometer-Measured Physical Activity and Health Behaviors in U.S. Adults," *Medicine & Science in Sports & Exercise* 42, no. 10 (October 2010): 1819–25.

3 疾病控制與防治中心 Centers for Disease Control and Prevention, FastStats, "Obesity and Overweight," http://www.cdc.gov/nchs/fastats/overwt.htm.

4 Jack F. Hollis et al., "Weight Loss During the Intensive Intervention Phase of the Weight-Loss Maintenance Trial," *American Journal of Preventive Medicine* 35, no. 2 (August 2008): 118–26.

5 Bassett et al., "Pedometer-Measured Physical Activity."

6 "Counting Every Step You Take," *Harvard Health Letter*, September 2009.

7 David Pogue, "2 Wristbands Keep Tabs on Fitness," *New York Times*, November 14, 2012.

8 Brian Wansink, *Mindless Eating: Why We Eat More Than We Think* (New York: Bantam, 2006), 60.

9 Andrew Geier, Paul Rozin, and Gheorghe Doros, "Unit Bias: A New Heuristic That Helps Explain the Effect of Portion Size on Food Intake," *Psychological Science* 17, no. 6 (2006): 521–25.

10 Wansink, *Mindless Eating*, 59–60.

11 Kathryn Sharpe, Richard Staelin, and Joel Huber, "Using Extremeness Aversion to Fight Obesity: Policy Implications of Context Dependent Demand," *Journal of Consumer Research* 35 (October 2008): 406–22; 另見 Pierre Chandon, "How Package Design and Packaged-Based Marketing Claims Lead to Overeating," *Applied Economics Perspectives and Policy* 35, no. 1 (2013): 7–31.

12 Wansink, *Mindless Eating*, 56.

13 John Tierney, "Be It Resolved," *New York Times*, January 6, 2012.

14 Anna-Leena Orsama et al., "Weight Rhythms: Weight Increases During Weekends and Decreases During Weekdays," *Obesity Facts* 7, no. 1 (2014): 36–47.

15 Piers Steel, *The Procrastination Equation: How to Stop Putting Things Off and Start Getting Stuff Done* (New York: Harper, 2010), 147.

16 Lauren Weber, "Weary Workers Learn to Count Sheep Using Special Lighting, Office Nap Pods," *Wall Street Journal*, January 23, 2013.

17 Laura Vanderkam, 168 Hours: *You Have More Time Than You Think* (New York: Portfolio, 2011).

18 Dilip Soman, "Effects of Payment Mechanism on Spending Behavior: The Role of Rehearsal and Immediacy of Payments," *Journal of Consumer Research* 27, no. 4 (March 2001): 460–74.

19 Gary Taubes, *Why We Get Fat: And What to Do About It* (New York: Anchor, 2011), 67.

第4章 睡眠不好，說什麼都是假的！

1 Roy Baumeister and John Tierney, *Willpower: Rediscovering the Greatest Human Strength* (New York: Penguin, 2011), 38.

2 例如可參見 Megan Oaten and Ken Cheng, "Longitudinal Gains in Self-Regulation from Regular Physical Exercise," *British Journal of Health Psychology* 11 (2006): 717–33; Charles Duhigg, *The Power of Habit: Why We Do What We Do in Life and Business* (New York: Random House, 2012), 97– 109; James O. Prochaska, John C. Norcross, and Carlo C. DiClemente, *Changing for Good: A Revolutionary Six-Stage Program for Overcoming Bad Habits and Moving Your Life Positively Forward* (New York: Harper, 1994), 57。

3 Eve Van Cauter et al., "The Impact of Sleep Deprivation on Hormone and Metabolism," *Medscape Neurology* 7, no. 1 (2005), http://www.medscape.org/viewarticle/502825.

4 Oaten and Cheng, "Longitudinal Gains in Self-Regulation."

5 Gretchen Reynolds, *The First 20 Minutes: Surprising Science Reveals How We Can Exercise Better, Train Smarter, Live Longer* (New York: Hudson Street Press, 2012), 9–11.

6 Shirley Wang, "Hard-Wired to Hate Exercise?" *Wall Street Journal*, February 19, 2013.

7 這個議題的相關討論可參見 Reynolds, *First 20 Minutes, 80–95; Gary Taubes, Why We Get Fat: And What to Do About It* (New York: Anchor, 2011), chap. 4。

8 David Lewis, *Impulse: Why We Do What We Do Without Knowing Why We Do It* (Cambridge: Harvard University Press, 2013), 146.

9 例如可參見“NWCR Facts,”美國國家體重控制註冊中心 National Weight Control Registry, http://www.nwcr.ws/Research/。

10 Andrew W. Brown, Michelle M. Bohan Brown, and David B. Allison, “Belief Beyond the Evidence: Using the Proposed Effect of Breakfast on Obesity to Show 2 Practices That Distort Scientific Evidence,” *American Journal of Clinical Nutrition* 98, no. 5 (2013): 1298–308; Anahad O’Connor, “Myths Surround Breakfast and Weight,” Well blog, *New York Times*, September 10, 2013.

11 Angela Kong et al., “Self-Monitoring and Eating-Related Behaviors Are Associated with 12-Month Weight Loss in Postmenopausal Overweight-to-Obese Women,” *Journal of the Academy of Nutrition and Dietetics* 112, no. 9 (September 2012): 1428–35.

12 Reynolds, *First 20 Minutes*, 63–64.

13 Duhigg, *Power of Habit,* 109.

第5章　破除「明天再說」魔咒，現在就排好你的新課表！

1 Patricia M. Barnes, Barbara Bloom, and Richard L. Nahin, “Complementary and Alternative Medicine Use Among Adults and Children: United States, 2007,” *CDC National Health Statistics Report #12*, December 10, 2008.

2 Daniel Gilbert, *Stumbling on Happiness* (New York: Knopf, 2006), 223–33.

3 Thich Nhat Hanh, *The Miracle of Mindfulness: An Introduction to the Practice of Meditation* (Boston: Beacon Press, 1999).

4 Sharon Salzberg, *Real Happiness: The Power of Meditation* (New York: Workman, 2010).

5 同上，35。

6 Isaiah Berlin, *The Hedgehog and the Fox*, 2nd ed. (Princeton, NJ: Princeton University Press, 2013).

7 Henry David Thoreau, *Walden* (New Haven, CT: Yale University Press, 2004), 22.

8 Phillippa Lally et al., "How Are Habits Formed: Modeling Habit Formation in the Real World," *European Journal of Social Psychology* 40 (2010): 998–1009.

9 Andy Warhol, *The Philosophy of Andy Warhol* (From A to B and Back Again) (New York: Harvest, 1977), 166.

10 Gertrude Stein, *Paris France* (New York: Liveright, 2013), 19.

11 Roy Baumeister, "Yielding to Temptation: Self-Control Failure, Impulsive Purchasing, and Consumer Behavior," *Journal of Consumer Research* 28 (March 2002): 670–76.

12 Julia Cameron, *The Artist's Way* (New York: Penguin Putnam, 1992), 18.

13 Anthony Trollope, *Autobiography* (New York: Oxford University Press, 2009), 120.

14 Phil Patton, "Johnny Cash—Our Longing for Lists," *New York Times*, September 1, 2012, SR4.

15 Daniel Reed and Barbara van Leeuwen, "Predicting Hunger: The Effects of Appetite and Delay on Choice," *Organizational Behavior and Human Decision Processes* 76, no. 2 (November 1998): 189–205.

16 Augustine, *The Confessions of Saint Augustine* (New York: E. P. Dutton & Co., 1900), 184.

第6章　想像一下，有多少人睜大眼睛盯著你……

1 Adam Alter, *Drunk Tank Pink: And Other Unexpected Forces That Shape How We Think, Feel, and Behave* (New York: Penguin, 2013), 77–79.

2 Andrew Rafferty, "Cardboard Cop Fighting Bike Theft in Boston," NBC News, August 6, 2010, http://usnews.nbcnews.com/_news/2013/08/06/19897675-cardboard-cop-fighting-bike-theft-in-boston.

3 Roy Baumeister and John Tierney, *Willpower: Rediscovering the Greatest Human Strength* (New York: Penguin, 2011), 112–13.

4 Irving Wallace, *The Writing of One Novel* (New York: Simon & Schuster, 1968), 37.

5 Bob Martin, *Humane Research Council,* "Average Dog Owner Gets More Exercise Than Gym-Goers," February 15, 2011, http://bit.ly/1sfRSK3.

6 Tara Parker-Pope, "The Best Walking Partner: Man vs. Dog," *New York Times*, December 14, 2009.

7 Brian Wansink, *Mindless Eating: Why We Eat More Than We Think* (New York: Bantam, 2006), 199.

第7章　瘦身第一步，是先穿上運動服

1 Brad Isaac, "Jerry Seinfeld's Productivity Secret," Lifehacker, July 24, 2007, http://bit.ly/1rT93AB.

第8章　踏出第一步，剎那就會變成……永恆

1 Todd Heatherton and Patricia Nichols, "Personal Accounts of Successful Versus Failed Attempts at Life Change,"

Personality and Social Psychology Bulletin 20, no. 6 (December 1994): 664–75; see also Chip Heath and Dan Heath, *Switch: How to Change Things When Change Is Hard* (New York: Crown Business, 2010), 208.

2 Jeff Grabmeier, "Large Weight Gains Most Likely for Men After Divorce, Women After Marriage," *Research News*, Ohio State University, August 17, 2011, http://researchnews.osu.edu/archive/weightshock.htm.

第9章　可遇不可求的「霹靂策略」

1 關於霹靂策略的有趣面向，請參見 William Miller and Janet C'de Baca, *Quantum Change: When Epiphanies and Sudden Insights Transform Ordinary Lives* (New York: Guilford Press, 2001)。

2 Gary Taubes, *Why We Get Fat: And What to Do About It* (New York: Anchor Books, 2010)。關於陶布斯論點的擴大討論，可參見 *Good Calories, Bad Calories: Fats, Carbs, and the Controversial Science of Diet and Health* (New York: Anchor Books, 2008)，書裡收錄了實用的摘要（454頁）：

1) 膳食脂肪，無論飽和與否，都不是導致肥胖、心臟病或其他文明慢性病的原因。

2) 問題出在飲食中的碳水化合物，它們會影響胰島素的分泌，因此影響體內激素的調節。碳水化合物越容易消化、越精緻，對我們的健康和體重影響越大。

3) 糖（尤其是蔗糖和高果糖玉米糖漿）特別有害，可能是因為果糖和葡萄糖的組合會同時提高胰島素的濃度，使肝臟負擔太多的碳水化合物。

4) 精製的碳水化合物、澱粉和糖透過對胰島素和血糖的直接影響，是導致冠狀動脈心臟病和糖尿病的飲食原因，也是最有可能導致癌症、阿茲海默症及其他文明慢性病的膳食原因。

5) 肥胖是多餘脂肪囤積失調的現象，不是暴飲暴食、也不是久坐行為造成的。
6) 攝取多餘的熱量不會使人變胖，也無法讓孩子長高。消耗的熱量比攝取的熱量多時，也不會導致長期體重下降，只會讓人產生飢餓感。
7) 變胖及肥胖是脂肪組織和脂肪代謝的激素調節失衡的結果，亦即脂肪的合成和儲存超過了脂肪組織的調度及隨後的氧化。當脂肪組織的激素調節逆轉這種失衡現象時，人就會變瘦。
8) 胰島素是脂肪儲存的主要調節者。胰島素的濃度提高時，無論是長期或是餐後，脂肪組織會囤積脂肪。胰島素的濃度下降時，脂肪組織會釋出脂肪，用來當燃料。
9) 碳水化合物會刺激胰島素的分泌，使我們變胖，最終導致肥胖。人體攝取的碳水化合物越少，就會越瘦。
10) 碳水化合物會驅動脂肪囤積，使我們的飢餓感增加，減少新陳代謝和身體活動的能量消耗。

關於脂肪在健康膳食中所扮演的角色，相關的精采討論可參見 Nina Teicholz, *The Big Fat Surprise: Why Butter, Meat and Cheese Belong in a Healthy Diet* (New York: Simon & Schuster, 2014)。

3 Taubes, *Why We Get Fat, 1*12–62.

4 同上，128–39, 195–98。

5 同上，163–200。

第10章　不要高估你的自制力，不該吃的就絕對別吃！

1 Piozzi et al., *Johnsoniana; or, Supplement to Boswell: Being, Anecdotes and Sayings of Dr. Johnson* (London: John Mur-

ray, 1836), 96.

2 Oscar Wilde, *The Picture of Dorian Gray* (Thorndike, ME: G. K. Hall, 1995), 29.

3 Francois de la Rochefoucauld, *Collected Maxims and Other Reflections,* E. H. Blackmore and A. M. Blackmore, trans. (New York: Oxford World Classics, 2008), 187.

4 Muriel Spark, *Loitering with Intent* (New York: New Directions, 1981), 95.

5 Omar Manejwala, *Craving: Why We Can't Seem to Get Enough* (Center City, MN: Hazelden, 2013), 141.

6 William James, *Writings 1878–1899: Psychology: Briefer Course* (New York: Library of America, 1992), 148.

7 Reuven Dar et al., "The Craving to Smoke in Flight Attendants: Relations with Smoking Deprivation, Anticipation of Smoking, and Actual Smoking," *Journal of Abnormal Psychology* 119, no. 1 (2010): 248–53.

第11章　為好習慣製造「方便」的好環境

1 Brian Wansink, *Mindless Eating: Why We Eat More Than We Think* (New York: Bantam, 2006), 87–88.

2 *Consumer Reports*, August 2011, http://bit.ly/1oiPAUB.

3 Piers Steel, *The Procrastination Equation: How to Stop Putting Things Off and Start Getting Stuff Done* (New York: Harper, 2010), 23.

4 Michael Chui et al., "The Social Economy: Unlocking Value and Productivity Through Social Technologies," McKinsey Global Institute, July 2012, http://bit.ly/1d4fPbE.

5 Claire Bates, "Scaling New Heights: Piano Stairway Encourages Commuters to Ditch the Escalators," *Daily Mail,*

October 11, 2009

6 Michael Pollak, "A Dutch Innovation," *New York Times,* June 17, 2012, MB2.

第12章　把手機放到更遠的地方，讓壞習慣「很不方便」

1 Michael Pollan, *Food Rules: An Eater's Manual* (New York: Penguin, 2009), rule no. 39.

2 Piers Steel, *The Procrastination Equation: How to Stop Putting Things Off and Start Getting Stuff Done* (New York: Harper, 2010), 13–14; 另見 Terrie Moffitt et al., "A Gradient of Childhood Self-Control Predicts Health, Wealth, and Public Safety," *Proceedings of the National Academy of Sciences* 108, no. 7 (2011): 2693–98.

3 Sheena Iyengar, *The Art of Choosing* (New York: Twelve, 2010), 249.

4 關於方便性對購物的影響，可參見 Paco Underhill, *Why We Buy: The Science of Shopping* (New York: Simon & Schuster, 1999)。

5 徹底的討論請見 Richard Thaler and Cass Sunstein, *Nudge: Improving Decisions About Health, Wealth, and Happiness* (New York: Penguin, 2008)。

6 Lisa Foderaro, "Without Cafeteria Trays, Colleges Cut Water Use, and Calories," *New York Times*, April 28, 2009, A1.

7 Michael Shnayerson, "Something Happened at Anne's —· " *Vanity Fair,* August 2007.

第13章　承認自己有欲望，魔鬼隨時來敲門

1 Homer, *The Odyssey*, Robert Fagles, trans. (New York: Penguin, 1996), Book 12.

2 Wilhelm Hoffman et al., "Everyday Temptations: An Experience Sampling Study of Desire, Conflict, and Self-Control," *Journal of Personality and Social Psychology* 102, no. 6 (June 2012): 1318–35.

3 Brian Wansink, "Environmental Factors That Increase the Food Intake and Consumption Volume of Unknowing Consumers," *Annual Review of Nutrition* 24 (2004): 455–70.

4 Jacob Tomsky, *Heads in Beds: A Reckless Memoir of Hotels, Hustles, and So-Called Hospitality* (New York: Doubleday, 2012), 58.

5 Michel de Montaigne, *The Complete Essays* (New York: Penguin Classics, 1993), 1154.

6 Peter Gollwitzer, "Implementation Intentions: Strong Effects of Simple Plans," *American Psychologist* 54 (1999): 493–503; 另見 Chip Heath and Dan Heath, *Switch: How to Change Things When Change Is Hard* (New York: Crown Business, 2010), 290.

7 Heath and Heath, *Switch,* 290; Heidi Grant Halvorson, *Succeed: How We Can Reach Our Goals* (New York: Hudson Street Press, 2012), 173–81; Peter Gollwitzer and Paschal Sheeran, "Implementation Intentions," http://bit.ly/1lKxCtU.

8 Dwight Eisenhower, remarks at the National Defense Executive Reserve Conference, November 14, 1957.

9 相關的研究可參閱 Kelly McGonigal, *The Willpower Instinct: How Self-Control Works, Why It Matters, and What You Can Do to Get More of It* (New York: Avery, 2012), 147–48。

10 Karen J. Pine, "Report on a Survey into Female Economic Behaviour and the Emotion Regulatory Role of Spending," University of Hertfordshire, Sheconomics Survey Report, 2009.

11 Phillippa Lally et al., "How Are Habits Formed: Modeling Habit Formation in the Real World," *European Journal of Social Psychology* 40 (2010): 998–1009.

12 Roy F. Baumeister, Todd F. Heatherton, and Dianne M. Tice, *Losing Control: How and Why People Fail at Self-Regulation* (New York: Academic Press, 1994), 177–78, 190; Roy Baumeister and John Tierney, *Willpower: Rediscovering the Greatest Human Strength* (New York: Penguin, 2011), 222.

13 C. Peter Herman and Janet Polivy, "The Self-Regulation of Eating: Theoretical and Practical Problems," in Kathleen Vohs and Roy Baumeister, eds., Handbook of Self-Regulation: Research, Theory, and Applications, 2nd ed. (New York: Guilford Press, 2011), 525.

第14章　當你想放自己一馬，壞習慣就會再度纏上你

1 Dax Urbszat, Peter C. Herman, and Janet Polivy, "Eat, Drink, and Be Merry, for Tomorrow We Diet: Effects of Anticipated Deprivation on Food Intake in Restrained and Unrestrained Eaters," *Journal of Abnormal Psychology* 111, no. 2 (May 2002): 396–401.

2 Warren K. Bickel and Rudy E. Vuchinich, eds., *Reframing Health Behavior Change with Behavioral Economics* (Mahwah, NJ: Lawrence Erlbaum, 2000), ix; 另見 Roy F. Baumeister, Todd F. Heatherton, and Dianne M. Tice, *Losing Control: How and Why People Fail at Self-Regulation* (New York: Academic Press, 1994), 250.

3 J. M. Barrie, *The Boy Castaways of Black Lake Island*, General Collection, Beinecke Rare Book and Manuscript Library, Yale University.

4 Samuel Johnson, Selected Essays (New York: Penguin Classics, 2003), 76, 首度發表於 *The Rambler*, No. 28, June 23, 1750.

5 Sarah Nassauer, "Restaurants Create New Seasons as Reasons to Indulge; Limited-Time Shakes," *Wall Street Journal*, March 6, 2013.

6 Desiderius Erasmus, *The Praise of Folly*, Clarence Miller, trans. (New Haven, CT: Yale University Press, 1979), 31, n. 4 (also called the "Sorites paradox").

第15章　感覺到「衝動」？讓自己離開十五分鐘

1 Jeffrey Schwartz and Sharon Begley, *The Mind and the Brain: Neuroplasticity and the Power of Mental Force* (New York: ReganBooks, 2002), 84.

2 Jean Kerr, *Please Don't Eat the Daisies* (New York: Doubleday, 1957).

第16章　運動完，來杯啤酒犒賞自己？

1 關於獎勵的使用與陷阱，相關的精采討論可參見 Edward Deci, *Why We Do What We Do: Understanding Self-Motivation* (New York: Penguin, 1996); Alfie Kohn, *Punished by Rewards: The Trouble with Gold Stars, Incentive Plans, A's, Praise, and Other Bribes* (New York: Houghton Mifflin, 1999); Daniel Pink, *Drive: The Surprising Truth*

About What Motivates Us (New York: Riverhead, 2009)。

2 Thomas W. Malone and Mark R. Lepper, "Making Learning Fun: A Taxonomy of Intrinsic Motivations for Learning," in Richard Snow and Marshall J. Farr, eds., *Aptitude, Learning, and Instruction: Conative and Affective Process Analysis* (Hillsdale, NJ: Lawrence Erlbaum, 1987), 223.

3 Mark Lepper, David Greene, and Richard Nisbett, "Undermining Children's Intrinsic Interest with Extrinsic Reward: A Test of the 'Overjustification' Hypothesis," *Journal of Personality and Social Psychology* 28, no. 1 (1973): 129–37.

4 Deci, *Why We Do What We Do*, chaps. 2–4; Pink, Drive, chap. 2; Kohn, *Punished by Rewards*, 82–87.

5 Michele Levine et al., "Weight Concerns Affect Motivation to Remain Abstinent from Smoking Postpartum," *Annals of Behavioral Medicine* 32, no. 2 (October 2006): 147–53.

6 NPD Group, "Report on Eating Patterns in America," http://bit.ly/1zHGeu1.

7 Traci Mann et al., "Medicare's Search for Effective Obesity Treatments: Diets Are Not the Answer," *American Psychologist* 62, no. 3 (2007): 220–33.

第17章　不用大舉慶功，但可以小小寵愛自己｜下

1 Iris Murdoch, *The Sea, the Sea* (New York: Penguin, 1978), 8.

2 Dianne Tice et al., "Restoring the Self: Positive Affect Helps Improve Self-Regulation Following Ego Depletion," *Journal of Experimental Social Psychology* 43 (2007): 379–84.

3 Jan Struther, *Mrs. Miniver* (New York: Mariner, 1990), 213.

4 James Boswell, *The Life of Samuel Johnson* (New York: Penguin Classics, 2008), 497.

5 Sonia Rodriguez et al., "Subjective and Physiological Reactivity to Chocolate Images in High and Low Chocolate Cravers," *Biological Psychology* 70, no. 1 (2005): 9–18.

6 "American Time Use Survey: 2012 Results," Bureau of Labor Statistics, June 20, 2013, http://www.bls.gov/news.release/atus.nr0.htm.

7 Manfred Kuehn, *Kant: A Biography* (Cambridge: Cambridge University Press, 2002), 222.

第18章　不要坐太久，因為那和抽菸一樣傷身

1 William James, *Writings 1878–1899: Psychology: Briefer Course* (New York: Library of America, 1992), 147.

2 James Vlahos, "Is Sitting a Lethal Activity?" *New York Times Magazine,* April 14, 2011; Marc T. Hamilton et al., "Too Little Exercise and Too Much Sitting: Inactivity Physiology and the Need for New Recommendations on Sedentary Behavior," *Current Cardiovascular Risk Reports* 2,no. 4 (July 2008): 292–98.

3 A. J. Jacobs, *Drop Dead Healthy* (New York: Simon & Schuster, 2012), 63–74。其他有關跑步機辦公桌的使用經驗，可參閱 Susan Orlean, "The Walking Alive: Don't Stop Moving," *The New Yorker*, May 20, 2013。

第19章　不要學政客空口說白話，清楚寫下你的明確行動！

1 Tory Johnson, *The Shift: How I Finally Lost Weight and Discovered a Happier Life* (New York: Hyperion, 2013).

2 Vanessa M. Patrick and Henrik Hagtvedt, "How to Say 'No': Conviction and Identity Attributions in Persuasive Refusal," *International Journal of Research in Marketing*, 29, no. 4 (2012): 390–94.

3 "Take Meds Faithfully," *Shopper's Guide to Prescription Drugs*, No. 7, Consumers Union, 2007, http://www.consumerreports.org/health/resources/pdf/best-buy-drugs/money-saving-guides/english/DrugComplianceFINAL.pdf.

第20章　我是義大利人，我怎麼可以戒酒？放下你的驕傲吧！

1 Oscar Wilde, The Picture of Dorian Gray (Thorndike, ME: G. K. Hall, 1995).

2 關於我們如何根據他人的飲食及在場與否來調解我們的飲食，相關的討論可參見 Brian Wansink, *Mindless Eating: Why We Eat More Than We Think* (New York: Bantam, 2006), chapters 5 and 8; C. Peter Herman and Janet Polivy, "The Self-Regulation of Eating: Theoretical and Practical Problems," in Kathleen Vohs and Roy Baumeister, eds., *Handbook of Self-Regulation: Research, Theory, and Applications*, 2nd ed. (New York: Guilford Press, 2011), 522–36。

3 Christopher J. Bryan et al., "Motivating Voter Turnout by Invoking the Self," *Proceedings of the National Academy of Sciences* 108, no. 31 (August 2011): 12653–56.

4 Haruki Murakami, *What I Talk About When I Talk About Running* (New York: Knopf, 2007), 104.

5 Janet Malcolm, *Forty-one False Starts: Essays on Artists and Writers* (New York: Farrar, Straus & Giroux, 2013), 36.

6 Made to Stick Chip Heath and Dan Heath, *Made to Stick: Why Some Ideas Survive and Others Die* (New York: Random House, 2007), 195–99.

7 "The Psychology of Abandonment," Goodreads, http://www.goodreads.com/blog/show/424-whatmakes-you-put-down-a-book.

第21章　你下決心改變了，身邊的人也會跟著改變

1 Lucius Annaeus *Seneca, Letters from a Stoic,* Robin Campbell, trans. (New York: Penguin, 1969), 43.

2 Deanna Meyler, Jim Stimpson, and M. Kristen Peek, "Health Concordance Within Couples: A Systematic Review," *Social Science and Medicine* 64, no. 11 (June 2007): 2297–310.

3 Aaron Leong, Elham Rahme, and Kaberi Dasgupta, "Spousal Diabetes as a Diabetes Risk Factor: A Systematic Review and Meta-Analysis," *BMC Medicine* 12, no. 12 (2014), http://www.biomedcentral.com/1741–7015/12/12.

4 Kelly McGonigal, *The Willpower Instinct: How Self-Control Works, Why It Matters, and What You Can Do to Get More of It* (New York: Avery, 2012), chap. 8.

5 Gretchen Reynolds, *The First 20 Minutes: Surprising Science Reveals How We Can Exercise Better, Train Smarter, Live Longer* (New York: Hudson Street Press, 2012), 256.

6 Andy Warhol, *The Philosophy of Andy Warhol (From A to B and Back Again)* (New York: Harvest, 1977), 96.

7 David Lee Roth, *Crazy from the Heat* (New York: Hyperion, 1997), 109–11.

結語　烏托邦的日常，你與親愛家人的美好生活

1 William James, *Writings 1878–1899: Psychology: Briefer Course* (New York: Library of America, 1992), 147.

延伸閱讀

Akst, Daniel. *Temptation: Finding Self-Control in an Age of Excess*. New York: Penguin, 2011. 中譯本《誘惑心理學》，中信，2014。

Baty, Chris. *No Plot? No Problem! A Low-Stress, High-Velocity Guide to Writing a Novel in 30 Days*. New York: Chronicle Books, 2004.

Baumeister, Roy F., and John Tierney. *Willpower: Rediscovering the Greatest Human Strength*. New York: Penguin, 2011. 中譯本《增強你的意志力》，經濟新潮社，2013。

Baumeister, Roy F., Todd F. Heatherton, and Dianne M. Tice. *Losing Control: How and Why People Fail at Self-Regulation*. New York: Academic Press, 1994.

Beck, Martha. *The Four-Day Win*. New York: Rodale, 2007.

Benedict, Saint. *The Rule of St. Benedict*. New York: Penguin, 2008.

Blumenthal, Brett. *52 Small Changes: One Year to a Happier, Healthier You*. Amazon Encore, 2011.

Boice, Robert. *How Writers Journey to Comfort and Fluency*. Westport, CT: Praeger, 1994.

Currey, Mason. *Daily Rituals: How Artists Work*. New York: Knopf, 2013. 中譯本《創作者的日常生活》，聯經，2014。

Deci, Edward L., with Richard Flaste. *Why We Do What We Do: Understanding Self-Motivation*. New York: Penguin, 1995.

Duhigg, Charles. *The Power of Habits: Why We Do What We Do in Life and Business*. New York: Random House, 2012. 中譯本《為什麼我們這樣生活，那樣工作？》，大塊，2012。

Dunn, Elizabeth, and Michael Norton. *Happy Money: The Science of Smarter Spending*. New York: Simon & Schuster, 2013. 中譯本《快樂錢》，天下文化，2014。

Elster, Jon. *Strong Feelings: Emotion, Addiction, and Human Behavior. Cambridge: MIT Press, 1999.* ———. *Ulysses Unbound: Studies in Rationality, Precommitment, and Constraints*. Cambridge: Cambridge University Press, 2000.

Eyal, Nir. *Hooked: How to Build Habit-Forming Products*. Self-published, 2014. 中譯本《鉤癮效應：創造習慣新商機》，天下文化，2017。

Fogg, B. J. *Persuasive Technology: Using Computers to Change What We Think and Do*. New York: Morgan Kaufman, 2003.

Halvorson, Heidi Grant. *Succeed: How We Can Reach Our Goals*. New York: Hudson Street Press, 2010.

———, and E. Tory Higgins. *Focus: Use Different Ways of Seeing the World for Success and Influence*. New York: Hudson Street Press, 2013.

Harris, Dan. *10% Happier: How I Tamed the Voice in My Head, Reduced Stress Without Losing My Edge, and Found Self-Help That Actually Works*. New York: It Books, 2014. 中譯本《快樂，多一〇%就足夠》，天下文化，2015。

Heath, Chip, and Dan Heath. *Switch: How to Change When Change Is Hard*. New York: Broadway Books, 2010. 中譯

本，《改變，好容易》，大塊，2010。

———. *Decisive: How to Make Better Choices in Life and Work*. New York: Crown Business, 2013. 中譯本《零偏見決斷法》，大塊，2013。

Herbert, Wray. *On Second Thought: Outsmarting Your Mind's Hard-Wired Habits*. New York: Crown, 2010. 中譯本《小心，別讓思考抄捷徑！》，漫遊者，2011。

Higgins, E. Tory. *Beyond Pleasure and Pain: How Motivation Works*. New York: Oxford University Press, 2012.

Iyengar, Sheena. *The Art of Choosing*. New York: Twelve, 2010. 中譯本《誰說選擇是理性的》，漫遊者，2015。

Jacobs, A. J. *Drop Dead Healthy: One Man's Humble Quest for Bodily Perfection*. New York: Simon & Schuster, 2012. 中譯本《管他正統或偏方，就是要健康》，遠流，2013。

James, William. Writings 1878–1899: *Psychology: Briefer Course*. New York: Library of America, 1992.

———. Writings 1902–1910: *The Varieties of Religious Experience: A Study in Human Nature*. New York: Library of America, 1988.

Johnson, Samuel. *Selected Writings of Samuel Johnson*. London: Harvard University Press, 2009.

Johnson, Tory. *The Shift: How I Finally Lost Weight and Discovered a Happier Life*. New York: Hyperion, 2013.

Kahneman, Daniel. *Thinking, Fast and Slow*. New York: Farrar, Straus & Giroux, 2011. 中譯本《快思慢想》，天下文化，2012。

Kohn, Alfie. *Punished by Rewards: The Trouble with Gold Stars, Incentive Plans, A's, Praise, and Other Bribes*. New York: Houghton Mifflin, 1993.

Langer, Ellen. *Mindfulness*. New York: Addison-Wesley, 1989. 中譯本《用心，讓你看見問題核心》，木馬，2013。

Logue, A. W. *The Psychology of Eating and Drinking*. 3rd ed. New York: Brunner-Routledge, 2004.

Manejwala, Omar. *Craving: Why We Can't Seem to Get Enough*. Center City, MN: Hazelden, 2013.

Marlatt, G. Alan, and Dennis M. Donovan, eds. *Relapse Prevention: Maintenance Strategies in the Treatment of Addictive Behaviors*. 2nd ed. New York: Guilford Press, 2005.

McGonigal, Kelly. *The Willpower Instinct: How Self-Control Works, Why It Matters, and What You Can Do to Get More of It*. New York: Penguin, 2012. 中譯本《輕鬆駕馭意志力》，先覺，2012。

Merton, Thomas. *The Silent Life*. New York: Farrar, Straus & Cudahy, 1957.

Miller, William, and Janet C'de Baca. *Quantum Change: When Epiphanies and Sudden Insights Transform Ordinary Lives*. New York: Guilford Press, 2001.

Murakami, Haruki. *What I Talk About When I Talk About Running*. New York: Knopf, 2007. 中譯本《關於跑步，我說的其實是》，時報，2008。

Pantalon, Michael V. *Instant Influence: How to Get Anyone to Do Anything—Fast*. New York: Little, Brown, 2011. 中譯本《六個問題，竟能說服各種人》，先覺，2012。

Patterson, Kerry, Joseph Grenny, David Maxfield, Ron McMillan, and Al Switzler. *Change Anything: The New Science of Personal Success*. New York: Business Plus, 2011. 中譯本《變好》，平安文化，2013。

Pink, Daniel H. *Drive: The Surprising Truth About What Motivates Us*. New York: Riverhead, 2009. 中譯本《動機，

單純的力量》，大塊，2010。

Prochaska, James O., John C. Norcross, and Carlo C. DiClemente. *Changing for Good: A Revolutionary Six-Stage Program for Overcoming Bad Habits and Moving Your Life Positively Forward*. New York: Harper, 1994.

Rath, Tom. *Eat Move Sleep: How Small Choices Lead to Big Changes*. New York: Missionday, 2013. 中譯本《你的生活，只能這樣嗎？》，本事文化，2014。

Reynolds, Gretchen. *The First 20 Minutes: Surprising Science Reveals How We Can Exercise Better, Train Smarter, Live Longer*. New York: Hudson Street Press, 2012.

Roenneberg, Till. *Internal Time: Chronotypes, Social Jet Lag, and Why You're So Tired*. Cambridge: Harvard University Press, 2012.

Russell, Bertrand. *The Conquest of Happiness*. New York: Norton, 1930. 中譯本《幸福的征途》，臉譜，2013。

Smith, Adam. *The Theory of Moral Sentiments*. New York: Prometheus, 2000. 中譯本《道德情感論》，五南，2013。

Steel, Piers. *The Procrastination Equation: How to Stop Putting Things Off and Start Getting Stuff Done*. New York: Harper, 2011. 中譯本《不拖延的人生》，先覺，2011。

———. *Good Calories, Bad Calories: Fats, Carbs, and the Controversial Science of Diet and Health*. New York: Anchor, 2008.

Taubes, Gary. Why We Get Fat: And What to Do About It. New York: Anchor Books, 2010. 中譯本《面對肥胖的真相》，財信，2012。

Teicholz, Nina. *The Big Fat Surprise: Why Butter, Meat and Cheese Belong in a Healthy Diet*. New York: Simon & Schuster, 2014.

Thaler, Richard H., and Cass R. Sunstein. *Nudge: Improving Decisions About Health, Wealth, and Happiness*. New York: Penguin, 2008. 中譯本《推出你的影響力》，時報，2014。

Underhill, Paco. *Why We Buy: The Science of Shopping*. New York: Simon & Schuster, 1999. 中譯本《商品放在哪裡才會賣》，時報，2009。

Vanderkam, Laura. *168 Hours: You Have More Time Than You Think*. New York: Portfolio, 2011.

Vohs, Kathleen D., and Roy F. Baumeister, eds. *Handbook of Self-Regulation: Research, Theory, and Applications*, 2nd ed. New York: Guilford Press, 2011.

Wansink, Brian. *Mindless Eating: Why We Eat More Than We Think*. New York: Bantam, 2006. 中譯本《瞎吃》，木馬，2008。

Young, Lisa. *The Portion-Teller: Smartsize Your Way to Permanent Weight Loss*. New York: Crown Archetype, 2005.

資料索取

希望這本書能讓你反思自己的習慣。如果你想獲得更多資訊，可以上我的網站：www.gretchenrubin.com。我常在網站上分享習慣養成方面的經驗，以及關於習慣和快樂的建議和深入研究。

在習慣方面，我準備了許多額外的資源，你可以來信索取（gretchenrubin1@gretchenrubin.com）或是直接上我的部落格下載。

- 「追蹤策略」提到的時間紀錄表。
- 習慣方面的「成人的祕密」。
- 「問責策略」提到的習慣小組成立指南。問責團體可以促進成員之間的好點子交流，培養熱情，最重要的是相互監督。
- 讀書會的討論指南（一頁），或團隊與工作小組的討論指南，或靈修讀書會及宗教團體的討論指南。

你也可以寫信給我（gretchenrubin1@gretchenrubin.com），或是到我的部落格註冊，索取免費的每日或每月電子報。

・每月電子報包含部落格和臉書粉絲頁的每日焦點。
・「快樂時刻」每日電郵提供有關習慣或快樂的嘉言錄。
・每月讀書會電子報會推薦三本書（一本關於習慣或快樂，一本兒童文學，還有一本主題不拘）。

如果你想成為「超級粉絲」，請寫信到gretchenrubin1@gretchenrubin.com。我偶爾會請你幫忙（我保證不是太麻煩的事），或提供一點小禮物回饋給你。

我為了「快樂生活提案」寫了很多內容，你也可以來信索取快樂方面的相關資源，例如「決心表」；如何成立快樂生活提案小組的指南；讀書會、靈修會、宗教團體用來討論《過得還不錯的一年》和《待在家裡也不錯》的指南；「幸福的矛盾」；一些「重要祕訣」清單；我的漫畫《葛瑞琴・魯賓與追尋熱情》（*Gretchen Rubin and the Quest for a Passion*）以及我的「守護神」。你可以來信索取（gretchenrubin1@gretchenrubin.com），或是到我的部落格下載這些資源。

關於習慣與快樂的論壇，你可以加入：

Twitter：@gretchenrubin

LinkedIn：GretchenRubin

Facebook：GretchenRubin

YouTube：GretchenRubinNY

Instagram：GretchenRubin

Pinterest：GretchenRubin

Podcast：Happier with Gretchen Rubin

如果想寫信給我，談談你的實驗和觀點，請透過部落格 www.gretchenrubin.com 寄電子郵件給我，所有電郵都是由我本人處理。期待收到你對於日常生活的好建議，如何把日子過得更好永遠是一個樂趣無窮的主題。

如何成立你的習慣社團

改變或培養習慣的有效方法之一，是成立或加入習慣社團。加入團體是創造問責、交朋友或促進深厚友誼的好方法，而且可以確保過你想要的理想生活。

我聽過很多人想要成立或加入這種習慣社團，所以我設計了一份指南，幫大家踏出第一步。你可以透過部落格（gretchenrubin.com）寫電子郵件索取：gretchenrubin1@gretchenrubin.com。

參加習慣團體的成員有些是彼此認識的，例如律師事務所的同事、大學同學、教會查經班或家人；有些是由陌生人組成的，他們聚在一起朝著共同的目標努力。同一團體的成員不需要有相同的習慣，只要他們的目的都是**改變習慣**就夠了。即使只是兩個人一組，也可以給予彼此很大的支持和責任感，找個「問責夥伴」確實可以發揮效用。由於盡責者需要外部問責才能堅持下來，因此參加習慣社團對他們特別有效。

科技再怎麼進步完善，也無法取代面對面的接觸。不過，萬一你和夥伴們很難聚在一起，現代通訊科技倒是提供了很多的解決方案。比如說，有數十種app、裝置、平台可以幫你和他人串連起來，相互監督。

不過要切記的是，想獲得加入團體的好處，必須積極參與。當個旁觀者光聽不說是不夠的，你必須大膽說出你的想法，勇於提出問題，監督彼此負起責任，以及幫助社團正常運作。有人推薦好書，就去讀；有人推薦 app，就試用看看。

在日常紛擾中，我們很容易就會忽略真正重要的東西。騰出時間投入健康的習慣，可以讓生活更快樂、更健康，也更有成效。我們可以找夥伴一起加入，讓彼此都變得更好。

讀書會指南

1如果你不費吹灰之力就能神奇地改變一些習慣，你會選哪些習慣？為什麼？

2不同於多數習慣養成專家，葛瑞琴．魯賓強調改變習慣的最重要步驟是了解自己。你認同嗎？讀這本書是否讓你更清楚了解自己？

3你是自律者、質疑者、盡責者，還是叛逆者？這四種傾向能幫你更了解習慣養成模式嗎？

4你會以什麼方式強化你的基礎？

5你是否覺得全新的習慣會比較容易養成（無論是好習慣或壞習慣）？

6你曾經碰過一夕之間就改變習慣的霹靂效應嗎？是以什麼形式改變的？你對於習慣如此迅速轉變感到訝異嗎？

7葛瑞琴．魯賓主張，對有些人來說，完全禁止比節制容易做到。有些人覺得這種說法違反直覺，如果是你會選哪一種，或是兩者都不是？

8方便和不便是兩種大家最熟悉的習慣養成策略。你如何運用方便或不便策略來塑造習慣？

9讀完第十四章「當你想放自己一馬，壞習慣就會再度纏上你」，你對哪一種漏洞最熟悉？你的漏洞又是哪一種？

10你用來犒賞自己的娛樂有哪些（包括健康和不健康的娛樂）？

11我們對彼此的習慣都有很大的影響力，你曾經因為別人而養成某種習慣嗎？

12如果你能改變身邊某人的某個習慣，你會挑選什麼習慣？你可以想出幫他改變習慣的方法嗎？

13目前在你所有的習慣中，哪個成效最好？是否給你什麼啟示？可以把經驗套用在挑戰性更高的習慣嗎？

14找出某個你想培養的習慣，你會採用哪些策略呢？使用越多策略越好。

你是和工作小組、靈修團體或宗教團體一起讀這本書嗎？你可以寫信給我（gretchenrubin1@gretchenrubin.com）索取讀書會的討論指南，或是上我的網站（gretchenrubin.com）下載。

國家圖書館出版品預行編目（CIP）資料

烏托邦的日常：習慣改變了，生活就輕鬆了 / 葛瑞琴．魯賓 (Gretchen Rubin) 著；洪慧芳譯．-- 初版．-- 臺北市：早安財經文化，2017.02
面；　公分．--（生涯新智慧；43）
譯自：Better than before : what I learned about making and breaking habits -- to sleep more, quit sugar, procrastinate less, and generally build a happier life
ISBN 978-986-6613-84-5(平裝)

1. 習慣 2. 生活指導

176.74　　105025559

生涯新智慧 43

烏托邦的日常

習慣改變了，生活就輕鬆了

Better Than Before

What I Learned About Making and Breaking Habits—to Sleep More, Quit Sugar, Procrastinate Less, and Generally Build a Happier Life

作　　者：葛瑞琴．魯賓 Gretchen Rubin
譯　　者：洪慧芳
特 約 編 輯：莊雪珠
封 面 設 計：Bert.design
責 任 編 輯：沈博思、劉詢
行 銷 企 畫：楊佩珍、游荏涵

發 行 人：沈雲驄
發行人特助：戴志靜、黃靜怡
出 版 發 行：早安財經文化有限公司
台北市郵政 30-178 號信箱
電話：(02) 2368-6840　傳真：(02) 2368-7115
早安財經網站：www.goodmorningnet.com
早安財經部落格：http://blog.udn.com/gmpress
早安財經粉絲專頁：http://www.facebook.com/gmpress

郵撥帳號：19708033　戶名：早安財經文化有限公司
讀者服務專線：(02)2368-6840　服務時間：週一至週五 10:00-18:00
24 小時傳真服務：(02)2368-7115
讀者服務信箱：service@morningnet.com.tw

總 經 銷：大和書報圖書股份有限公司
電話：(02)8990-2588
製 版 印 刷：中原造像股份有限公司
初 版 1 刷：2017 年 2 月
初 版 7 刷：2021 年 10 月

定　　價：360 元
I S B N：978-986-6613-84-5（平裝）

良好習慣不是枷鎖，

而是讓你更忠於自己。